执行法与破产法论丛

2021年第1卷

·总第1卷·

李燕　马登科　主编

法律出版社
LAW PRESS·CHINA
北京

图书在版编目(CIP)数据

执行法与破产法论丛. 2021年. 第1卷：总第1卷／李燕，马登科主编. -- 北京：法律出版社，2024
ISBN 978-7-5197-6069-4

Ⅰ. ①执… Ⅱ. ①李… ②马… Ⅲ. ①强制执行－中国－文集②破产法－中国－文集 Ⅳ. ①D920.4-53

中国版本图书馆CIP数据核字（2021）第209712号

执行法与破产法论丛（2021年第1卷·总第1卷）
ZHIXINGFA YU POCHANFA LUNCONG
（2021 NIAN DI-1 JUAN · ZONG DI-1 JUAN）

李　燕　马登科　主编

策划编辑 沈小英
责任编辑 毛镜澄
装帧设计 汪奇峰

出版发行 法律出版社
编辑统筹 法治与经济出版分社
责任校对 王晓萍
责任印制 吕亚莉
经　　销 新华书店

开本 710毫米×1000毫米 1/16
印张 16.5 **字数** 287千
版本 2024年1月第1版
印次 2024年1月第1次印刷
印刷 北京虎彩文化传播有限公司

地址：北京市丰台区莲花池西里7号(100073)
网址：www.lawpress.com.cn
投稿邮箱：info@lawpress.com.cn
举报盗版邮箱：jbwq@lawpress.com.cn
销售电话：010-83938349
客服电话：010-83938350
咨询电话：010-63939796

书号：ISBN 978-7-5197-6069-4
定价：96.00元
凡购买本社图书，如有印装错误，我社负责退换。电话：010-83938349

卷首语 我们需要怎样的债权实现程序

春和景明，万物复苏，《执行法与破产法论丛》如期与各位读者见面了。20世纪90年代民事司法实践中出现的所谓“执行难”问题，将两个本无直接联系的法律制度——破产法与执行法“紧密”地结合到一起，同时也促进了破产法与执行法学术研究、立法完善的协调发展。作为清偿债务（实现债权）的程序，破产法与执行法、诉讼法等法律部门有诸多关联，其不但在制度构建原理上有相通的法理，而且在程序运行上也存在交叉衔接的关系。基于上述背景，西南政法大学民商法学科和民事诉讼法学科合力打造融破产法与执行法、程序法与实体法、理论与实务为一体的《执行法与破产法论丛》，为从事执行法与破产法教学、研究的师生及实务工作者，搭建交流、学习的平台，繁荣执行法与破产法的学术研究，推动立法完善，改善和提升法律实施的效果。《执行法与破产法论丛》将始终坚持正确的政治方向，以问题为导向，探讨执行法与破产法的基础理论，分析解决法律实施中产生的疑难问题，加强对外交流，追求学术特色，传播学术智慧，彰显学术风采。

程序实体、相辅相成，是本论丛特点之一。在当今经济发展新常态之下，执行法与破产法皆广受社会各界重视，其功能看似泾渭分明，却又交织混同。所谓泾渭分明,即破产法强调公平清理债权债务,而强制执行法则采取多元化的债权实现机制,既有公平实现债权的程序机制(参与分配制度),也有依申请顺序实现债权的制度安排;执行法的基础为债务人有财产可供执行,破产法的基础为债务人无法清偿全部债务或明显缺乏清偿能力;执行法为个别执行之法,破产法为概括执行之法;破产程序的启动并不需要以存在生效的债权法律文书为前提,而强制执行程序的启动则必须具有执行依据。所谓交织混同,即执行法与破产法均源自古罗马法,都是人类历史中古老的司法制度;执行法与破产法皆是通过公力保障债权人实现权益,强制债务人清偿债务之法;执行法与破产法具有天然的内在程序衔接,总是相伴而生却各归其位,当债务人清偿能力发生变化,则债务清偿原则随之发生转化,破产法与执行法适用亦随之发生转化。《执行法与破产法论丛》循此原理,在理顺执行法与破产法之关系的前提下,力求解释各自制度及二者程序衔接与转化过程中所遇到的问题,促进执行法与破产法在各归其位、各安其职的基础上,能够彼此借鉴、协同共进、同步完善。

理论实践、知行合一,是本论丛特点之二。《执行法与破产法论丛》将以“理论与实践辩证统一”为价值导向,以理论研究指导司法执法实践,用司法执法实践检验理论研究成果,坚持理论与实践相结合。民事强制执行法正在紧锣密鼓地有序推进,从部门法之间的关系来看,需要关注强制执行法与民事诉讼法、强制执行法与破产法、强制执行法与民法典等之间的关系及制度协调。比如,我国《民法典》第 188 条至第 196 条、第 423 条、第 641 条、第 725 条、第 745 条、第 1145 条、第 1147 条等,都将对强制执行程序相关制度产生影响。从理论视角来看,强制执行法的理论体系构建、基础理论等都有待深耕细作,拓展理论研究的广度和深度。比如,执行力与既判力的关系,执行力的扩张、查封相对效力等理论问题。从制度构建的实践需要来审视,我国强制执行立法尚需要建立和完善一些基本制度,比如,执行文制度或者许可执行之诉制度、债务人异议之诉制度、基于不同请求权差异化的执行措施等。执行文制度涉及执行程序启动的问题,执行程序启动时对执行依据的审查大致分为两种模式:一是由审判机关审查后出具执行文;二是由执行机关审查。两种模式各有优势,审判机关审查能够对执行依据作出后的多样性作出应对,而由执行机关审查则更加高效迅速。我国执行法应当采取何种模式,必须结合我国诉讼制度和执行体制来综合考量。同时，执行的信息化也是一个值得重点关注的问题。

1986年我国颁布了《企业破产法（试行）》，而后历时20年（1995年现行破产法草案完成）于2006年出台了《企业破产法》。该法开宗明义宣示其仅适用于“企业法人”，在《企业破产法》实施过程中也存在许多亟待解决的问题。例如，破产中“实质合并规则”的适用问题。公司集团化发展增强了公司抵御商业风险的能力，但集团公司内部纷繁复杂的关联交易也给债权实现带来了诸多不确定性。集团公司一旦进入破产程序，“实质合并规则”适用边界的把握不但事关破产债权的实现程度，也会影响市场交易安全。又如，破产管理人的法律责任问题。近些年，涉及破产管理人民事责任的案件逐年增加，但《企业破产法》的相关规定不够清晰，理论研究也尚显不足，特别是对破产管理人民事责任性质的厘清、归责原则的适用等都有深入研究的余地。随着《民法典》的颁布实施，《企业破产法》如何与其对接协调适用更是一个值得研究的课题。比如，最高额抵押权的问题、债务人进入破产程序时一般保证人先诉抗辩权问题、《企业破产法》对照《民法典》相应规则予以完善以使法律更加系统和协调的问题等。本卷的相关论文显然已经注意到了上述问题，并进行了有意义的探索和研究。

人类漫长历史证明，只有摆脱路径依赖，解除思想桎梏，才能迎来真正的发展进步。在新时代中国法治建设的大背景下，执行法与破产法不局限于立法、司法和执法领域，而是影响、充斥着社会的每个空间和维度，同时执行法与破产法中有太多新课题需要研究，有太多新问题需要解决。《执行法与破产法论丛》秉持百家争鸣、不拘一格之原则，在不同理论、流派、风格间保持中立，不限制文章的选题与研究方法，鼓励程序法与实体法、私法与公法，甚至交叉学科的研究，希望能看到不同理论、观点间的争鸣与交锋，碰撞出思想的火花。同时，来稿无论为原创论文抑或是论文翻译，无论为研究心得抑或是案例评析，无论为法条介绍抑或是文献综述，只要言之有物、持之有故、合于规范，皆在本论丛用稿之列。本论丛在保障刊物质量的前提下，立志于为青年学者创建学术空间。大家之作固然欢迎，但本论丛坚持唯才是举，无论作者学历、年龄、职称、所在单位、曾获荣誉及成果积累如何，本论丛只关心文章质量，尤愿为立志从事学术研究的年轻学者提供开展交流的平台。

《执行法与破产法论丛》诞生于生机勃勃的春天,或许还带有些许稚嫩,但本论丛秉承程序与实体相辅相成,理论与实践知行合一,不拘一格、放眼未来的理念,在海内外学者及实务工作者的支持、帮助与呵护下,办出特色、办出水平,向着高水平法学专业连续出版物迈进,并期许借此能够为推动中国执行法与破产法的发展与完善贡献绵薄之力。

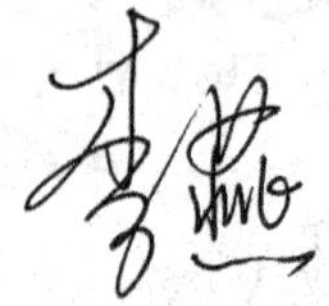 *

2021 年 5 月 31 日

* 西南政法大学民商法学院教授、博士生导师,法学博士。

目　录

本卷聚焦:民事强制执行立法

“执行难”成因中的法律意识因素

孙一桢*

摘要:“执行难”是长久以来困扰人民法院的难题。既往对“执行难”的讨论与研究大多将“执行难”等同执行困难。但仅从执行工作的绩效角度来观察“执行难”,会忽视其语词中蕴含的批评意味。而与变动的执行工作相比,对人民法院的批评才是“执行难”的核心内容。因此,有必要对“执行难”成因中的法律意识因素进行考察。“执行难”是当事人对人民法院执行工作的评价,其源于当事人认为人民法院没有尽力履行其所负担的职责。而将执行权移出人民法院以及改善执行工作的做法,也无法解决导致“执行难”产生的关键因素问题。

关键词:“执行难”;人民法院;人民司法;法律意识;执行困难

“执行难”由来已久,也是人民法院近几年着力要解决的难题之一。2019年最高人民法院宣布“基本解决执行难”,并继续向“切实解决执行难”前进。如此看来,“执行难”似乎在可预见的将来就要彻底退出历史舞台了。那么,一个显而易见的问题是,为什么此时“执行难”就被认为可以得到解决,而在过去的30余年时间里“执行难”无法解决?人民法院用什么证据来证明“执行难”基本解决或者切实解决?不难发现,所有围绕“执行难”所提出的问题,都必须首先回答什么是“执行难”。

尽管在具体表述上可能有所差别,但不同的人就何为“执行难”这一问题是很容易达成共识的,即“执行难”等同大量生效法律文书未能被顺利执行的

* 中国人民大学法学博士。

现象。[①] 在这个意义上,“执行难”这一语词可以被视为对人民法院执行工作的一种概括,它粗糙但简洁地描述了人民法院执行工作的现实局面。但是“执行难”这一语词的使用跨度长达30余年,而在这期间,人民法院的执行工作也经历了几次大的变化。如此,很难认为20世纪90年代时所说的“执行难”与现在的“执行难”指向的是同样情况。质言之,在“执行难”这一语词所指向的客观对象处于变动之中乃至经历了剧变的情况下,是否应当认为其仅仅描述了事实?

不难发现,在“执行难”语词背后是人们对人民法院执行工作的责难、抱怨或无奈,即认为法院的执行工作不理想。[②] 换言之,“执行难”这一语词并不只是对客观事实的描绘,而是包含了对客观事实的评价。进言之,在执行工作的局面历经数次大变但“执行难”的含义却保持稳定的情况下,正说明了“执行难”这一语词最核心且稳定的部分是对人民法院执行工作乃至人民法院本身的否定评价。如此,若回头重新审视以往有关“执行难”的讨论,就会发现其大多关注“执行难”作为客观事实的描述这一面向,并且大量的研究是将“执行难”直接等同当时法院执行工作的现实情况,而解决“执行难”的对策就是对当时的执行工作进行改进。以“执行难”为论题的研究恰恰没有充分讨论“执行难”。

既然“执行难”这一语词是对人民法院执行工作的负面评价,那么其就预设了对执行工作的评价标准。法院执行绩效本身是无法说明何为“执行难”的,只有当执行工作的客观事实与特定评价标准相结合时,才可能得出执行“难”或“不难”的结论。在这个意义上,在对“执行难”进行的讨论中,我们发现“执行难”的评价标准较法院执行绩效更重要,因为不同的评价标准将赋予同一执行绩效以不同意义。因此,本文所要讨论的并非法院在特定时期或阶段的执行绩效,而是讨论“执行难”语词中所隐含的评价标准,尤其是这一评

---

① 解决“执行难”时会有人提起“执行难”是说那些有执行可能的案件,而不包括“执行不能”案件。问题在于“执行不能”并非一个十分确定的概念,在不同的办案人员的操作下,部分“执行不能”案件可能会转化为可执行案件。同时,“执行不能”在实践中当事人未必会认同。因此,本文并不将“执行不能”案件排除在外。

② 早有观点对“执行难”进行了广义和狭义的区分,认为广义的“执行难”其实是“司法难”,同时也是社会上所指的“执行难”。参见高执办:《“执行难”新议》,载《人民司法》2001年第5期。但是,该观点仍然关注于“执行难”概念的事实描述层面。

价标准所隐含的法律意识。

一、“执行难”语词的出现

今日提到“执行难”，往往将之直接等同执行工作的实际情形。但是，考诸“执行难”这一语词的生成史，就不难发现其并非一开始就作为对人民法院执行工作的固定评价，也不是一直就作为对执行工作的整体评价。

（一）“执行难”的出现

“执行难”并非一直就是关于执行工作的认识，即使是在执行工作不理想的情况下，也并非会产生“执行难”的说法。在新中国刚刚成立时，执行工作就困扰人民法院了。例如，北京市人民法院自1949年5月12日起至10月底止，共收民事执行案件297件，而结案161件。[①] 从结案率来看，很难认为此时的执行工作是较理想的。1951年广州市人民法院专门就执行工作与各相关单位专门召开会议，其中提到执行案件积压的情况：“群众反映法院执行软弱无能，说：‘官司好打，不好结。’”[②]沈阳市当时的执行工作亦不乐观，1950年沈阳市人民法院共收执行案件4778件，结案4311件，并且出现了执行案件逐渐增长并造成积压的情况。尤其值得注意的是，沈阳市人民法院当时面对的情况与改革开放后的执行工作是相似的，如债权人将法院视为“讨债”机关，而且也出现了执行人员采取不当羁押手段迫使债务人履行判决的现象。[③]在1953年，最高人民法院华北分院提及华北各地执行工作的情况时，指出：

据华北各地反映：初审法院积压尚未执行的案件很多。仅河北省定县专区（1954年被撤销）的曲阳、定县（现为定州）、行唐、新乐、无极、饶阳、蠡县、肃县（现为肃宁县）8县不完全统计即有130件。其中，有些是判决两三年尚

① 参见最高人民法院《对北京市人民法院1949年审判工作总结和该院组织机构及工作概况报告的批示》（1950年2月16日发布）。

② 最高人民法院《关于广州市人民法院执行会议记录中有关问题的批复》（法督字第102号，1951年6月16日发布）。

③ 参见最高人民法院《就沈阳市院送来民事强制执行工作汇报中两个问题提出处理意见的复函》（法督字第7765号，1951年8月4日发布）。

未执行的;有的当事人为了申请执行判决,经常去法院但得不到解决;有的当事人质问“法院是否还有法”,“判决书是否还顶事”。这件事已引起群众很大不满。①

从上述事实中不难发现,至少在 1949～1953 年,人民法院的执行工作已经引起了群众的不满,但是此时并没有出现类似“执行难”的语词来概括人民法院的执行工作。

改革开放后,司法工作逐渐回归正常轨道,人民法院的收案数逐步增长,与此同时,需要法院执行的案件数量也开始上升,原有的审执合一的工作方式已经不能回应案件执行压力,因此就有专门的执行机构出现。但是,在改革开放初期,即使人民法院应对执行工作已经变得有些力不从心,也并没有突然出现“执行难”这种讲法。此时的人民法院尽管已经开始在内设机构层面探索实施审执分立,但仍主要从优化案件办理方法这一角度来看待执行工作中所面临的困难,认为旧有的办案方式存在这样或那样的问题,因此人民法院才无法应对执行工作。② 但是,执行工作的压力很快就超出了人民法院的预期,并引起了当时中央领导的关注。③ 最迟于 1986 年,“执行难”这一表述已经出现于有关执行工作的讨论之中,并用来概括当时经济纠纷案件的执行工作。④ 然而,最高人民法院在当时对执行工作似乎并没有足够重视,在 1986 年的工作报告中仅提及了法院的执行工作受到阻挠的情况。⑤ 1987 年最高人民法院的工作报告中谈及工作的缺点和不足时,第一次提到了“有的判决和裁定没有得到执行”。⑥ 到 1988 年,最高人民法院的工作报告中才提到“经济审判工作中最突出的问题是判决难以执行”,提到了执行工作中的困

---

① 参见最高人民法院华北分院《关于各级人民法院执行判决的指示》(1953 年 8 月 1 日发布)。

② 例如,谈到了做思想工作和强制执行在实践中如何使用。参见杨伟:《民事执行工作浅谈》,载《法学杂志》1981 年第 6 期;曲蒙、张正富:《民事判决执行工作刍议》,载《法学》1982 年第 4 期。

③ 1985 年 9 月 3 日胡耀邦同志在一封人民来信上批示:“如果法院的经济裁决案件,许多地方都行不通,不算数,不顶用,国家的法制怎么能维护?如果这方面的问题确实很多,是否要向中央提出报告,请求中央干预解决。”参见陈学晏:《试论建立执行庭》,载《政法学刊》1986 年第 4 期。

④ 参见柯焕锐、叶国均:《经济纠纷案审结后执行难问题探讨》,载《政法学刊》1986 年第 2 期。

⑤ 参见郑天翔:《最高人民法院工作报告——1986 年 4 月 8 日在六届全国人大四次会议上》,载《最高人民法院公报》1986 年第 2 期。

⑥ 参见郑天翔:《最高人民法院工作报告——1987 年 4 月 6 日在六届全国人大五次会议上》,载《最高人民法院公报》1987 年第 2 期。

难以及原因。[①] 1988 年召开的第十四次全国法院工作会议上,时任最高人民法院院长任建新在报告中就直接使用了"执行难"的表达,认为经济审判工作急需解决的 4 个问题中就包括了"认真解决执行难的问题"。[②] 可见,自 1988 年起,"执行难"的表述才被一致用于概括执行工作中所出现的情况。

(二)"执行难"所指向的案件类型的变化

"执行难"不是一开始就意指所有类型的案件,主要是在论及经济案件时才会出现。"执行难"这一表述被人民法院所使用时,最开始也是作为对经济案件执行工作的概括。在 1988 年最高人民法院的工作报告以及第十四次全国法院工作会议中,提到执行工作、"执行难",也都是作为经济审判工作中的子问题。

"执行难"主要存在于经济案件中这一认识,也体现于执行工作中的部分实践。在最高人民法院成立执行工作办公室前,各地方就执行案件所作请示由相关庭室负责答复,而其中的答复有大量是出自经济审判庭。从地方实践看,经济案件的执行是各地人民法院颇为头疼的难题,"执行难"问题往往就是经济案件的执行困难。1992 年在郑州召开了首届全国省会城市中级人民法院执行工作研讨会,会后出版了该次研讨会的论文集,其中就执行工作中具体问题进行讨论的文章几乎都是围绕经济纠纷案件执行中的问题。[③]

但是,在 20 世纪 80 年代末,"执行难"这一语词所指向的案件类型就开始不限于经济案件,例如,认为"案件难度大,使执行工作进展缓慢。突出表现在经济、债务纠纷、刑事附带民事案件及离婚案件上"。[④] 进入 20 世纪 90 年代后,人民法院对"执行难"的认识也慢慢发生了变化,提及"执行难"时不

---

① 参见郑天翔:《最高人民法院工作报告——1988 年 4 月 1 日在第七届全国人民代表大会第一次会议上》,载《最高人民法院公报》1988 年第 2 期。

② 参见任建新:《充分发挥国家审判机关的职能作用 更好地为"一个中心、两个基本点"服务——1988 年 7 月 18 日在第十四次全国法院工作会议上的报告(摘要)》,载《最高人民法院公报》1988 年第 3 期。

③ 参见郑州市中级人民法院编:《"执行难"对策谈:全国首届省会城市中级法院执行工作研讨会论文集》,人民法院出版社 1992 年版。

④ 张晓波、张增群、颜秀芹:《加强审执结合是解决"执行难"的重要措施——对邯郸地区执行工作的情况调查》,载《河北法学》1989 年第 4 期。

再将之认为是经济纠纷案件中的问题,而是将其作为人民法院司法工作中的难题。此种变化的转折点大致是1994年前后。在1993年最高人民法院的工作报告中,对执行工作的表述置于"关于经济审判和海事审判工作"部分,其中指出,5年全国法院共执行经济纠纷裁判1,191,152件,使大部分案件得到了执行。但是,"执行难"的问题仍然比较突出。1994年最高人民法院工作报告对执行工作的表述就被放在"坚持严肃执法,加强法院的队伍建设"部分,并且"执行难"不再与经济纠纷案件相挂钩。同时,1994年最高人民法院工作报告中"为了使裁判所确认的当事人的实体权利得以实现,各级人民法院针对当前存在的'执行难'问题,普遍建立了执行机构,充实了执行力量,强化了执行措施"的表述是值得注意的。该表述是最高人民法院工作报告中首次将执行工作与实现公民实体权利相联系,执行工作与经济纠纷案件之间的联系转化为执行工作与当事人实体权利之间的联系,即对"执行难"的认识从特定类型案件裁判执行情况不佳上升为当事人实体权利保障不力,这意味着执行工作的性质发生了变化。此后,"执行难"不再作为特定类型案件的执行工作的概括,而是作为对整个人民法院系统执行工作的概括。

二、执行困难与"执行难"

基于历史梳理,可以看到"执行难"出现首先是因为执行绩效发生了变化,人民法院难以应付执行工作面临的压力。但是,从执行绩效变化到"执行难"出现,两者之间似乎存在一个过渡阶段,即人们已经认识到人民法院执行困难,但尚未有"执行难"的观念。因此,若要发现"执行难"的生成逻辑,就有必要厘清执行绩效、执行困难与"执行难"之间的关系。

(一)个案执行困难与普遍执行困难

执行绩效是法院对执行工作按照一定标准进行的整理、概括和总结,表现为"执行收案数""执行结案数""强制执行率"等诸多客观事实的统计数据,本身并不带有太多的评价色彩。但是,执行绩效的情况并非人所共知的,而是人民法院基于其垄断执行工作的地位才获得的信息资源。换言之,执行绩效在一定程度上是人民法院所独占的信息。[①] 那么，当事人很难对人民法院的执行绩效有充分或全面认识，考虑其获得信息的能力以及获得信息的渠道，当事人对执行工作的了解更多是片面的信息或者信息的片段，甚至仅能了解自己案件的执行结果，而不理解案件处理结果的法律意义。这种获取信息途径以及能力的差别，将会影响人民法院与当事人对执行工作的实际情况的判断。

当人们与执行工作遭遇时，自然就会产生对执行工作的评价，而当执行工作并没有达到预期时，其就会产生执行工作受到阻碍的认识，并将这种认识称为“执行困难”。根据感知到的执行困难的具体内容，可以将执行困难进一步划分为个案执行困难与普遍执行困难。所谓个案执行困难，是在微观意义上对执行工作的认识，即基于特定案件执行不理想的情况而产生的认识，可能来自通常意义上的难办案件，以及因制度或人为因素造成的某些案件执行不畅等情形。在一定意义上，所有未能顺利执结的案件都可能造成个案执行困难的认识。普遍执行困难，是指在较宏观层面对执行工作的认识，是对法院执行工作的概括性评价，该认识或是基于一定的执行绩效，或是观察者基于个人所获知的各种信息所作的论断。

个案执行困难与普遍执行困难的区分，在概念层面是可能的，但如果将其与现实相照应，就不免出现如何界定“个案”与“普遍”的问题。例如，20 世纪 80 年代所谓的经济案件执行困难，就作为特定类型案件的执行工作而言，自然是普遍执行困难，但将范围扩大至法院的全部案件时，又不一定是普遍执行困难。此时，“个案”和“普遍”就只有相对意义，无法进行清晰界定。但是，笔者在此所欲讨论的是个案与整个司法工作之间的联系。因此，此处的个案执行困难中的“个案”仅是指单个执行案件，而普遍执行困难则可以指向特定类型案件（如经济案件、民事案件等）的执行工作，也可以指向人民法院的全部执行案件。但是，这种区分仍未能给普遍执行困难提供一个更清晰且可识别的边界，尤其是无法说明在什么情况或达到何种标准时，人们会认为

---

① 在人民法院已公开的资料中，对执行工作具体情况的披露尽管越来越多，但仍旧是有限的。过去人民法院往往只公布收案数、结案数等几个主要指标的数据，更具体的数据并没有披露太多，况且执行工作的数据统计标准还不时变动，这更增添了信息收集的难度。

执行困难是“普遍”的。在这个意义上,给普遍执行困难提供一个可量化的定义是不现实的,它只能是人民法院或当事人对执行工作的判断。如此可以认为,个案执行困难是可感知且可说明的情况,普遍性执行困难只能是一种可感知而无法说明的状态。

既然人民法院和当事人会因信息来源与获取信息能力的差异对执行工作的情况产生不同的认识,那么不同主体就可能会对特定时期的执行工作产生不同的认识。例如,法院在认为普遍性执行困难存在时,当事人仍可能只感知到了个案执行困难,在现实中也存在此种情况。[①] 而20世纪80年代初的执行工作则说明可能会存在当事人认为普遍执行困难而法院认为个案执行困难的情况。

根据认知主体不同以及所感知到的执行困难的差别,可以对执行困难进行如下区分(见表1):

表1　执行困难的类型划分

		当事人感知到执行困难	
		个案执行困难	普遍执行困难
法院感知到执行困难	个案执行困难	(个案,个案)	(个案,普遍)
	普遍执行困难	(普遍,个案)	(普遍,普遍)

(二)重新审视“执行难”

前述对执行困难作了4种情况的区分,那么紧接而来的问题是在何种情况下会产生“执行难”。如果将“执行难”视为对执行工作的概括性评价,那么“执行难”就必须以普遍执行困难为其存在的必要条件。如此,在当事人和法院都只感知到个案执行困难时,“执行难”是不会出现的,但其余3种情况皆有产生“执行难”的可能。

---

① 可参见贺欣对美国、英国以及俄罗斯等国法院执行工作的介绍,贺欣:《经济合同案件的执行——来自珠三角某基层法院的经验研究》,载徐昕主编:《司法程序的实证研究》第2辑,中国法制出版社2007年版,第101~102页。对英国郡法院的研究表明,法院工作人员认为判决执行是他们的主要工作,但执行情况却不理想,参见[英]罗杰·科特威尔:《法律社会学导论》,彭小龙译,中国政法大学出版社2015年版,第211~212页。

什么是"执行难"?人民法院系统内曾有一个对"执行难"的定义,即"被执行人难找,被执行财产难寻,协助执行人难求,应执行财产难动"。[①] 在最高人民法院宣布要"基本解决执行难"后,又提出了"三个90%、一个80%"作为衡量是否"基本解决执行难"的指标。具体是指:(1)有财产可供执行案件在法定期限内实际执结率不低于90%;(2)无财产可供执行案件终结本次执行程序合格率不低于90%;(3)执行信访案件办结率不低于90%;(4)近3年执行案件的整体执结率不低于80%。[②] 可见,最高人民法院认为,该指标可以作为一个界限,当执行工作未能满足此要求时是"执行难",当满足了这些指标时,"执行难"就基本得以解决。可以看到,人民法院系统对"执行难"的定义其实等同人民法院基于对执行绩效的汇总,感知到的普遍执行困难。而解决"执行难",其实就是应对人民法院所感知到的普遍执行困难。这种想法与对策当然有其道理。人民法院作为负责执行工作的国家机关,其对执行工作的情况应当是最了解的,也就最清楚执行工作的难点和症结。所以,最高人民法院是站在一个全局性视角来观察执行工作的。"执行难"既然是对现行执行工作的概括性评价,那么就自然等同人民法院感受到的普遍执行困难。如果"执行难"就是法院感知到的普遍执行困难,那么它就是不同国家均会遭遇的难题。[③] 但是,这种观点无法解释为何只有中国的法院因执行工作而遭受一致的责难。

贺欣认为,"执行难"出现于中国是因为人民法院承受了更高预期,[④]这正好说明"执行难"的核心部分是对执行工作的评价。由此进一步推论,影响"执行难"产生的决定因素可能不是法院感知到普遍执行困难,而是当事人感知到普遍执行困难。对于法院这种理性化组织来说,执行工作不可能通过一个简单的语词进行概括评价,而是会按照一定的指标或评价体系进行陈述。

---

① 参见高执办:《"执行难"新议》,载《人民司法》2001年第5期。

② 参见周强:《最高人民法院关于人民法院解决"执行难"工作情况的报告——2018年10月24日在第十三届全国人民代表大会常务委员会第六次会议上》,载中国法院网2018年10月24日,https://www.chinacourt.org/article/detail/2018/10/id/3542564.shtml。

③ 的确有学者表达过此种观点,参见赵秀举:《论现代社会的民事执行危机》,载《中外法学》2010年第4期。

④ 贺欣:《经济合同案件的执行——来自珠三角某基层法院的经验研究》,载徐昕主编:《司法程序的实证研究》第2辑,中国法制出版社2007年版,第101~102页。

因为人民法院负有解决“执行难”的职责,如果不将高度概括的语词转化为可操作的各项指标,就很难提出解决“执行难”的具体方案。从前文可见,人民法院在司法工作中将“执行难”用特定的几种现象或用几个指标去定义,甚至因具体形势的变化会用不同的指标去概括。正如前述,人民法院所使用的“执行难”等同法院感知到的普遍执行困难。在这个意义上,人民法院不太关注“执行难”语词中隐含的对执行工作的评价,或者说,人民法院在使用“执行难”时基本不是在批评执行工作,而是在概括执行工作的现实。但是,对于当事人来说,考虑到其一般对法律制度并没有多少了解,也就很难理解执行工作究竟发生了什么,而多是粗浅地认识到自己的胜诉判决没有得到实现的事实。因此,当事人在使用“执行难”时,只能是用它去表达其对执行工作的直观认识,将之作为对执行工作的概括。换言之,当事人在使用“执行难”语词时,主要是在表达其对执行工作的主观态度,即对执行工作进行评价。可见,“执行难”这一语词应源于当事人,当事人感知到普遍执行困难才是出现“执行难”的决定因素。“执行难”这一语词的演变过程可以证明,人民法院并不是“执行难”的提出者,而是被动接受了该语词。

但是,如果认为“执行难”的前提是当事人感知到普遍执行困难,那么棘手的问题在于当事人为什么会感知到普遍执行困难。在正常情况下,当事人只会对自己的案件有所了解,若非有意收集资料,其很难像法院一样对整个执行工作有总体的认识。并且,司法工作本身就带有将社会结构冲突、制度难题等转化为法律意义上的个案纠纷的功能,在这个意义上,当事人就更难产生普遍执行困难的认识。因此,当事人只能是基于片面事实得出结论。严格说来,每个人对特定现象的观察都是不完整的,结论均是基于有限的信息所得的,人们也很自然地会将自己的经历、观点加以一般化,作为自己今后社会实践的基本标准。但是,在现代社会生活的个人的心灵均不是一张未经涂抹的“白纸”;相反,个人的成长过程也就是其逐渐社会化的过程,一个接受其所生活的社会现行规则和意义体系的过程。因此,个人对特定现象的评价并不是完全自主的,而是已有的意义体系和新认知的社会事实共同作用的过程。而结果或是将新认知的事实归于已有的意义体系之下,或是对已有的意义体系进行改造以适应新情况,或是构建新的意义体系和行动规范。当个案的处理遭遇困难时,当事人就自然将自己所经历的事实与已有的对司法工作的前见相对应,并将之作为证明执行工作整体情况的又一个事例。如此,个案执行困难就上升为了普遍执行困难的结论。可见,与其说当事人自己得出了普遍执行困难的认识,毋宁说其只是又一次印证了早已存在的对司法工作的前见。

(三)从普遍执行困难到“执行难”

当事人感知到普遍执行困难与“执行难”仅有一步之遥,但很难认为其会必然导致“执行难”。当事人感知到普遍执行困难时,其仍然表现为对特定现象在事实层面进行描述,即便是对普遍执行困难的原因进行分析时,也未必会完全将之归因于人民法院。“执行难”则不然,其作为对人民法院执行工作的评价,实际上是将普遍执行困难的原因主要归结于人民法院。如此,普遍执行困难和“执行难”的差别不仅在于前者是对执行工作的描述而后者是评价,还在于“执行难”意味着普遍执行困难被归咎于人民法院工作不力。

前述,当事人感知到普遍执行困难部分基于已有的前见,即法律在现实中的实施情况是不容乐观的。然而,在日常宣传中,法律作为国家意志和人民利益的体现,是应当得到完全实施的,并且有国家强制力保障其实施。在这两种认识的张力之下,肩负法律实施职责的国家机关就可能会面临各种质疑。问题在于,法律的制定、执行乃至遵守都需要投入一定的成本,法律实施的效果与多种因素相关。① 从较实际的立场出发,很难想象一个国家的法律完全得到了实施,甚至可以说特定法律规则的设定就预示着其存在被打破的可能。在这个意义上,法律应当被完全实施只能表现为一定的价值追求,而无法被转化为一种事实状态。

就执行工作而言,当事人没有理由去相信自己的执行案件必然会顺利执结,况且进入执行程序的法律文书也不可能全部实现。如此,“执行难”似乎仍然是当事人比照法律实施理想之后所产生的对执行工作的评价。但是,这并没有办法解释为何人民法院会承担“执行难”的指责。执行工作属于人民法院的职权范围,以及执行工作未与当事人的理想相符,这两点很难直接推论出人民法院应当为“执行难”负责。从事实来看,人民法院在一开始就不愿

① 参见范愉:《法律信仰批判》,载《现代法学》2008 年第 1 期。

意承担“执行难”出现的全部责任。① 那么,当事人将“执行难”归咎于人民法院的原因,依然不是对执行工作的客观分析,而是其相信自己所预想的执行工作是可行的。需要注意的是,当事人所预想的执行工作与一般意义上的法律实施理想之间是存在差别的。在某种程度上,理想的法治状况与法治实践之间的差异是无法消除的,其是作为一种应然状态而存在的,对实然状态提出批评并指明实然状态的发展方向,这两者之间呈现应然的法治状况其实就是法治实践的终点。但是,在执行工作中当事人所预想的执行状况并不是一种应然状态,因为当事人并不是在用将来的应然状态去批评如今的现实状况,更像是用人民法院可以达到的现实状况去批评其当下的执行工作。对于当事人来说,其所预想的执行工作不是某种经过改革所实现的未来,而是人民法院当下就可以完成的目标。在这个意义上,从普遍执行困难到“执行难”的原因,其实是当事人认为人民法院没有完成其在当前能力范围内可能完成的工作。

因此,作为国家机关的人民法院在当事人看来仍旧是强大的国家权力的表现形式。同时,将个体与整体直接勾连的表达结构意味着整体的变化会影响个体,而个体的状态又会决定整体的命运,那么个体的意义就可能会被无限放大。这就使日常生活中的事件也可能迅速演变为在正当性层面的严重挑战。那么,对于当事人来说,执行工作困难自然就应当归咎于人民法院。一方面,“强大”的国家权力可以帮助人民法院保障当事人的权利和利益;另一方面,人民法院也应当尽全力去服务作为人民组成分子的当事人。此时,普遍执行困难与“执行难”的关联就清晰了起来,人民法院被认为有能力完成执行工作,而实际上其未能满足当事人的期待,自然要为“执行难”承担责任。

三、执行工作与人民法院

前文对“执行难”的演变过程进行分析时,已经提及了当事人对人民法院

① 1988年最高人民法院工作报告提及判决难以执行时,列出了人民法院自身存在的问题,但随后就指出人民法院在做出努力后“执行难”继续发展的3点原因,包括“第一,地方保护主义和本位思想严重,使法院判决的执行受到阻挠和干扰;第二,一些依法应予协助执行的单位不予协助;第三,由于管理工作上的一些漏洞,使有些纠纷在法院判决后无法执行”。

执行工作的期许。从制度设计来看,人民法院自新中国成立之始即负责执行工作,至今未有根本变动。在这个意义上,当事人坚持人民法院应当执行判决这一立场并无不妥。但是,这并不能解释为何“执行难”会影响法院裁判乃至司法的权威。

若以严格的审执分立为立场,则执行工作与审判工作之间并无直接联系,[①]执行工作也不应当影响审判工作,当人民法院遭受“执行难”的责难时,这只是对人民法院执行工作的批评。那么,一种看似可行的对策就是将执行权从人民法院系统中剥离出来,如此也就不会承受“执行难”的责备了。但此种做法却没能回答“执行难”为什么会损害司法裁判权威,而这一对策可能的结果是,执行权剥离后人民法院仍会因为裁判执行状况差而遭到批评。若从裁判自行履行的情况差这一角度出发,确实可以认为不履行判决的现象是有害于司法权威的,但这就不是“执行难”了,因为此时还没有进入执行程序;而且在进入执行程序的绝大多数判决都得以履行时,也很难认为会出现“执行难”。如此,“执行难”一方面指向的是法院执行工作的情况,另一方面又指向法院的审判工作,仅就其一进行讨论都显得不够有说服力。换言之,只有认为执行工作与审判工作之间存在超越具体制度层面的关联,尤其是执行对于人民法院的意义时,才可能得出“执行难”会损害司法权威的观点。此时,执行工作就不是作为制度设计才被置于人民法院的权限内的,而是因人民法院不可能放弃执行工作才享有的执行权。

(一)人民法院对执行工作的依赖

过往有关执行权的争论,大量集中于对其权力属性的辨析,并以此作为执行权配置方案的正当性依据。前述,执行工作是新中国成立之初就由人民法院负责的,当然可以以此为依据认为人民法院始终享有执行权。但是,从实践角度来看,执行权真正进入人民法院的视野是晚近的事情。20 世纪 50 年代初,人民法院在执行工作上的被动应当是促成 1954 年《人民法院组织法》设置执行员条款的因素之一。从职务分工角度出发,设立执行员即意味着立法者已经认识到要提高人民法院执行工作的效率,反过来说,执行员条

① 在诉讼制度的设计上,执行程序是独立程序,执行案件是另行立案。

款也证明执行困难在立法者试图去解决的问题范畴内。对比1951年颁布的《人民法院暂行组织条例》则更清楚,在该条例中,尽管执行工作被划归人民法院,但并没有规定具体负责执行事务的工作人员。① 但当时并没有执行权、审执分立这样的观念,更多是将执行作为审判程序的一部分,②执行权乃至执行工作在当时并没有得到太多重视。而20世纪50年代初执行工作所遭遇的压力,更是昙花一现。③ 此后,最高人民法院有关执行工作的司法批复大多是就具体问题进行答复。执行权真正作为一个相对独立的权力而存在,是改革开放之后的事情,尤其是为执行机构进行正当性论证而提出了"审执分立",这为执行权的出现提供了理论资源。

梳理人民法院执行工作的历史,可以清楚地看到执行制度有两个明显的发展阶段:一是1949年后大约10年的时间,这一时期就执行工作积累了一定的经验,在人民法院内部执行工作有所分工,并且这种安排上升到了制度层面;二是改革开放至今,在审执分立和执行权等理论资源的帮助下,执行制度蓬勃发展。那么,对执行权分立的考察,则应当从这两个历史阶段共同着手。

20世纪60年代的执行工作与20世纪50年代相比,最突出的特点即是执行案件法律层面的复杂性显著下降。20世纪60年代最高人民法院对执行工作的批复中,执行工作所面临的问题有相当部分集中在婚姻案件,而此时执行工作的难点也只是如何应对一方当事人抗拒执行。④ 偶有批复会谈及执

---

① 尤其是该条例罗列了人民法院可以设置的除审判员外的其他人员。《人民法院暂行组织条例》(已失效)第17条规定:"县级人民法院设秘书或主任秘书一人,书记员及办事员若干人,掌理记录、人事、宣传教育、文书、庶务、会计、统计、档案、问事、代书等事务。案件多的县级人民法院得分科办事,科设科长一人,科员若干人;并应视需要,专设宣传教育及问事代书机构。县级人民法院设法警、检验员,并得视需要设翻译员、法医。"

② "这个'总结'虽然是各地法院审判程序经验的综合提高,但是还有不完备之处,如公诉案件和自诉案件的界限、自诉案件和治安案件的界限、独任审理案件的范围、民事执行的具体程序等问题,均尚未作具体规定,还有待于今后在实践中不断地积累、总结新的经验、求得解决。"可以明显发现,审判程序的概念是包括执行程序的。参见最高人民法院《关于几个基层人民法院试行"各级人民法院刑、民事案件审判程序总结"检查情况的通报》(1957年7月25日发布)。

③ 20世纪50年代初期,整个人民法院系统的工作不够理想,表现之一即是案件积压现象突出,这也是1952年司法改革运动的起因之一。参见赵晓耕、段瑞群:《1952年司法改革运动与法学界的反思——以北京市旧司法人员清理与改造为视角》,载《北方法学》2017年第2期。

④ 参见最高人民法院《关于离婚案件中对财产处理如何强制执行问题的批复》([63]法研字第175号,1963年12月9日发布,已失效)。尤其值得注意的是,此处的抗拒执行即是单纯地不执行判决,被执行人不存在隐匿、转移财产等行为。

行程序的问题。[①] 20世纪50年代的执行案件在法律关系上则更复杂,不仅有针对执行程序的疑问,[②]而且不少案件的债权债务关系会涉及两方以上的当事人,部分案件还夹杂了阶级因素。[③] 应当说,20世纪50年代最高人民法院在关于执行案件的批复中,法律技术的色彩是较重的,不少批复是对案件所涉法律关系进行辨析,并由此提出处理意见。[④] 不难发现,民商事活动与执行案件的复杂性之间的关系,因为判决执行行为的对象主要是当事人的财产,而民商事活动所带来的复杂的债权债务关系以及财产形式的多样化将增大执行工作的难度。反之,在经历了社会主义改造后,社会经济结构的变化使原来的民商事交易行为转变为各单位之间的行政关系,私有财产的范围极其有限,执行工作的困难就从对债权债务的处理转向了对当事人直接抗拒执行行为的应对。[⑤]

改革开放后"执行难"最先出现于经济案件中,对照执行制度的发展阶段,似乎很容易得出民商事活动促成了执行制度的发展的结论。事实看起来很清楚,在民商事活动基本消失的时代,执行制度并没有得到发展,甚至是萎缩为审执合一,当民商事活动逐步兴盛时,执行制度就会随之发展起来。但是,这一事实只是说明执行权如何在法院内部获得分化,还是没有说明执行权为什么一定要配置于人民法院,因为执行权在作为一种独立的权力存在后,其完全可以被移交给别的国家机关。况且,20世纪50年代执行工作所面临的困难多是因法律制度缺位所造成的,而改革开放后的经济案件执行困难不仅是因为相应的法律制度欠缺,还有所谓的地方保护主义和部门保护主义的影响,

---

① 例如,民事财产纠纷的判决的强制执行裁定是否允许上诉,参见最高人民法院《关于民事财产纠纷的判决的强制执行裁定是否允许上诉的批复》([64]法研字第48号,1964年5月19日发布)。

② 例如,最高人民法院《关于一般债务关系如债务人确无偿还能力是否可予中止执行问题的批复》(法行字第10965号,1954年11月5日发布)。

③ 例如,最高人民法院《关于资本家欠地主的债务与地主欠劳动人民的债务如何处理的批复》(法研字第15017号,1955年10月15日发布)。

④ 例如,最高人民法院《有关执行保证债务问题的答复》([53]法办字第316号,1953年2月6日发布)。

⑤ 例如,在公私合营后,针对破产问题,最高人民法院的批复中提道,"上述前三个问题,经与国务院工商行政管理局联系,管理局认为这类问题多系公私合营前遗留的问题,估计数量也不会多,以就地与有关部门研究具体解决为宜。上述意见,仅供研究参考"。参见最高人民法院《关于破产清偿的几个问题的复函》(1957年1月17日发布)。

而这两种保护主义长期被认为是“执行难”的主要原因。因此,民商事活动的情况本身很难作为20世纪50年代与改革开放后这两个历史阶段的共同点。

法院通常被认为是解决纠纷的国家机关,对于人民法院来说亦然,这一点在《人民法院组织法》中是始终被明确规定的。[①] 但是,问题是在什么情况下可以认为纠纷得以解决,这就牵扯对纠纷的定义。现今对纠纷的认识,大致与利益冲突等同,将纠纷当事人中的一方或多方的行为视为对特定利益(不一定限于经济利益)的侵犯,并因此造成了纠纷。在此种情况下,纠纷的解决就是对利益的重新调整,对受害人的利益损失进行补偿,对过错方进行惩处等。民商事纠纷大部分均可以被简化为经济利益纠纷,在这个意义上,人民法院必然是要参与到对经济利益的重新分配之中的。此时,审判与执行之间的关系就紧密起来了,审判结束并没有完成解决纠纷的任务,因为各方当事人实际的利益状态还没有得以调整,而执行则是利益调整最重要的一步,执行结束后才意味着纠纷得以解决。

解决纠纷的功能并不能完全证明人民法院应当配置执行权,毕竟法院承担纠纷解决功能是共识,但各国执行权配置的具体情况却不相同。如果在一般意义上考察纠纷被法院处理的整个过程,可以发现法院所处理的纠纷与纠纷原本的面目是有差别的。如此有必要对纠纷作进一步划分,以纠纷是否进入诉讼程序为界限,可以将纠纷分类为社会生活意义的纠纷和法律意义的纠纷。所谓社会生活意义的纠纷,是指纠纷在社会生活中所呈现的“原始”状态,其尚未经过特定的意义体系进行重新阐释、处理。法律意义上的纠纷则是指用法律技术对纠纷进行处理后,将利益之争转变为权利之争,纠纷的焦点就从利益分配转为对特定行为的合法性评价。那么,整个诉讼程序毋宁说是作为意义体系的法律对纠纷的重新阐释,此时法院所处理的纠纷就是法律意义上的纠纷。那么,审判程序结束也只能说是解决了法律层面的纠纷,至于当事人权利是否实现,则不一定在法院的考虑范围内。[②] 在这一点上,人民

① 2018年《人民法院组织法》修订后有变动,原来是解决民事纠纷,现在改为解决民事、行政纠纷。

② 夏皮罗曾经指出,即使是在现代工业社会,“胜诉方也会经常发现获得判决仅仅是一系列为了获得补偿所进行的充满痛苦、成本高昂的并且经常是非决定性步骤中的第一步”,法院既不是“钱包”也不是“利剑”。参见[美]马丁·夏皮罗:《法院:比较法上和政治学上的分析》,张生、李彤译,中国政法大学出版社2005年版,第20页。

法院与一般意义上的法院的差别就明显了,因为后者考虑的是法律意义上的纠纷,而对于人民法院来说,其必须回应社会生活意义上的纠纷。

作为党领导下的司法机关,人民法院的制度正当性来源不在于其作为中立的第三方,而在于其能否践行党对人民群众的政治承诺,尤其是满足人民群众现实的利益诉求。在这个意义上,人民法院使用何种技术去处理社会生活意义中的纠纷并无根本上的差别。关键在于,人民法院使用特定的话语对社会生活意义上的纠纷进行处理后,各当事人之间的利益关系是否因人民法院的介入而发生变化,并且这种变化的根据是人民法院使用特定话语对社会生活意义上的纠纷进行了评判。因此,人民法院不可能只注重判决的宣告而忽视判决的执行,因为判决的宣告不可能直接改变当事人之间的利益格局。进言之,人民法院能否完成更一般的治理任务,也有赖其解决纠纷的实际情况。

如此,人民法院配置执行权与否取决于其对纠纷的认识以及解决纠纷的方式。当纠纷被认为是当事人在思想上出了问题时,思想工作往往会成为纠纷解决的主要方法,①此时执行工作就没有必要单独进行。而在20世纪50年代和改革开放后,纠纷不再从当事人的思想状况的角度去分析,人民法院处理纠纷的重点变成了各方当事人之间的财产关系,即人民法院是从利益之争的角度去看待纠纷的。此时,人民法院欲解决纠纷就必然会对各当事人的财产状况加以变动,执行工作的重要性就因此得以凸显。并且,在解决纠纷的目标下,人民法院在执行工作中所发挥的功能大大超出了实现裁判的范畴。为了尽可能实现当事人的债权,人民法院在执行工作中不仅会动用查封、扣押特定财物的手段,还可能会进入市场要素的配置诸多环节,尽可能将债务人的财物予以变现,甚至在执行和解的名义上对生效裁判的内容加以变更、补充等。因此,承担了解决纠纷职责的人民法院是不可能放弃执行工作的,甚至说,唯有更好地完成执行工作,才符合党和人民群众对人民法院的角

---

① 例如,在20世纪60年代,婚姻家庭纠纷被认为发生纠纷的原因和情况是极为复杂的,一般都或多或少地反映了社会主义的婚姻观点与资本主义的甚至是封建主义的婚姻观点的斗争……由于婚姻家庭纠纷一般是人民内部的问题,当事人的思想情况错综复杂,因此,必须坚持"调解为主"的方针,认真、细致地做透思想教育工作。参见最高人民法院《关于贯彻执行民事政策几个问题的意见》(1963年8月28日发布)。

色定位。

(二)改善执行工作与解决“执行难”

长久以来,人民法院应对“执行难”的基本对策是改善执行工作,不仅通过各种手段提升执行绩效,而且也通过完善相应制度来规范执行行为。[①] 应当说,人民法院应尽可能地将执行工作做好,以期解决“执行难”。但是,前述对“执行难”的论述已经说明,人民法院与当事人所感知到的普遍执行困难存在差别,那么人民法院的工作尽管可能会改变当事人对执行工作的认识,却无法真正解决“执行难”。

当人民法院试图用改善执行工作的方法去解决“执行难”时,首先提出的问题是以什么标准来评判执行工作难的问题被改善了。人民法院系统对执行情况的统计是有具体标准的,当然可以根据一些指标的变化得出执行工作向好的局面发展的结论。但是,用数据说话的这种方式使人民法院容易被质疑数据的真实性。

当然,人民法院改善执行工作的措施的确会影响个案的具体执行情况,那么就可以推论说,执行工作整体得到改善也是有利于具体个案中的当事人的。然而,如果从一个更长的时间跨度去考察人民法院执行工作,则会发现很难从其中概括出执行工作是一直向好的趋势。以人民法院公布的自 1992 ~ 2017 年的执行工作数据为例,尽管单个年份的数据可能存在误差,但长时间跨度的数据却能够反映出一定的趋势。用 1992 年至特定年份的执行收案数之和减去同样时间跨度的执行结案数之和,所得的结果则是 1992 年至特定年份执行积案的数量。这一数据尽管会造成 1992 年当年的执行积案没有被计算进去,但该案件数是一个固定的常量,是可以通过其他年份的相应数据推算的,如此就可以得到 1992 ~ 2017 年执行积案的大概情况。执行积案可以说是最直观的衡量执行工作的指标,毕竟人民法院存在用各种手段尽可能提高结案率的动机,即结案数大概等于人民法院在特定年份执行工作的上

---

① 2019 年最高人民法院就“切实解决执行难”提出了具有全局性的规划,仍然是从提升执行绩效和规范执行行为两个大方向着手。参见最高人民法院《关于深化执行改革健全解决执行难长效机制的意见——人民法院执行工作纲要(2019—2023)》(法发〔2019〕16 号)。

限，而执行积案的变化则反映了未能顺利执结的案件的变化。因此，从积案数量的变化中可以对执行工作有一个较清晰的判断。根据《中国法律年鉴》中的数据，可得表格如下（见表2）：

表2 人民法院历年积案数量

单位：件

年份	1992	1993	1994	1995	1996	1997	1998	1999	2000
积案（估）	227, 092	209, 301	204, 198	229, 122	290, 109	409, 690	533, 468	485, 385	461, 398
年份	2001	2002	2003	2004	2005	2006	2007	2008	2009
积案（估）	450, 498	446, 907	392, 605	369, 265	385, 383	364, 467	317, 488	333, 604	294, 917
年份	2010	2011	2012	2013	2014	2015	2016	2017	—
积案（估）	204, 849	170, 286	163, 716	279, 708	511, 356	855, 745	1, 061, 700	1, 203, 340	—

资料来源：《中国法律年鉴》1993～2018年各卷，另经测算，1992年当年的积案为21万～22万件，在此取整数为22万件。

从积案数的变化来看，很难得出执行工作的趋势是向好的结论，可以说，25年间执行工作是经历了两次激烈变动的。更值得注意的是，2016年“基本解决执行难”计划启动后执行积案有记录以来第一次超过100万件。就这一变化而言，自然会有人提出“执行难”可能更严重了的观点。当然，2013年起，执行积案增长与民事案件收案数增长有直接关联，况且从百分比上讲，人民法院的执行工作确实值得肯定。① 问题是，如果说人民法院意图通过解决纠纷获得人民群众的认可，那么案件底数的增长意味着特定种类案件的绝对值

① “2019年3月12日，最高人民法院向十三届全国人大二次会议报告：三年来，人民法院全力攻坚，共受理执行案件2043.5万件，执结1936.1万件，执行到位金额4.4万亿元，与前三年相比分别增长98.5%、105.1%和71.2%，解决了一批群众反映强烈的突出问题，促进了法治建设和社会诚信建设，‘基本解决执行难’这一阶段性目标如期实现。全国法院90.4%的有财产可供执行案件在法定期限内实际执结，92.6%的无财产可供执行案件终结本次执行程序符合规范要求，94.4%的执行信访案件得到化解或办结。”参见周强：《最高人民法院关于研究处理对解决执行难工作情况报告审议意见的报告——2019年4月21日在第十三届全国人民代表大会常务委员会第十次会议上》，载中国法院网2019年4月24日，https://www.chinacourt.org/article/detail/2019/04/id/3850699.shtml。

是可能增长的。如此,大量未执结案件的存在则刚好造成了相反结果,就算人民法院通过大量解决纠纷获得了更多当事人的认可,也会有更多的当事人不认可人民法院。对于解决"执行难"来说,这显然是不利的。

当人民法院试图用改善执行工作的方式去解决"执行难"时,其仍然无法调和法律实施的现实与所期待的法律实施状况之间的张力,①这恰恰是"执行难"的症结。如前所述,个案执行困难之所以是不可接受的,原因在于其意味着人民法院未能完全履行实施法律的职责,这当然是特定表达结构促成的,但也可以从中发现当事人所关注的并不只是其个案未能执行的结果。应当说,相当部分执行案件的结果是会决定当事人的生活状况的,这些案件的当事人自然极其注重裁判的执行情况。但是,这种对自身利益的关切也仍然与一些抽象的价值诉求相关。

少量执行个案之所以能够造成对人民法院权威的挑战,是由于这些个案始终提示着执行工作存在一种不确定的状态。执行程序不同于审判程序,因为审判程序可以通过赋予当事人程序参与权来提高其对裁判结果的认同度,并且诉讼程序的进行本身也会逐渐收缩裁判结果的可能范围,进而给当事人以合理的预期。可以说,程序法和实体法共同构建了一个相对独立的空间,而其本身的运转又提供了可预期性。相较之下,执行程序尽管保留了审判关系中的三方主体结构,②但整个执行过程主要是在人民法院与被执行人之间进行的,况且执行工作并不是在法庭这样有限的空间内进行的,而是在整个社会空间流动的。同时,执行工作并没有如审判程序一般形成相对独立的法律空间,这也就使大量为审判程序所隔绝的干扰因素得以进入执行工作的过程中。③ 那么,执行工作本身就带有了不确定性,人民法院能否顺利执结案件取决于诸多因素的限制。④ 此外,部分案件因为涉案主体的特殊性,往往会使

① 人民法院试图去解决这个问题,如强调商业风险对执行工作的影响。

② 参见肖建国:《审执关系的基本原理研究》,载《现代法学》2004年第5期。

③ 法官在审判过程中考虑判决的可执行性,也可以视作在减少将来可能影响执行工作的不确定因素。

④ 保全、先予执行以及大量信息技术的使用,均可以说是降低执行案件不确定性的对策。

人民法院对其予以特殊对待,这本身就构成了正常法律秩序中的例外情形。[①] 简言之,执行工作过程并没有给予当事人以合理预期,尽管执行案件过程的不确定性逐渐被降低,但不可否认的是,个人因素在执行工作中仍然发挥较大作用,这也为执行案件增添了不确定性。在这个意义上,执行工作刚好构成了审判工作所宣示的“同案同判”的对立面,“同案”未必能够有同样的执行结果。

一如前述,“执行难”的出现本身就有当事人认为人民法院未能尽力完成执行工作的可能,特定执行案件的执结情况其实是受法院具体工作的影响。在这个意义上,“执行难”其实也是当事人对案件执行结果不确定性的批评。而改善执行效果的做法并不一定能够降低这种不确定性,例如,执行活动的开展其实增加了执行案件的不确定性。因此,少量未执结案件的存在之所以构成对执行工作的挑战,主要是因为其提醒当事人人民法院执行工作的不确定性,人民法院仍然存在未能尽力履职的可能。而当事人认为人民法院未能尽力履职却又是“执行难”的成因。

四、结　　语

对“执行难”的成因,不应当仅从执行工作的事实面向上观察、分析,还要关注其背后所隐藏的法律意识因素。过往,人民法院试图用改良执行工作的方法去回应“执行难”,但从现实立场出发看待司法工作,很难相信每年数以百万件的执行案件均能够得以执行。那么,人民法院若想“切实解决执行难”,就需要从对执行绩效重点关注转向解决其中的法律意识难题。简言之,当绩效导向下解决“执行难”的方案存有无法补救的缺陷时,就应该考虑新的可行思路。

① 例如,“对涉党政机关、涉军、涉民生等特殊案件实行分类管理,形成常态化专项执行机制”。参见最高人民法院《关于深化执行改革健全解决执行难长效机制的意见——人民法院执行工作纲要(2019—2023)》(法发〔2019〕16 号)。

大数据时代财产报告制度的困境与出路[*]

赵大伟[**]

摘要:信息技术发展引发了执行制度的变革。网络查控系统能够高效全面地查控财产信息,对财产报告制度的适用带来了影响,导致财产报告制度适用过程中出现了低申报和低惩戒的问题。执行信息化的发展对强制执行中财产发现体系带来了挑战。新时期,财产报告制度的功能应由财产发现转变为侧重促进债务人履行义务与区分履行意愿。依托大数据技术重构财产报告程序,在程序启动、程序运行过程中审查认定和事后惩戒3个阶段平衡法院权力与当事人程序权利,促进债务人主动履行义务,才能进一步完善我国的财产报告制度。

关键词:大数据时代;民事执行;财产报告制度;制度困境;功能调整

民事执行财产报告制度从2007年10月28日进入《民事诉讼法》以来,已经在我国强制执行实践中走过了10多年的征程,但我国被执行人财产报告制度的长期实践表明,这一程序的立法目的并未得以很好实现。信息技术深刻地改变着人们的生产方式,也将深刻地改变法院的司法活动,实现审判执行

* 本文系国家社科基金青年项目“我国债务人异议之诉体系化研究”(项目编号:22CFX017)的阶段性成果。

** 西南政法大学博士后研究人员,法学博士。

工作从“绿皮车时代”迈入“高铁时代”。[①] 随着网络信息技术的发展,网络查控系统能够高效全面地查控债务人的财产信息,使财产报告制度的地位面临挑战——是否还需要低效的财产报告制度,如果保留该制度,在新时期如何调整该制度,让其在发现债务人财产方面发挥应有作用?

财产发现是执行程序的核心工作,民事执行就是执行被执行人的责任财产,执行责任财产首先需要发现被执行人的财产信息,李浩教授认为,掌握债务人财产信息是强制执行工作富有成效进行的前提和关键,也是破解“执行难”的关键。[②] 民事执行立法规定了法院职权查控、债务人报告财产和债权人提供财产线索 3 种主要的财产发现方式,常怡教授认为,完善债务人财产申报制度是破解“执行难”的出口,[③]财产报告能直接认定被执行人的履行能力。[④] 随着执行查控系统的构建,在利用信息化手段查找债务人财产方面取得了巨大成就,从根本上改变了之前“登门临柜”式的财产查找方式,有效解决了执行效率低、覆盖财产范围窄、查控成本高等难题。[⑤] 在大数据时代,是否不再需要依赖被执行人主动报告财产来进行财产发现,债务人财产报告制度在财产发现方面陷入困境。

之所以对违反财产报告义务的被执行人采取罚款、拘留、限制出境、信用惩戒等措施,不仅是因为被执行人的不配合使财产发现功能难以落实,也因为主动、如实报告自己的财产情况是一项法定义务。财产报告制度的正当性不仅源于债务人主动报告财产能够高效、全面地发现财产,而且能否主动报告财产也可以辨别债务人是否具有履行意愿。对于具有履行意愿的被执行人,若其具有履行能力,一般也会主动履行裁判文书确定的义务;对于可能不具有履行能力的被执行人,若其拒不履行财产报告义务,因其违反法定义务,

---

① 参见浙江省宁波市中级人民法院课题组:《“互联网 +”时代移动电子诉讼与执行工作的融合、反思与完善》,载最高人民法院执行局编:《执行工作指导》2019 年第 2 辑 · 总第 70 辑,人民法院出版社 2019 年版,第 223 页。

② 参见李浩:《论民事执行中债务人财产的发现》,载《法学》2007 年第 12 期。

③ 参见常怡:《完善被执行人财产申报制度——破解“执行难”的出口》,载《法治研究》2010 年第 8 期。

④ 参见林森:《探财产报告在执行中的实务操作》,载最高人民法院执行局编:《执行工作指导》2019 年第 2 辑 · 总第 70 辑,人民法院出版社 2019 年版,第 139 页。

⑤ 参见中华人民共和国最高人民法院编:《中国法院的互联网司法》,人民法院出版社 2019 年版,第 20 页。

法院也可以对其采取惩戒措施;在破产程序中,需要债务人“诚实而不幸”,拒不履行财产报告义务的债务人不是“诚实”的债务人。在大数据时代,面对财产发现的新形势,应变革当前的财产报告制度,以回应时代发展的新情况。

一、大数据时代财产报告制度的双重困境

目前,在解决“执行难”的进程中,被执行人财产难寻是困扰执行的一大问题。执行财产首先需要发现被执行人的财产,被执行人本人最了解自己的财产状况,由其主动报告财产,可以免去执行法院和申请人的查找困难;债务人主动报告自己可供执行的财产后,法院可以直接进行查封、扣押、冻结,也可促使债务人主动履行义务。对于债务人主动报告无财产的,经法院查证属实,可以基于执行不能结案;对于债务人拒绝报告或者虚假报告的,法院可以根据情节进行拘留、罚款,严重的,可以对其追究刑事责任。可以看出,被执行人财产报告制度是一个非常重要的执行制度,是一个理想的程序。

在司法实践中,该制度的运行却不理想,财产报告制度未能适应信息技术发展带来的新变化,当前财产报告制度面临双重困境。在外部,随着执行网络查控系统的建立,法院可以快捷、高效地查控被执行人的财产信息,财产报告制度的存在基础面临挑战;在内部,财产报告制度也没有发挥该制度开示财产的作用,绝大部分债务人拒绝报告财产,违反财产报告制度也难以受到惩戒。

(一)网络查控系统对财产报告制度的冲击

为提升查控效率,最高人民法院于2014年12月正式开通网络执行查控系统,并不断丰富查询信息、强化查控一体化功能,可以依法查询被执行人在全国范围内的各类财产信息,全面覆盖被执行人的主要财产形式和信息,改变了传统的财产调查方式,实现了财产查控的高效、快捷。①

① 参见中华人民共和国最高人民法院编:《中国法院的互联网司法》,人民法院出版社2019年版,第20页。

1. 查控系统高效地查控财产信息

网络查控系统与传统查控方式最大的区别就是网络查控系统能够高效地查控被执行人的财产信息,传统查控方式中法院查询被执行人财产信息需要一家家银行地查询,一个个部门地调查,耗费了大量的时间和人力。与之相对,当前对总查控系统实现了一键查询功能,不需要到现场,法官在办公室即可实现对债务人基本财产信息的查询,相对传统的财产发现方式,网络查控在个案财产的查控上降低了成本,大大提升了执行效率。

同时,执行查控系统不仅能够快速查询财产,而且对很多银行和互联网存款实现了查询、冻结、扣划一体化功能,在财产信息反馈的同时即可实现对财产的冻结,在最大限度上填补了财产查控与被执行人转移财产、藏匿财产的时间差,减少了规避执行行为,维护了债权人的合法权益和法院的司法公信力。

2. 查控系统全面地查控债务人财产

随着几年的建设,查控系统中对被执行人查控的广度和深度都大大提升了,保证了财产查控的全面性。从广度上来说,当前已经从银行账户、车辆信息扩展到实现对互联网支付信息、保险理财产品、不动产信息、婚姻信息的查控;从深度上来说,对于银行存款的查询已经从仅仅查询余额信息发展到部分银行支持查询账户流水信息。

随着经济的发展,财产形式越来越多样化,财产流转也越发快速化,财产突破了传统的单纯货币方式,以电子货币、股权、债券、证券、知识产权等虚拟方式存在的财产也越来越普遍,这对法院的财产查控提出了更高要求,传统线下调查方式难以适应财产形式多样化的现实,而网络查控系统依托执行信息平台和财产管理平台可以查控多种方式的财产信息,保证能够全面地查控各类别财产。[①] 同时,网络查控系统在地域上也实现了对财产信息的全面查控,传统的财产查控方式仅能查控一地的财产信息,由于许多财产信息未能实现全国联网,到一地的不动产管理部门仅能实现对该地不动产信息的查控,一县的车辆管理部门仅能对该县的车辆信息进行查询。当前,随着经济发展,社会流动越来越频繁,传统查控方式很容易遗漏财产信息,而网络查控系统利用信息化优势实现了对全国财产信息的全面查控,保证执行过程中不

---

① 参见陈纯柱、李雅丹:《网络执行查控机制研究》,载《广西社会科学》2017 年第 12 期。

遗漏重要财产信息。

随着执行网络查控系统的建设,对债务人财产信息的查控越来越高效和全面,在执行开始阶段,不需要启动财产报告程序可能已经查控到足额可供执行的财产,财产报告制度的可适用性受到质疑,财产报告制度从外部面临适用困境。

(二)财产报告制度自身的适用困境

财产报告制度本身也面临困境,在实践中,财产报告制度面临低申报率和低惩戒率的问题,财产报告制度的制度目的难以实现。负责起草《民事诉讼法》的全国人大常委会法制工作委员会民法室认为,之所以要确立财产报告制度,是因为“解决‘执行难’的关键问题之一在于建立有效的查明被执行人财产的法律制度”。① 从表面上看起来,似乎合理完备的财产报告制度即便采取最简单的数据统计方法,也能观察出在执行财产报告制度时不尽如人意的运作状态。

就财产报告程序而言,其被有效利用的直接指标,就是较高的财产申报率和对违反财产报告制度的较高惩戒率。财产申报率,是指在法院发出报告财产令通知的所有债务人中,有多少债务人主动向法院申报其财产信息的比例;财产惩戒率,是指执行法院面对被执行人拒绝申报、无正当理由迟延申报和虚假申报的情况,有多大比例的案件适用司法拘留等惩戒措施。这两个指标可以有效地反映出我国财产报告制度的运作实态,以便有效总结经验以完善民事执行立法。

1. 低申报率

在我国的司法实践运行中,绝大部分被执行人并不重视法律中财产报告的义务,有一些是不了解财产报告制度,还有一些是故意规避执行而拒绝申报财产。浙江省台州市黄岩区人民法院执行庭庭长林森也认为,在执行实践中,财产报告率的低下(一般不到5%)是不争的事实;②江苏省扬中市人民法

① 参见全国人大常委会法制工作委员会民法室编:《中华人民共和国民事诉讼法条文说明、立法理由及相关规定》,北京大学出版社2012年版,第383~384页。

② 参见林森:《探财产报告在执行实践中的实务操作》,载最高人民法院执行局编:《执行工作指导》2019年第2辑·总第70辑,人民法院出版社2019年版,第138页。

院主管执行的原副院长黄成刚称,从报告财产的规定实施以来,该法院通过债务人主动向法院报告财产(特别是可供执行的财产)从而实现债权的情况几乎不存在;①浙江省兰溪市人民法院的高春红法官称,让债务人主动报告财产信息从而结案的情况也是微乎其微;浙江省绍兴市上虞区人民法院朱旭安法官称,从来没有发现上虞区人民法院有债务人主动来法院申报自己财产的;②对海南省两个基层人民法院财产调查问题进行调研的杜迎风也发现,从在海南省的基层人民法院的观察和执行法官处了解到的情况来看,被执行人在收到法院发出的财产申报通知后,几乎无人申报财产;③广州市海珠区人民法院执行局的张法能法官通过调查也发现,在该院 2008 年度 417 件案件中,只有 12 件案件的债务人自己主动向法院申报财产信息;④广东省湛江市中级人民法院廖万春、李成观、王丽华等法官梳理分析上海、南京、成都、广州等地法院 2015 ~2017 年已执结的 700 件金钱债执行情况后发现,17. 71% 的债务人如实申报财产(124 件);3. 86% 的债务人主动但不如实申报(27 件);78. 43% 的债务人拒绝申报财产(549 件),其中 28. 60% 的债务人在执行法院责令或惩戒后会申报财产状况(157 件)。⑤ 据笔者在吉林省某县基层人民法院调研所得,该县绝大多数被执行人拒绝报告财产,只有极小部分债务人主动报告财产。笔者共收集整理该法院 2014 年从第 1 号到第 118 号执行卷宗 100 多件,去掉其中内容不完整和 3 件移送执行的卷宗,共得到内容相对完整的有效执行卷宗 100 件。对这 100 件执行案件报告财产情况进行分析后可以发现,只有 2 件案件的债务人主动向法院申报了财产信息,其余 98 件案件的

① 参见黄成刚:《论我国被执行人财产申报制度的构建》,载中国法院网 2005 年 5 月 9 日,http://www. chinacourt. org/article/detail/2005/05/id/161722. shtml。

② 参见朱旭安:《被执行人财产申报制度探讨》,载中国法院网 2002 年 4 月 30 日,https://www. chinacourt. org/law/searchproc. shtml? keyword = % E8% A2% AB% E6% 89% A7% E8% A1% 8C% E4% BA% BA% E8% B4% A2% E4% BA% A7% E7% 94% B3% E6% 8A% A5% E5% 88% B6% E5% BA% A6% E6% 8E% A2% E8% AE% A8&t = 2。

③ 参见杜迎风:《我国民事执行财产调查难问题研究——基于对海南省两个基层法院的调查分析》,海南大学 2013 年硕士学位论文,第 3 页。

④ 参见张法能:《纸面上的义务:财产申报制度的回顾与展望——以执行财产申报的功能与价值为角度》,载《法治论坛》2014 年第 2 期。

⑤ 参见廖万春、李成观、王丽华等:《及时发现执行财产 有效化解执行难题——广东湛江中院关于执行财产发现机制的调研报告》,载《人民法院报》2018 年 3 月 29 日,第 8 版。

债务人都没有主动向法院报告自己的财产信息。

财产报告制度目的的实现建立在债务人主动向法院报告财产上,因为债务人拒绝报告财产,使节省司法资源、提高执行效率等财产报告制度的设计目标基本落空。

2. 低惩戒率

财产报告制度的核心不是披露债务人的财产信息,而是后续的制裁和惩罚措施,以促使债务人主动履行债务。[①] 而我国目前司法实践中的惩罚措施根本不到位,对于违反财产报告制度的大部分债务人都没有进行惩戒。重庆市第五中级人民法院对2013年10月至2016年12月的2737件案件发出了报告财产令,10.2%的债务人主动报告财产(281件),89.8%的债务人未主动提供财产信息,只有18件违法报告的债务人采取被拘留措施,惩戒率不足1%。[②] 广东省湛江市中级人民法院的廖万春、李成观、王丽华等法官梳理分析上海、南京、成都、广州等地法院2015~2017年已执结的700件执行案件,针对债务人拒不履行又违反财产报告制度的案件,47.71%的债务人被纳入失信被执行人名单(334件),4.29%的债务人被罚款(30件),17.86%的债务人被执行拘留(125件),0.57%的债务人被追究刑事责任(4件)。[③] 笔者在吉林省某县基层人民法院调研后发现,该县的绝大部分案件也没有适用司法拘留措施,在100件案件中有21件批准拘留,只有9件案件的被执行人被实施拘留,实际适用拘留措施的概率只有9%。[④]

财产报告制度外部面临网络查控系统的冲击,不需要财产报告就可以高效、快捷地查明债务人的财产情况;内部财产报告制度的运行也陷入困境,既不能让大部分债务人主动报告财产,对于拒绝报告财产的绝大部分被执行人也不能予以惩戒。因此,财产报告制度当前处于双重困境之中,难以发挥财产发现的功能。

---

① 参见江必新主编:《执行规范理解与适用:最新民事诉讼法与民诉法解释保全、执行条文关联解读》,中国法制出版社2015年版,第304页。

② 参见刘用辉:《被执行人财产报告制度运行问题及完善》,载《人民法院报》2017年5月17日,第8版。

③ 参见廖万春、李成观、王丽华等:《及时发现执行财产 有效化解执行难题——广东湛江中院关于执行财产发现机制的调研报告》,载《人民法院报》2018年3月29日,第8版。

④ 参见赵大伟:《被执行人财产报告制度研究》,吉林大学2017年硕士学位论文,第25~26页。

二、大数据时代财产报告制度的功能调整

执行信息技术的变革使财产报告制度面临挑战,财产报告制度在新时期是否还有存在的必要,能否适应执行信息化的发展并积极加以改变?事实上,在当前执行信息技术的快速发展下财产报告制度仍然具有存在的价值,执行财产查控系统虽然实现了对债务人财产信息的高效查控,但是目前财产查控体系仍然面临问题,如对第三人债权、农村房地、配偶名下共同财产、一般动产等部分财产信息仍然难以或无法进行查控。不能简单地以经过财产查控系统没有发现可供执行财产的就认定债务人"无财产"可供执行,在查控系统之外仍然需要发挥被执行人财产报告在财产发现中的作用。由于网络查控系统对财产查控的高效和全面,财产发现不是被执行人财产报告制度的主要功能。

在新时期,财产报告制度的主要功能应进行相应调整,应由侧重财产发现转向侧重促进债务人履行义务、区分履行意愿。财产报告制度要求被执行人主动申报自己的财产,客观上具有促进被执行人履行义务的作用。更重要的是,财产报告制度通过区分债务人是否主动申报财产,能够较准确地界定债务人是否具有履行意愿,对于缺乏履行意愿的债务人可以采取强制措施。

(一)财产发现仍然需要财产报告制度

执行信息化越发达,能够查控的财产范围越广泛,那么需要被执行人报告财产的案件数量也会越来越少。若财产查控系统能够将债务人的所有财产情况全部查控清楚,查控结果能够准确地区分债务人有无履行能力,则完全没有适用财产报告制度的空间。但债务人转移财产规避执行的现象多发,且基于财产的复杂性,查控系统目前不可能查控到所有可供执行的财产。因此,执行信息化的发展无法完全取代财产报告制度。

1. 财产的复杂性导致难以查清所有财产

无可供执行财产的标准针对的是债务人的财产,而事实上对于"财产"这个概念本身也并不确定。学界对于财产作为一种执行标的没有异议,但对于

作为执行标的的财产的具体范围和形态,各家学说有不同的观点。[①] 责任财产可以从广义与狭义两个方面加以理解,在通常情况下责任财产主要是指狭义的责任财产,一般认为可以从物和时间两个角度予以界定。从物的角度来说,凡是归债务人所有的财产或权利,都可视为责任财产;在时间范围方面,责任财产必须是执行开始时属于债务人的财产。[②] 但是,对于执行豁免财产、他人持有责任财产权属和财产线索真实性问题,执行法院和申请执行人之间一般存在争议,而这些争议往往难有合法的处理程序和解决办法,难以界定清楚可供执行的责任财产的范围,[③]查控的范围也难以确定。

目前,我国法院系统建立了"总对总"网络财产查控系统,从仅能查询银行存款一类信息,发展到可以查询被执行人在全国范围内的不动产、金融理财产品、网络账户等16类、25项财产信息。[④] 但是,查控系统的作用是有限度的,章武生教授等人对上海法院查询被执行人存款情况进行了实证分析,基于上海法院2011年开始运行的"点对点"集中查询机制,试行一年反馈的30余万条账户信息进行分析后可以发现,8%左右有可供执行的余额,17%左右因余额太小没有执行价值,11%左右系休眠账户或账户余额为0,64%左右没有开户记录。[⑤] 在上海市经济如此发达的地区,也只有8%左右的账户有可供执行的财产,超过92%的账户没有财产。我国目前仍然有相当多的财产权属不清,或者权属清楚但是尚未对社会公开,或者对社会公开但是名义权利人和实际权利人不符,或者如比特币等新型财产形式难以通过网络财产查控系统查询到。由此,对执行领域的财产查控系统适用造成了许多困难,这些案件都被纳入了终本范围内,使很多有履行能力的债务人逃避执行,债权人的债权难以得到实现。

---

① 参见谭秋桂:《民事执行法学》(第3版),北京大学出版社2015年版,第168页。

② 参见王亚新、百晓锋:《无财产可供执行案件的退出机制及相关争议的处理》,载《法律适用》2011年第12期。

③ 参见王亚新、百晓锋:《无财产可供执行案件的退出机制及相关争议的处理》,载《法律适用》2011年第12期。

④ 参见靳昊:《最高法网络执行查控系统让"老赖"财产无处可藏》,载《光明日报》2018年7月21日,第3版。

⑤ 参见章武生、张永红、金殿军等:《关于被执行人财产状况调查途径的调研报告》,载复旦发展研究院网2012年9月23日,http://fddi.fudan.edu.cn/yanjiu/chengguo/baogao/。

2. 债务人规避执行使难以发现可供执行的财产

目前，我国社会处于转型过程中，社会信用体系没有建立，转移、藏匿财产行为广泛存在，在企业破产中“假破产，真逃债”的破产欺诈现象日趋猖獗。[①] 企业组织转移、藏匿财产一般有迹可循，可以通过企业账簿、流水之类的记录发现线索，而自然人之间的藏匿财产行为却是无迹可寻，一般很难及时发现和制裁。

如果能有一个清晰明确的、让利害关系人和国家有关机关能够查询的财产登记和公示体系，将有利于法院制裁规避执行、转移财产的行为。但当前我国的财产管理和登记体系并没有建立，这对执行领域的财产发现造成了困难，债务人虚造交易手续、转移财产的情况也无法得到监管。在动产方面，动产物权以占有为公示方法，但目前法院“执行难”的一个重要原因就是被执行人下落不明，因而需要建立一个类似财产登记系统的、定向透明的人口管理系统，先发现人，继而完成对其动产的调查；在不动产方面，我国的不动产登记制度在农村地区尚没有落实，农村地区存在大量的无证房屋和小产权房未经登记、权属状况不明的情形，法院无法处理，需要完善不动产登记制度，促进产权明晰；[②]还有一些案件，被执行人本人因服刑等原因没有劳动收入，被执行人的独立责任财产难以确定，难以将其财产从家庭共有财产中分割出来予以强制执行，使财产转移、隐匿难以被发现、识别。

按照最高人民法院2018年统计的数据，在每年全部的七八百万件执行案件中，有40% ~50%的案件是查找不到债务人任何可供执行财产的执行不能案件。[③] 四川省高级人民法院统计四川省法院2009 ~2016年案件执结情况后发现，在民事执行中，无财产可执行案件在案件总数中所占比重约为40%，其中2016年的终本率为46.33%。[④] 2011 ~2014年深圳市中级人民法院在民事执行中，终本程序结案比率都高于50%，其中2011年共结案519件，终本

---

① 参见行江：《虚假破产罪的理论与实践研究》，法律出版社2012年版，第1页。

② 参见广东省高级人民法院执行局综合处课题组：《执行不能情况与对策研究——以广东三个法院1057件执行案件为例的实证分析》，载最高人民法院执行局编：《执行工作指导》2007年第1辑·总第21辑，人民法院出版社2007年版，第202页。

③ 参见刘贵祥：《人民法院执行工作现状与分析》，载《中国应用法学》2018年第1期。

④ 参见四川省高级人民法院执行局课题组、赵勇、彭雪、李笑寒：《无财产可供执行案件退出机制研究》，载《中国应用法学》2017年第6期。

结案数 358 件,终本率为 69%。[①] 笔者认为,我国目前执行不能案件数量是有待怀疑的,如此高的终本率是不符合历史和现实的。随着改革开放 40 多年以来我国经济的发展,不可能有如此高的无财产人口比例;对于债权人来说,基于其理性选择,在决定起诉时债权人一般也会认为债务人是具有偿还能力的,而不可能没有财产;我国终本的不规范和司法实践中的错误观念也可能导致终本率畸高。最高人民法院执行局前局长俞灵雨认为,从比例上说,只有 20% ~30% 的案件在客观上没有财产,绝对履行不能的案件极少,而完全能够履行的案件也很少,大部分案件都是相对履行不能,只是程度不同而已。[②] 而我国当前的终本率是 40% ~50%,有一部分案件错误地被纳入执行不能的统计之中,对这部分案件需要进行再筛选,从中发现具有履行能力的案件,从未发现可供执行财产案件中发现具有履行能力的案件则需要发挥出财产报告制度的作用。

(二)财产报告制度促进债务人履行义务

财产报告制度除财产发现功能外,实质上还有迫使债务人主动履行义务的功能。当经过财产网络查控系统暂时未能查找到债务人足额的可供执行的财产时,向被执行人发出财产报告通知,要求债务人主动向法院申报自己的财产情况,这不仅有利于法院掌握债务人的可供执行财产,也可以对债务人形成心理威慑,财产明示命令本身就具有间接强制被执行人自动履行债务的功能,[③]若其拒绝履行义务又不履行财产报告制度将会受到法院的惩戒。

财产申报命令的发出已经给债务人施加了一项法定义务,这种义务的实现以及违反都可能给债务人带来不利益,促使债务人尽快履行义务。首先,财产信息是债务人个人隐私的范畴,一般当事人不愿意将自己的所有财产情况公之于众,而财产申报命令恰恰与当事人的这种意愿相反,让其被迫公布自己的财产隐私让执行法院和债权人知晓。其次,如实全面地公布自己的财

---

① 参见中国社会科学院法学研究所、深圳市律师协会联合课题组:《基本解决执行难评估报告:以深圳市中级人民法院为样本》,中国社会科学出版社 2016 年版,第 109 页。

② 参见俞灵雨:《"执行难"的表现、原因及对策》,载最高人民法院执行局:《法院执行理论与实务讲座》,国家行政学院出版社 2010 年版,第 65 页。

③ 参见廖中洪主编:《民事间接强制执行比较研究》,中国检察出版社 2013 年版,第 252 页。

产情况也是一项费时、费力的工作。债务人需要将自己所有的财产情况进行如实填写,以书面方式向法院提交财产报告,如果申报不实可能还会面临法院的拘留、罚款、纳入失信被执行人名单或者追究刑事责任等措施。最后,对于有履行能力的债务人,其主动公布自己的财产情况和主动履行义务的结果是一样的。有履行能力的债务人主动公布自己可供执行的财产情况却不主动履行义务,其财产自然会被法院查封、扣押、冻结并进行处置,要遭受不利益并承担执行费用,还不如自己主动履行义务以减少损失。

可见,执行信息化并不能全部查明债务人的财产情况,还需要其他财产查控措施,财产报告制度的存在具有必要性,并且应充分发挥好财产报告制度的财产发现、促进债务人履行义务等功能。

(三)财产报告制度能够区分债务人履行意愿

财产报告义务是《民事诉讼法》课以被执行人的一项程序义务,其背后代表的是国家公权力和司法权威。无论债务人是否具有履行能力,都应主动向法院申报自己的财产情况,以便法院全面掌握债务人的财产信息,促进执行程序分流。对于确实缺乏履行能力的,法院可以执行不能结案,符合破产条件的移送审查破产,对于债务人具有履行能力的,促进其主动履行义务。财产报告制度的一个重要功能是检测债务人是否具有履行意愿,是否能够配合法院的执行措施,英美国家将违反债务人开示义务的债务人以藐视法庭罪予以惩戒。相对判断债务人是否具有履行裁判文书的能力这一实体性目的,债务人能否尊重执行法院、主动配合执行法院发出的指令这一程序性行为同样具有重要意义,其行为也影响强制执行程序的开展。强制执行程序对于违反财产报告制度的被执行人予以限制高消费、拘留、罚款、信用惩戒,其正当性不仅源自难以发现财产,也由于债务人对程序义务的违反。

区分债务人的履行意愿对于执行程序的开展具有重要意义。债务人的履行能力一般难以直接确定,我国当前对债务人是否陷入执行不能需要通过规范的程序要件和实体要件进行界定。在债务人具有履行能力之前,债务人能否主动配合法院的执行措施对于执行程序的开展、履行能力的界定具有重要意义。对于有可供执行财产的债务人,若其具有履行意愿,一般会主动变卖财产来履行义务,或者主动配合法院对财产的控制、处置措施;而缺乏履行意愿的债务人,则以各种方式转移、藏匿财产,使法院难以准确界定债务人是否具有履行能力,许多债务人具有履行能力的执行案件被纳入执行不能程序中,造成终本率畸高。① 财产报告制度能够较准确地界定债务人是否具有履行意愿,对于主动、如实地报告自己财产情况的债务人,一般也能够配合法院的执行措施,对于这部分债务人,法院不应对其采取强制措施,对于确实无履行能力的,可以执行不能结案;对于拒绝主动申报财产、虚假申报或者无正当理由迟延申报的,往往具有侥幸心理,一般不会配合法院的执行措施,对于这类债务人,法院应对其采取强制措施,追究其违反财产报告制度的责任。

面对财产报告制度的困局,需要找出制约其作用发挥的原因,有学者认为,造成财产报告制度困境的原因是社会信用建设滞后、企业数据失真、协助执行人法律意识淡薄等制度外的原因,②笔者不否认制度外原因对财产报告制度的负面作用,但马克思主义哲学原理告诉我们,内因才是事物发展的根据,外因需要通过内因发挥作用,造成财产报告制度困难的根本原因还是财产报告制度本身的不合理,不能回应实践需要并给出合理的解决方案。从财产报告制度本身来说,低申报和低惩戒的直接原因就是债务人拒绝申报财产,执行法院对拒绝申报置之不理、不予惩戒,程序主体缺乏适用动力。而深入权力运行层面可以发现,在程序启动、程序运行、事后对违法行为的惩戒3个阶段,程序权力与权利的对比是失衡的,人民法院享有程序控制权,当事人缺乏相应的程序权利,程序权利失衡和程序主体缺乏动力交织在一起,共同使财产报告制度难以发挥作用。执行信息技术的发展推动财产报告制度重构,在财产报告制度的重构过程中也需要利用信息技术,将执行信息技术渗透在财产报告制度重构的整个过程。

三、大数据时代财产报告制度的完善路径

面对财产报告制度的困境,许多学者提出了富有建设性的建议,如王亚

① 参见赵大伟:《畸高的终本率及其治理》,载任重执行主编、中国民事诉讼法学研究会编:《民事程序法研究》第22辑,厦门大学出版社2021年版,第140页。

② 参见常怡:《完善被执行人财产申报制度——破解“执行难”的出口》,载《法治研究》2010年第8期。

新、百晓锋认为,应通过规定债务人名录制度、建立有层次和力度的制裁制度和完善配套措施来改进我国的债务人申报制度。[①] 李浩也提出,要建立更有实效性的财产报告制度。[②] 常怡认为,应制定相关程序细则、实行听证程序、构建社会诚信系统来完善财产报告制度。[③] 杨春华认为,应有条件地实行被执行人强制报告。[④] 笔者认为,上述建议体现了学者的灼见和洞察力,综合学者的上述意见,结合我国司法实践中面临的低申报率和低惩戒率问题,依托大数据技术的发展,针对存在的程序权力失衡和程序主体缺乏动力两个层面的困难,应从财产报告制度本身入手,从程序的启动、运行、事后惩戒三个方面出发,更有针对性地完善我国的财产报告制度,保障当事人的程序权利,激励债务人主动报告财产以提高申报率,使债权人对财产报告程序具有更大的参与权,提高违反财产报告制度的惩戒率,实现财产报告制度促进债务人履行义务、区分履行意愿的作用。

(一)规范程序启动机制

依赖执行信息化能够快速地查找并发现债务人的责任财产,使部分能够查找到债务人责任财产的案件能够快速执结而不需要启动财产报告制度,对于部分债权人与债务人能够达成执行和解的案件,也没有启动财产报告程序的必要,需要启动财产报告程序的则是那些没有发现足额可供执行的财产、没有达成执行和解、即将陷入执行不能的案件。对于这部分案件启动财产报告程序,一方面,相对数量较小,容易被掌握;另一方面,有利于制度的实施,促进提高债务人的申报率,对违反财产报告制度的债务人施加严厉的惩戒。

在2007年修改《民事诉讼法》的第一次审议稿中,还设置了“人民法院在执行中发现的财产不足以清偿债务的”前提条件,后来因有人指出,不履行义

① 参见王亚新、百晓锋:《强制执行中债务人财产调查制度的完善》,载江必新、贺荣主编,最高人民法院执行局编:《强制执行法的起草与论证(三)》,中国法制出版社2014年版,第336页。

② 参见李浩:《论民事执行中债务人财产的发现》,载《法学》2007年第12期。

③ 参见常怡:《完善被执行人财产申报制度——破解“执行难”的出口》,载《法治研究》2010年第8期。

④ 参见杨春华:《被执行人财产报告制度研究》,载《环球法律评论》2008年第3期。

务必须报告财产,不能有前提条件,立法机关最终采纳了这一意见,第二次审议稿中将“人民法院在执行中发现的财产不足以清偿债务的”这一条件予以删除,适当放宽了适用财产报告制度的条件。① 我国2017年《民事诉讼法》第241条(现第248条)规定的前置条件是“被执行人未按执行通知履行法律文书确定的义务”,但执行通知书和报告财产令一般同时发出,此时对于债务人来说,有两个选择:一是主动履行法律文书确定的义务,在履行义务后不再需要申报财产。在债务人主动履行之后,报告财产令的效力是因成立条件未达到,还是因债权债务关系消灭而自动消灭?这个有待深入研究。二是没有履行执行通知中载明的义务,此时应当主动报告财产,否则将承担违反财产报告制度的不利后果。乍一看,法律规定同时送达是非常合理的,一方面,照顾了被执行人的履行情况,只有在未履行通知书确定义务的情况下才启动;另一方面,这也体现了执行效率和制裁失信债务人的要求,报告财产令不用再单独送达,在执行一开始就让债务人承担报告财产的义务。但是,如此规定,一方面,导致财产报告程序的启动过于随意,在执行一开始就开启财产报告程序,此时法院的财产调查也才刚刚开始,是否能够发现足额的可供执行的责任财产处于未知之中,因为财产调查的不确定导致财产报告程序的不确定,若发现足额的可供执行的财产,此时法院可以直接依法强制执行以实现债权人的利益,启动财产报告程序毫无必要。另一方面,对于债务人来说,其未主动履行裁判文书确定义务的原因是多方面的,法院在执行程序启动时就施加给债务人财产报告义务过于苛责债务人,也是不公平的。债务人虽然负有应当履行债务的义务,但是不能因此否认债务人维护自己合法权益的权利。

当前,执行信息技术的发展为财产报告程序启动改革提供了条件,应平衡债务人隐私权保护和债权人债权实现的关系,慎重开启财产开示程序,维护其慎重性和权威性。德国、日本、韩国等国家民事执行法规定,启动财产报告程序需要一定前置程序,并需要债权人提出申请。如德国《民事诉讼法》第202条之6规定,执行员应为债务人设定两周的清偿债务期,在清偿期届满后

---

① 参见江必新主编:《执行规范理解与适用:最新民事诉讼法与民诉法解释保全、执行条文关联解读》,中国法制出版社2015年版,第302~303页。

不履行才能要求债务人申报财产。[①] 日本《强制执行法》第197条规定,需要经过强制执行,债权人不能获得完全偿还后,经债权人申请,财产开示程序才能启动。[②] 英国《民事程序规则》规定了命令被执行人到法庭接受询问的程序,需要债权人申请,经法院审查符合条件后才能签发到庭接受询问令。[③] 韩国《民事执行法》规定,债权人申请财产明示,需要有正当理由,由法院审查理由是否正当。[④] 考虑我国具体的司法实践情况,财产报告程序的启动应当是经过法院执行查控系统和申请人提出线索之后,仍然不能发现可供执行财产或发现的财产不足以清偿债务人且不能达成和解的,债权人才有资格申请启动财产报告程序。对于那些债务人主动履行或者已经达成执行和解的案件,则不应再启动财产报告程序。控制启动财产报告程序的案件数量,构建较严密的财产报告启动机制,一方面有助于保护债务人的基本权利,另一方面也能让债务人充分认识了解该制度,激励债务人更有意愿来报告财产。

(二)完善审查认定程序

从财产报告的审查认定来说,在程序主体上需要保障当事人的程序权利,在认定标准上则需要具体的操作细则。韩国《民事执行法》规定了法院驳回明示申请的程序,规定明示通知原则上不允许邮寄送达或公告送达,只能直接送达给债权人和债务人,还规定了债务人的异议权,异议成立的,法院应该撤销明示命令。[⑤] 德国《民事诉讼法》规定,经债权人申请,执行员可以决定债务人提供财产报告,债务人可以在一周内对该决定向执行员提出异议。[⑥] 我国财产报告的审查认定机制可以保证财产报告通知送达给债务人本人,让其亲自参与,并明确具体的认定标准,设置具体的程序来审查债务人的异议,同时规定对法院异议裁定不服的,债权人和债务人可以提出执行复议。

---

① 参见《德国民事诉讼法》,丁启明译,厦门大学出版社2016年版,第175页。
② 参见《日本民事诉讼法典》,曹云吉译,厦门大学出版社2017年版,第379页。
③ 参见江必新主编:《比较强制执行法》,中国法制出版社2014年版,第415页。
④ 参见[韩]姜大成:《韩国民事执行法》,朴宗根译,法律出版社2010年版,第219页。
⑤ 参见[韩]姜大成:《韩国民事执行法》,朴宗根译,法律出版社2010年版,第219~222页。
⑥ 参见《德国民事诉讼法》,丁启明译,厦门大学出版社2016年版,第175~176页。

在认定标准方面,可对“拒绝申报”、“虚假申报”和“无正当理由迟延申报”进行明确阐释。“拒绝申报”的适用前提是在法院发出报告财产令和现场询问被执行人的财产情况后,被执行人仍然拒绝报告自己财产情况的,才可以适用拒绝申报。对于下落不明的则不应适用公告送达,以维护债务人的程序权利。“虚假申报”则是针对债务人虚报不实的情况,如故意隐瞒自己的重要财产,虚构债务以达到逃避执行的目的,针对债务人对自己财产情况非故意的遗漏,经法院提醒后主动如实申报的,则不应当认定为“虚假申报”。对于“无正当理由迟延申报”则应当合理裁量,对于债务人因自然灾害、疾病等重大原因不能及时申报的,应当在原因消失后及时向法院说明原因并主动申报,否则不能认定为“无正当理由迟延申报”。

同时,在审查认定方面,也应当应用执行信息技术发展的新成果,在审查债务人是否违反财产报告制度方面也可以依据执行大数据系统所取得的电子数据证据,如2018年无锡市中级人民法院即成功研发并投入使用了“被执行人履行能力大数据分析系统”,通过对债务人资金流、消费习惯、通信记录、出行记录等进行智能分析来认定债务人是否具有履行能力,取得了良好的效果。① 执行法院在认定债务人是否构成虚假申报财产时,可以通过查询被执行人的各类流水信息来验证其是否如实申报财产。

(三)强化惩戒制度

江必新认为,法律后果不够严厉是财产报告制度效果不理想的主要原因。② 财产明示命令本身即具有间接强制债务人自行履行债务的间接强制执行功能。一方面,一般人不愿意将自己的财产信息公之于众,而财产明示恰恰与此意愿相反;另一方面,公示财产是一项较难推行的工作,财产明示不符合执行法院的要求也可能遭到拘留。最重要的是,债务人报告自己财产的情况之后,其执行结果与主动履行债务基本一样。债务人基于上述考虑,与其公开自己财产让法院强制执行,还不如主动偿还给债权人以免遭受不必要的

① 参见耿文博:《全国首个法院“智慧执行系统”无锡上线》,载《江苏经济报》2018年7月17日,A01版。

② 参见江必新:《新诉讼法讲义:再审的理念、制度及其机制》,法律出版社2013年版,第116页。

损失。[①] 所以从某种程度上来说,财产报告制度也可以属于间接执行制度的一部分,制度目的不仅在于促使被执行人报告财产,更主要的是,威慑被执行人,促使其主动报告财产。

目前,我国《民事诉讼法》规定,对于违反财产报告制度的,法院可以采取拘留、罚款等惩戒措施。一方面,处罚措施的设置缺乏层次性,没有形成一个从轻到重的立体的惩罚体系;另一方面,对于是否惩罚被执行人,目前也完全是法院的职权事项,债权人没有申请权,债务人没有异议权,造成了司法实践中该项权力行使的失序。

我国当前立法的主要问题是处罚措施没有严格依据不同的行为设置不同的处罚手段。对于违反财产报告制度的,可以采取限制高消费、纳入失信被执行人名单、拘留、罚款等惩戒措施,但是对于这些惩戒措施未能确立适用的体系,不能针对债务人不同程度的违法行为采取程度不同的惩戒措施。同时,拘留的启动条件比较低,但是拘留时间则比较短,最严重的拘留时间为15天,至于追究刑事责任,依据罪刑法定原则,刑法中没有规定违反财产报告制度的刑事处罚。[②] 我国也应建立立体的处罚体系,对于情节轻微,经过法院释明及时改正的,可以进行训诫或者罚款;对于拒绝报告或者迟延报告,可以进行拘留,但是拘留的时间可以延长至3个月;[③]对于虚假申报等严重违反财产报告制度的,则可以追究其刑事责任。

对于拘留等处罚措施的作出程序,也应设置明确的拘留条件和严格规范的审批程序,首先应当保障债权人的申请权,对于符合拘留条件的,法院必须予以拘留。同时,保障债务人的参与权和异议权,因拘留会严重影响债务人的人身自由权,应当保障其听审权和异议权。目前,一些地方的法院应用执

---

① 参见廖中洪主编:《民事间接强制执行比较研究》,中国检察出版社2013年版,第254页。

② 依据2020年最高人民法院《关于审理拒不执行判决、裁定刑事案件适用法律若干问题的解释》第2条的规定,有"具有拒绝报告或者虚假报告财产情况、违反人民法院限制高消费及有关消费令等拒不执行行为,经采取罚款或者拘留等强制措施后仍拒不执行的"行为的,应当认定为全国人民代表大会常务委员会《关于〈刑法〉第313条的解释》中规定的其他有能力执行而拒不执行,情节严重的情形,即构成拒不履行判决、裁定罪。但该条的适用条件不仅需要违反财产报告制度,还需要有违反限制高消费的拒不履行行为。

③ 杨荣馨主编的《中华人民共和国强制执行法(专家建议稿)》第67条建议拘留的期限为3个月以下;最高人民法院起草的《中华人民共和国强制执行法草案(第六稿)》第85条也建议拘留的期限为3个月以下。

行大数据系统定位找人,如深圳法院的“鹰眼查控网”能够查询到债务人的各种信息,包括酒店住宿记录、通信记录、租房信息、出入境信息等。上海法院执行查控系统也能够对债务人的社会关系、出境出差、消费情况等身份、行踪信息进行查控。南京市中级人民法院通过与公安机关合作,通过执行信息系统与公安部门信息系统联网,发挥公安机关“大数据找人”优势,运用科技信息手段找人。[①] 对于当前实践中采取的利用大数据系统查人的方式也应当予以规范,对适用程序和适用条件予以明确。

四、结语:大数据时代我们需要什么样的财产报告制度

执行信息化推动财产报告制度进行变革,网络查控系统冲击了财产报告制度的适用范围,财产报告制度自身也面临低申报率和低惩戒率的困难。在依赖执行信息化查控系统查找被执行人财产的背景下,财产报告制度面临挑战,但该制度仍然具有存在的价值,社会生活是复杂多变的,查控技术不可能查控所有类型的财产情况,依托信息技术的查控系统具有局限性;同时,财产报告制度还能够促进债务人履行义务、能够区分债务人是否具有履行意愿,财产报告制度需要重新焕发活力。依托执行信息化技术重构财产报告制度,需要规范财产报告制度的程序启动机制、完善审查认定程序、强化惩戒制度以平衡程序权力、保障当事人的程序权利、激励程序主体主动报告财产。

我国目前的财产报告程序依附执行通知程序,财产报告的审查认定和惩戒附属执行拘留程序。新时期,财产报告制度应该是程序独立的、符合程序正义的。应依托执行信息化的成果完善财产报告制度:第一,在程序启动机制上,只有对于经过网络查控系统未能发现足额可供执行财产的案件,经过债权人的申请才能启动财产报告,在程序运行中保障当事人的基本程序权利以制约权力的滥用,给予债权人充分的参与权和处分权,保障债务人的听审权和异议权。第二,完善审查认定程序,利用网络查控系统核实财产报告情

---

① 参见王小梅:《法院执行信息化建设的成效、问题与展望——以人民法院“基本解决执行难”为背景》,载《中国应用法学》2018 年第 1 期。

况,对被执行人是否如实申报、虚假申报进行查证,对于违反财产报告制度的当事人进行严厉惩戒。第三,强化惩戒制度,对于违反财产报告制度的当事人应当予以惩戒,设置明确的适用条件和程序,促使惩戒措施规范化,提高惩戒效率。

失衡与协调：论“执转破”程序与终本程序的比较研究*

朱　庆**　籍瑞华***

摘要：“执转破”程序与终本程序分属顶层设计和基层探索的典型代表，都具备处理无财产可供执行案件的功能。但通过对二者的比较研究可知，终本程序在实践中的操作“性价比”要优于“执转破”程序。这也直接造成两大程序发展层面的失衡。“执转破”程序由于启动难、移转难、周期长等问题，呈现了“高开低走”的发展态势，程序推广陷入困境；终本程序则凭借低门槛与便捷性，不仅影响越发广泛，甚至有被滥用的趋势。从解决“执行难”的角度出发，两大程序间的协调发展至关重要，可通过深化审执分离改革、加强破产专业建设、统一终本适用标准、完善执行追责体系等举措，在规范终本程序适用的同时，加强“执转破”程序的常态化建设。以两大程序的良性互动，取代以往运动式治理的思维模式，进而构建解决执行难的长效体系。

关键词：“执转破”程序；终本程序；“执行难”；审执分离；强制执行法

一、问题的提出

2015 年颁布的最高人民法院《关于适用〈中华人民共和国民事诉讼法〉的

* 本文系安徽省法学会 2019 年度重点课题“执行转破产相关法律问题研究”（项目编号：2019ZDKT－2）的阶段性成果。

** 安徽大学法学院教授、博士研究生导师，法学博士。

*** 安徽大学法学院硕士研究生。

解释》(以下简称《民事诉讼法司法解释》)正式确立了“执转破”程序,在全国开展执行攻坚的背景下,“执转破”程序的诞生被视为化解“执行难”的一剂“良方”。程序推广初期,各地法院探索新模式的积极性较高,“执转破”程序的功效也开始逐步展现。但伴随实践的不断深入,“执转破”程序自身的短板也开始逐渐暴露,程序发展的周期性困难也随之而来。具体而言,在没有外部政策指标支持的语境下,启动难、移转难、周期长等问题,使程序不能很好地适应融入基层法院的执行生态,基层法官适用“执转破”程序的积极性降低,程序推广缺乏内生动力,所办理的“执转破”案件数量开始大幅下跌。以安徽省为例,2018 年,为切实解决“执行难”问题,安徽省高级人民法院发起“江淮风暴”执行攻坚行动,全年共执结案件 286,253 件、结案率 93.45%,在全国法院中排名第一,与此同时,安徽省高级人民法院《关于进一步推进“执转破”工作的通知》等一系列有关“执转破”工作的政策文件也陆续发布,“执转破”程序被视为执行攻坚行动中的重要手段,在全省加以着重推广。另外,2018 年最高人民法院所发布的《人民法院基本解决执行难第三方评估指标体系》中也明确规定,执行转破产被纳入中级人民法院和基层人民法院的评估指标,所占权重分别为 0.6% 和 1.2%。实践的深入以及政策的加持使 2018 年安徽省各级人民法院执行移送破产审查数量达 380 件,其中,立案审查 353 件,裁定受理 315 件,安徽省实现了自“执转破”程序确立以来案件办理数量的新突破。伴随执行攻坚行动进入“白热化”阶段,程序是否能够契合实践的需求成为衡量其价值的不二标准。但从结果来看,2019 年安徽省各级人民法院对“执转破”程序的适用率便呈现下降趋势,办理执行转破产的案件数量跌至不足 100 件,2020 年下跌的趋势也没有得以扭转,“执转破”程序的推广陷入了僵局。

受运动式治理思维的限制,我国很多解决“执行难”的体制机制在常态化建设层面有较大的欠缺,这也是“执转破”程序推广遭遇“瓶颈”的重要原因。回顾改革开放以来的法治建设历程可知,“执行难”问题在我国司法治理领域并非一个阶段性问题。自 20 世纪 80 年代以来,理论界与实务界就已经开始了探讨与研究,1999 年中共中央转发中共最高人民法院党组《关于解决人民法院“执行难”问题的报告》(中发〔1999〕11 号),表明社会各界对于“执行难”问题也越发关注与重视。长期以来,各部门也都在不断出台各项举措,试图在根本上解决“执行难”问题,从开通网络执行查控体系到专门惩治“老赖”的信用惩戒机制,再到各种执行方式的创新,①虽然克服“执行难”问题一直在行动,但这一老旧问题在客观上对司法机关及普通民众的困扰却从未消退。在肯定我国体制机制创新的同时,我们也需正视一个现象:很多制度政策在设计孕育阶段,未对基层实践环境予以充分考虑,容易造成制度功效高度竞合和配套机制深度缺位两大问题,使很多治理手段不具备长期运用推广的条件。“执转破”程序当前所面临的困境亦是如此,制度发展初期的政策鼓励对于“执转破”工作的开展起到了显著的推动作用,但伴随民众与法官对执行效率的追求越发强烈,程序常态化建设层面的缺失所带来的影响也在逐步显现。若不能协调好与其他程序的关系,并成为同类治理手段中的最优解,那么法官对“执转破”程序的消极适用则是在所难免。

二、困境成因剖析:“执转破”程序与终本程序的比较分析

在实践中,执行法官在处理无财产可供执行的案件时,“执转破”程序并非他们唯一的选择。终本程序同样具备处理此类案件的功效,并且相较而言,其在效率和工作量方面会更具优势,在司法实务中也更受青睐。所以,“执转破”程序与终本程序在某种意义上处于一种竞争状态,而“执转破”程序当前所面临的周期性困难,也从侧面反映出了两大程序在实践中“此消彼长”的发展态势。通过对两种程序的多维度比较,可以发现二者在诸多层面的差异,具体如下。

(一)演变历程

虽然“执转破”程序与终本程序都是在2015年《民事诉讼法司法解释》中加以正式确认的,但在实践发展中却呈现“自上而下”与“自下而上”两种不同的演变模式。“执转破”程序是我国为解决“执行难”问题的一大创制,力图通过执行程序与破产程序的互联贯通来实现消减执行积案和扩大破产功效的双重目标。但在《民事诉讼法司法解释》正式出台前,“执转破”程序并没有进

---

① 参见侯学宾:《破解执行难》,载《检察日报》2016年8月3日,第7版。

行系统的实践试点,属于典型的先由中央研讨制定,再由地方加以逐步推广的发展路径。而对终本程序的实践探索则起源于1998年最高人民法院《关于人民法院执行工作若干问题的规定(试行)》,由于其中没有明确无财产可供执行案件的结案方式,地方法院对这类案件一般以中止执行的方式报结,但中止执行的结案方式存在缺陷,部分地方法院遂开始探索以"发放债权凭证""终结本次执行程序"等方式处理这类案件。2009年中央政法委、最高人民法院联合发布《关于规范集中清理执行积案结案标准的通知》,以规范性文件的形式认可了"终结本次执行程序"这一结案方式。① 伴随实践中适用范围的不断拓宽,终本程序也最终在《民事诉讼法司法解释》中得以确认,其发展脉络则是先由地方实践探索,再由中央归纳确认。二者在演变历程层面的差异,也为两大程序所具备的优势与弊端埋下伏笔。

(二)启动模式

从程序推广的角度来看,由何者对程序的发起掌握主动权显得尤为关键,而"执转破"程序与终本程序则分别是当事人申请主义与法院职权主义的典型代表。根据2015年最高人民法院《民事诉讼法司法解释》的规定,"执转破"工作的开展必须以"申请执行人之一或者被执行人同意"为前提条件,②若当事人不同意案件移送破产审查,那么执行法院只能就执行变价所得财产进行分配清偿,在这样的制度设计下,执行当事人掌握制度启动的主导权。值得注意的是,破产程序复杂性和破产分配的优先性、平等性会从本质上阻碍债权人申请启动破产程序或启动"执转破"程序,而破产程序优先于执行程序,破产分配追求的平等分配实质上对单个索债债权人并不经济,债务人基于心理因素和法律责任承担的考虑,亦不会申请启动"执转破"程序。③ 反观终本程序,只需"申请执行人签字确认或者执行法院组成合议庭审查核实并经院长批准",④即可进行程序适用,立法设计赋予了执行法官更大的自主权;相较而言,其在实务操作中也更具便捷性。但是,此种便捷所带来的负面影

---

① 参见张美欣:《终结本次执行程序案件的彻底终结制度研究》,载《法律适用》2016年第4期。

② 参见2015年最高人民法院《民事诉讼法司法解释》第513条、第516条。

③ 参见赵泽君、林洋:《"执转破"程序启动模式的分解与重塑》,载《政法论丛》2018年第3期。

④ 参见2015年最高人民法院《民事诉讼法司法解释》第519条。

响同样不容忽略,过于宽松的准入标准对于执行工作来说是一把“双刃剑”,客观上虽然提升了案件办理效率,但终本程序适用的低门槛也为实践中终本程序的滥用情形埋下了隐患。

(三)时间成本

在司法执行工作中,效率是永恒的追求目标,尤其是在我国执行人员与执行案件数量呈现反差的背景下,如何尽可能节省案件办理的时间成本是衡量相关制度实践价值的重要标准。由于“执转破”工作的开展涉及两大程序的联通,案件从执行程序转入破产程序,相应的工作量也会随之增加。在常态化移送机制尚不成熟的条件下,“执转破”案件办理过程中的立案、审查、移送等诸多程序问题处于无章可循的状态,衔接不畅始终是困扰基层案件办理人员的一大难题,使案件办理的效率受到影响。但是适用终本程序,法官所花费的时间成本相较之下则会被大大压缩。在作出终本裁定后的 5 年内,法官只需每 6 个月通过网络执行查控系统查询一次被执行人的财产,并依据申请执行人的申请恢复执行即可。① 此种设计在大大降低法官工作量的同时,也导致在实践中终本案件恢复执行率十分低下,各地基层法院的终本案件库中的积案数量每年都处于净增长状态。以至于为了应对数量日益庞大的终本案件“库存”,江苏省高级人民法院采用了动态管理模式,3 年内未发现可供执行财产或线索的终本案件将退出终本案件管理系统。② 因此,相较“执转破”程序的时间成本,终本程序对执行法官来说具有不可比拟的优势。

(四)覆盖范围

由于当前我国个人破产立法工作还处于局部试点阶段,“执转破”程序的适用对象也仅限于被执行人为企业的案件,但终本程序却可以实现对多类型执行案件的适用全覆盖,此种差异也直接造成二者在司法实践中的适用率存在较大差距。通过对我国执行积案类型的分析可知,被执行人为自然人和其

---

① 参见最高人民法院《关于严格规范终结本次执行程序的规定(试行)》第 9 条。

② 江苏省高级人民法院《关于依法正确适用终结本次执行程序及加强终本案件单独管理的意见》第 10 条第 2 款规定:“执行法院在五年内对终结本次执行程序案件已经穷尽财产调查措施和执行措施,仍未发现可供执行的财产的,可不再依职权主动启动财产调查……”

他组织的执行案件占大多数。相关调研分析结论显示,在以终本程序结案的案件中,自然人作为被执行人的占到七成以上。① 并且长期以来,这部分案件始终难以被根本消化,通过恢复执行得以彻底终结的终本案件所占比例也很小。而在"执转破"程序确立后,个人破产立法的缺失使这一现象依旧没有得到改观,"执转破"程序消减执行积案的功效,在数量庞大的个人执行案件中难以发挥。因此,覆盖范围层面的差异也成为"执转破"程序核心竞争力的一大短板,影响了法官在案件办理之中的判断与选择。

三、困境应对策略:实现程序间的协调发展

通过对两大程序的比较研究可以得知,造成"执转破"程序周期性困难的重要原因在于,实践中程序间的发展失衡,要想打破发展"瓶颈",实现程序间的良性互动,就必须在明确功能定位的基础之上,划分不同程序的治理范畴与任务,从而实现程序间的协调发展。

(一)两大程序的功能定位

若以化解"执行难"作为程序功能定位的切入点,则可以发现"执转破"程序与终本程序在设计理念上存在明显差异:在如何彻底消减无财产可供执行案件这一问题上,破产显然是更合适的终局性选项,所以"执转破"程序将会是我国在未来很长时间内着力推广的一项常态化改革措施;对于终本程序来说,在司法实践中其的确发挥了一定的积极作用,但部分程序规则的不明晰,使其面临被滥用的风险。因此,"执转破"程序侧重"执行难"问题的长期治理,而终本程序则更专注于执行压力的短期缓解。

1."执转破"程序的长期价值

相较执行程序而言,破产程序同样具备强制执行法的属性,可以对破产财产作出分配处置,但与此同时,破产程序作为一个综合解决争议的平台,其也拥有执行程序所不具备的优势。一方面,在债权平等原则的指导下,破产

① 参见厦门市湖里区人民法院课题组、蔡守业、何如男、肖安定:《关于终结本次执行制度的调研报告》,载《东南司法评论》2014 年第 0 期。

程序拥有更全面的财产信息统计和监管体系,可以有效弥补个别执行程序难以阻止债务人转移财产的短板;另一方面,破产程序是一个社会化的安排,其专注集体财产分配的方式和过程,而非个别权利义务的争议,通过将执行申请人的个别强制执行转变为对全体债权人的集体强制执行,可以削弱市场带来的破坏性影响,从长远来看是有利于社会总体福利的。① 而"执转破"程序则充分利用了执行思维与破产思维之间的互补优势,使深陷执行泥潭的企业可以适应优胜劣汰的市场规律,充分利用破产程序的甄别机制,继而使不同类型的企业得到有针对性的处理。对于那些暂时陷入危机,但仍具市场前景和运营能力的困境企业来说,"执转破"程序可以充分利用破产重整与和解程序的再生功效,让它们能够可以更快地进入企业"再生"轨道上来,而对于"僵尸企业"来说,破产清算程序则可以使它们失去寄生的土壤,从而避免市场资源的浪费。因此,如果能够排除"执转破"程序的发展障碍,增强其在实践中的竞争力,使其效用价值能够最大限度地发挥,不仅有利于解决"执行难"问题,同样也可促进我国营商环境的优化。

2. 终本程序的现有短板

在我国司法资源不充分、不平衡的背景下,终本程序的出现界定了法院在案件执行中的职责范围,明确了本该由债权人承担的市场风险向债权人合理回归,②对缓解我国基层执行工作压力发挥了积极作用。一是改良了我国的执行程序构造,使我国的执行程序构造从"一次启动、一次结案"变成了可以"多次启动、多次结案",程序灵活性、开放性和效益性都有所提高;二是改变了我国对无财产可供执行案件的传统处理,提供了一种新的结案方式,有利于化解执行积案尤其是无财产可供执行案件所带来的不利影响。③ 但在实践中,终本程序仍存在短板问题,大量的终本案件并不能通过终本程序实现彻底终结,执行申请人也并不能获得一个满意而确切的结果。面对迅速增加的执行案件数量,有限的执行人员在严苛的绩效考核标准要求下,使终本程

① 许德风:《破产法论:解释与功能比较的视角》,北京大学出版社 2015 年版,第 16 页。

② 参见张美欣:《终结本次执行程序案件的彻底终结制度研究》,载《法律适用》2016 年第 4 期。

③ 参见百晓锋:《程序变革视角下的终结本次执行程序制度——以〈民诉法解释〉第 519 条为中心》,载《华东政法大学学报》2015 年第 6 期。

序也逐渐成为案件退出及法院执行责任转移机制,[①]类似一个包罗万象的“口袋”,装下了所有执行遇到阻碍的案件。尤其是很多没有达到终本程序适用标准的案件,由于认定标准的不明确,也被法官纳入了程序适用之中,所带来的结果也只能是终本积案的数量节节攀升,更多的执行申请人的期盼频频落空。若终结执行成为一种惯性,恢复执行成为一种虚设,执行权威和执行公信力便会慢慢消失殆尽,被执行人也会越发寄希望于转移藏匿财产以逃避执行。不加限制地适用终本程序就会像打开了“潘多拉的魔盒”一般,为彻底解决“执行难”问题留下诸多后遗症。

因此,用目的解释方法来分析两种程序的功效,可以发现二者在解决“执行难”问题上所肩负的使命不尽相同。“执转破”程序虽在当下推广过程中遇到了些许阻碍,但这些短板都是可以通过自我体制革新和配套机制完善来加以弥补的。从长远来看,“执转破”程序依旧会是化解“执行难”问题的重要手段。截然相反的是,终本程序虽然当下在司法实践中得到了广泛的青睐,但其与生俱来的便捷性也使其注定无法完成彻底终结执行案件的任务。从长远来看,应当通过完善立法,严格把握对无财产可供执行案件的认定,规范终本程序的适用,让更多的执行案件走向彻底终结。在接下来的改革中,需要根据两大程序不同的价值判断,进一步明确程序协调路径中的方向和侧重点,并在此基础上形成一套系统化的改革方案。

(二)程序间协调发展的具体方案

在我国以往的司法实践中,针对程序困境的解决,大多改革方案都将目光放在程序自身的改良上,而忽略了关联制度间的协调与配合,这也导致很多改革所收获的成效往往不尽如人意。通过对两大程序的比较研究和功能定位,程序间协调发展的侧重点逐步明晰,在此基础上双管齐下可谓当前最理性的改革路径:一方面,急需排除“执转破”工作在推进过程中所遭遇的障碍,提升其实践竞争力;另一方面,需严格规范终本程序在执行案件中的适用标准,避免其被肆意滥用。在此思路的指导下,可以从以下四个方面入手,推

① 参见陈杭平:《比较法视野下的执行权配置模式研究——以解决执行难问题为中心》,载《法学家》2018年第2期。

动两大程序的协调发展。

1. 深化审执分离改革以提升执破衔接效率

执行程序的本质是国家主权的一种延伸,是一种替代债务人意愿而对其财产进行控制、处分的强制措施,因此,执行权的配置模式一直以来被视为解决"执行难"问题的关键因素。21世纪初,我国就有学者提出"法院不负责执行,就没有执行难"的观点,[①]倡导由法院之外的其他机构负责执行工作。2014年,《中共中央关于全面推进依法治国若干重大问题的决定》也进一步明确提出要"推动实行审判权和执行权相分离的体制改革试点",正式拉开了我国执行体制改革的序幕。长期以来,关于审判权与执行权的分离模式,主要有外分论和内分论两种观点。外分论认为,执行权并非司法权,应当将执行权从作为司法机关的法院中分离出去。内分论则主张,执行权是司法权的一种,反对将执行权从法院中分离出去,坚持在司法权运行内实现审判权与执行权的分离。[②] 尽管在对执行权属性认识上学界存在差异,但推进人民法院执行管理体制改革仍旧是审执分离的核心任务。而对于"执转破"程序的推广来说,执行权的配置模式会直接影响执行与破产两大程序的切换与衔接。考虑当前"执转破"程序中执行与破产两大部门衔接不畅的情况,若能借助执行管理体制改革这一契机,建立起部门间案件移转的常态化机制,势必会对提升"执转破"工作效率大有帮助。具体而言,可从以下三方面入手:首先,在人民法院系统内部,要加快实现执行机构地位的相对独立,重点要在人事管理层面实现创新,改变单一的同级领导模式,减少执行案件办理过程中的外来因素影响,给予执行机构办理案件更多的自主权,形成部门间协作配合的规范化机制;其次,在执行纠纷处理中,要拓宽完善救济路径,人民法院可在执行局内或单独设立执行裁判庭,由执行裁判庭负责办理执行异议、复议以及执行异议之诉的案件,以区分执行实施权和执行裁判权,妥善解决好"执转破"程序中出现的纠纷;最后,需抓住建立全国法院执行协调办理系统的机遇,推动各级法院内部执行信息系统与破产案件审理信息系统相对接,推进措施资源、信息资源和财产处置资源的共享,通过建构信息化的人身、财产查

---

① 参见张志铭:《执行体制改革的想象空间》,载《人民司法》2008年第21期。

② 肖建国:《民事审判权与执行权的分离研究》,载《法制与社会发展》2016年第2期。

询系统及相配套的债务人财产报告制度,推动"执转破"案件的办理更加高效与便捷。

2. 加强破产专业建设以完备制度配套措施

改革开放以来,伴随社会主义市场经济体制的确立,供给侧结构性改革的不断推进,破产实践也从政策性破产时代逐步迈向了市场化破产时代,专业化与系统化逐步成为破产审判业务发展道路上的主旋律。所谓专业化,其内涵主要包括两大层面:专业化的审判资源以及专业化的考核标准。2019年,最高人民法院先后批准在深圳、北京、上海、天津、广州、温州6城市设立破产法庭,截至2020年9月,我国已有14家专业破产法庭。通过集中专业人才、运用专业理念、办理专业事务,可以最大限度地降低破产案件办理的各类成本,而对于"执转破"工作的推广来说,加速破产专业法庭在全国范围内的推广对其也无疑是一大利好消息。同时,由于破产案件的办理相较而言周期较长,对于破产案件的绩效考核也必须要与其他类型的案件有所区别,用科学化的考核标准去促进破产审判工作的高效发展。例如,安徽省高级人民法院在2019年颁布了《关于强制清算与破产案件单独绩效考核办法》,其中就确立了折抵绩效的考核方式,①将"执转破"案件折算为工作量相当的普通民事案件,这种差异化的考核设计大大减缓了法官在办理破产案件时的考核压力,对于提升"执转破"案件办理的积极性来说具有显著效果。而所谓系统化,是指要通过立法创新与体制改革为破产审判的高效开展做好保障。在立法创新方面,一方面,我国需抓紧推进个人破产立法的正式颁布,以扩大破产审判以及"执转破"程序的覆盖范围,弥补"执转破"程序对个人执行案件适用不能的短板;另一方面,需对当前"执转破"程序的当事人申请主义模式予以修正,建立主导制度,赋予法官"执转破"工作的启动权以畅通制度源头,当执

① 安徽省高级人民法院《关于强制清算与破产案件单独绩效考核办法》第5条规定:"案件折算的标准。根据案件类型及难易程度,按照以下标准折算:(一)强制清算与破产申请审查案件,1件折算2件普通民事案件。(二)强制清算与破产上诉案件、强制清算与破产监督案件,1件折算1件普通民事案件。(三)进入审理程序的强制清算案件、破产清算案件、破产和解案件以及破产重整程序转入破产清算程序的案件,1件折算40件普通民事案件。无任何财产可供分配的破产案件,1件折算10件普通民事案件。(四)以破产重整、和解方式审理终结的破产案件或化解执行案件100件以上的执行转破产案件,1件折算60件普通民事案件。案件特别重大疑难复杂的,可以酌情增加折算比例,具体比例由各地法院自行确定。"

行程序中的债务人无法清偿债务之时,法官可依职权主动启动程序,减少破产财产的进一步流失,从而维护债权人的利益。在体制改革方面,2019 年《法官法》修订通过,在法律层面确立了法官员额制与法官遴选制度等,正式给规模宏大的法官任用机制改革画上了句号,但改革之完成并非意味着理论研究的结束;相反,留给了我们更多值得深入探究的问题。[①] 例如,在当前法官的遴选配备上,政策的地方化和差异化趋势值得注意。尤其是破产审判部门,很多地区的人员配比不协调,破产庭的法官编制异常紧缺,与其他部门间的职能划分不清,也使其常常需兼顾处理很多非破产业务。因此,需在增强破产法官遴选配备科学性的基础上,进一步明确破产审判部门的职能定位,协调好法院内部之间的分工,确保各类人员职能明晰,推进“执转破”程序的高效运转。

3. 统一终本适用标准以遏制程序滥用情形

很长一段时期内,终本程序的高适用率得益于其设定的低门槛,宽松的准入标准是基层法官青睐终本程序的重要原因。在最高人民法院鼓励地方法院探索将终本程序固化为常规退出机制的时期,各地法院纷纷出台了规范终本程序和财产查控程序的指导意见,[②]这也使全国范围内终本的适用标准不明、程序过于简化。尤其在涉及何为“无财产可供执行”的判断问题,一些本不该进入终本程序的案件也被笼统地拉入终本程序的处理范畴,加之后续缺乏相应规范,案件管理不到位,债权人的合法权益时常会遭受损害,对于司法公信力的建设造成了负面影响。针对实践中出现的问题,考虑由于 2015 年《民事诉讼法司法解释》因篇幅限制未作出详尽的规范,2016 年最高人民法院《关于严格规范终结本次执行程序的规定(试行)》对终本程序的各项要件又进行了细化和完善。但间歇性出台司法解释并非治本之策,规范终本程序最终仍需依靠我国单行强制执行法的出台来完成。据了解,当前我国的强制执行法已被列入立法计划,其对规范终本程序的功效主要可以体现在以下三个方面:第一,可以对有关终本程序的法规政策进行系统梳理,修改和废止各

① 参见左卫民:《员额法官遴选机制改革实证研究:以 A 省为样板》,载《中国法学》2020 年第 4 期。

② 刘静:《终结本次执行程序的反思》,载《首都师范大学学报(社会科学版)》2016 年第 6 期。

地、各层级与强制执行法不一致的法规文件,消除地区间、法律部门间在适用终本程序问题上的冲突和矛盾,为实践中终本程序的规范适用提供更清晰的指引。第二,可以更好地贯彻不间断执行原则,进一步明确法律规定的停止执行情形,从而杜绝以终本程序为借口随意停止执行工作的现象,以实现执行程序定型化、正当化、科学化的立法目标。法律的现代化是一个与现代化的需要相适应的、法的现代因素不断增加的过程。[①] 第三,通过出台强制执行法,可以进一步完善执行财产查明机制,优化执行程序中财产调查权利义务的配置,为终本程序的准确适用提供保障。在司法实践日新月异的当下,对于终本程序的适用理念也要与时俱进,通过推动强制执行法的颁布出台,可以引导基层法院更审慎地适用终本程序,推动更多无财产可供执行案件走向终局性处理,让执行申请人可以收获一个确切而公正的答复。

4. 完善执行追责体系以增强破产内生动力

执行效力权威化是执行能力的根本保障,而威慑性和惩罚性又是执行效力权威化的基本要求。[②] 若没有相应的惩戒制度来保障执行权威,那么必定会遭到被执行人的轻视甚至无视,进而引发"破窗效应",扰乱执行秩序。而当下现状是,虽然我国针对执行逃逸行为已确立了相关法规政策来加以规制,但在实践中所收获的效果却不尽如人意。例如,作为"执行难"的刑事治理路径,拒不执行判决、裁定罪承载保障执行程序公正有序开展的重任,但终本程序的滥用却堵塞了刑事追诉路径的开启,大量执行案件不加区分地被暂时性搁置,使拒不执行判决、裁定罪的适用空间受到压缩。[③] 加之实践中执法人员追责意识欠缺等因素,该罪在实践中存在追究难、适用率低等困难。[④] 刑罚追责作为威慑教育目的最好的手段之一,却在保障执行推进问题上难以实现其应有功效,这对于解决"执行难"问题来说不失为一大遗憾。而执行追责体系完善的关键,则是在明确法律适用条件的基础上,鼓励执法者敢于依法追究当事人的法律责任。具体而言,针对转移、隐匿财产和既不履行又不报

---

① 参见葛洪义:《法律与理性:法的现代性问题解读》,法律出版社2001年版,第5页。

② 参见邵长茂:《论制定一部现代化的民事强制执行法》,载《法律适用》2019年第11期。

③ 参见李声高:《执行难的民刑交叉治理路径反思——以终本程序与拒执罪关系为切入点》,载《法学评论》2019年第2期。

④ 参见于龙刚:《基层法院的执行生态与非均衡执行》,载《法学研究》2020年第3期。

告财产的妨害执行行为,既要追究行为所带来的民事后果;对于情节严重的,也要坚决追究行为所引发的刑事责任。通过依法追责,一方面,可以打消被执行人通过终本程序逃避执行的幻想,维持公正的执行秩序;另一方面,对于已经实质破产的企业来说,拖延逃避执行的高代价也会使其自发地进入破产程序,尽早地开展重整工作或退出市场竞争,有利于市场中"僵尸企业"的清理。因此,通过对执行程序中逃逸行为的有效规制,可以增强"执转破"工作的内生动力,提高"执转破"案件在实践中的办理数量和质量。

四、结　语

执行程序作为法院诉讼的最后一站,很多立案、审判环节未能化解的压力都聚集于此,而"执转破"程序的确立,为执行压力的释放增添了一个新出口。但顶层设计理念在实践中会遭遇各类问题,在个人破产制度尚未完全建立、部门间衔接机制尚不成熟的背景下,作为"执转破"程序的"同类项",终本程序凭借自身所具备的便捷性,使其在处理无财产可供执行案件中更受青睐,这也间接为"执转破"程序的适用推广设立了障碍。面对这样的局面,要抛弃以往运动式治理的惯性思维,坚持走程序协调发展之路,推动程序常态化建设的进程,避免"执转破"程序变为阶段性治理手段。在明确二者功能定位的基础上,通过对"执转破"程序的扩张和终本程序的限缩,推动顶层设计和基层探索的良性互动、有机结合,共同构建解决"执行难"的长效制度体系,确保改革行稳致远。

网络拍卖涉税问题的层阶化判断

——一种以关系平衡为核心的执行方法

黄媛媛*

摘要:网络拍卖是当下执行中财产变现的主要手段,但在实践中存在的缴税主体不明、税收优先顺位不清两大问题,影响了其实际效用的发挥,以致多重主体频繁异议,且衍生诸多后续诉讼,使执行难以终局。网络拍卖的制度设计需要厘清国家与纳税人、出卖人与买受人、司法机关与税务机关三重主体的法律关系。以关系衡平为破局之法,进一步划分税费类型,明确先后清偿阶位,着重从横、纵两维度构建网络拍卖涉税问题的运行机制,从而实质性地解决网络拍卖的涉税难题。

关键词:网络拍卖;涉税;法律关系;关系平衡

近年来,法院执行不断探索互联网司法新模式,网络拍卖成为执行财产变现的主要手段,但在实践中存在的缴税主体不明、税收优先顺位不清等问题影响了其实际效用的发挥,多重主体频繁异议,衍生多重诉讼,执行难以终局。尽管部分法院已意识到上述问题,纷纷细化操作规范,展开与税务机关的联动协作,但未能触及根本,网络拍卖中涉税主体关系厘清、税费种类区分、清偿规则仍存在检视空间,有待通过实证分析予以梳理。

* 广东省广州市越秀区人民法院知识产权审判庭(涉外民商事审判)法官,法学与管理学双学士。

一、网络拍卖涉税问题的现状检视

为了解网络拍卖涉税问题的执行现状,笔者在“中国裁判文书网”以“司法拍卖”“税”为关键词进行搜索,以2017~2019年为时间节点,去除无效样本,共筛选出252份执行异议裁定、104份民事诉讼判决、15份行政诉讼判决为实证分析样本。371份样本文书反映出司法拍卖涉税问题主要包括税费承担主体问题和税收优先权问题两大类(见表1)。

表1 样本文书中网络拍卖涉税问题统计情况

类型	提起人	数量/份	占比/%	涉税问题类别	主要理由示例
执行异议裁定	买受人	201	54.18	税费承担主体问题	约定税费承担主体行为违法;拍卖公告有严重瑕疵
	债权人	33	8.89	税收优先问题	执行款分配不当,税收优先权侵犯权益
	税务机关	18	4.85	税收优先问题	执行款分配不当,未保障税收优先权
民事诉讼判决	买受人	90	24.26	税费承担主体问题	被执行人应返还垫付税款
	债权人	9	2.43	税收优先问题	执行款分配不当,税收优先权侵犯权益;税款计算有误
	税务机关	5	1.35	税收优先问题	执行款分配不当,未保障税收优先权
行政诉讼判决	买受人	4	1.08	税费承担主体问题	对要求纳税行为不服
	被执行人	11	2.96	税费承担主体问题	对要求纳税行为不服

(一)税费承担主体问题:纳税义务人与税费承担人

1.立法层面:用词不同

我国单行税种法律法规对负有纳税义务的单位和个人均采用“纳税义务

人"一词代指。根据相关规定,司法拍卖产生的税费主要分为两大部分:一部分是增值税、城建税、教育费附加、地方教育费附加、印花税、个人所得税(企业所得税)、土地增值税,出卖人负有纳税义务;另一部分是印花税、契税,买受人为纳税人。而在司法拍卖相关法律法规中,对涉税主体的表述则存在差异,如最高人民法院《关于人民法院网络司法拍卖若干问题的规定》将之表述为"税费承担的相关主体"。从词义理解上,"纳税义务人"和"税费承担人"并不一定具有等同或完全重叠的关系。

2. 实践层面:理解相异

笔者随机抽取了我国东部、西部、中部、南部、北部共 5 个地区 670 家法院[①]淘宝网络拍卖平台中的涉税主体公示情况。在样本中,488 家法院采取在拍卖公告中提前规定由买者承担全部税费的方式,占比 72.84%(参见图 1),将出卖人的纳税义务转嫁到买受人身上;少数则规定各付各税,买受人在垫付出卖人应承担的税费后可向法院申请,在拍卖款中优先扣除。

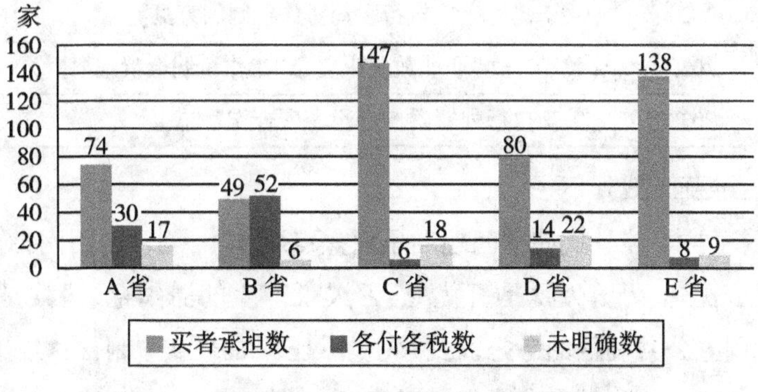

图 1 样本法院公告对税负承担的规定情况

(二)税收优先权问题:绝对优先或相对优先或同等顺位

1. 立法层面:规范各异

目前,我国立法对税收优先权问题的解决较笼统,仅规定税收具有优先

---

① 其中,基层人民法院 592 家、中级人民法院 75 家、高级人民法院 3 家。

权,[①]法院有协助义务,[②]关涉税收的优先清偿顺位[③]并无明确细则。2017 年 11 月,最高人民法院和国家税务总局签署了《关于网络执行查控及信息共享合作备忘录》后,各地高级人民法院也纷纷联合当地税务机关出台联动协助机制规范,但基本停留在税费征缴联动上,对税收优先权着墨较少,各地网络拍卖涉税纠纷并未出现明显好转(见表 2)。

表 2　各地法院与税务部门联合出台的协作文件

地区	年份	协作文件
上海	2017	《关于加强司法与税务行政衔接机制建设备忘录》
山东	2017	《关于完善人民法院不动产强制执行与地税机关税费征缴协同联动机制的指导意见》
福建	2018	《关于建立法院与税务机关执法协作机制工作方案》
云南	2019	《关于完善人民法院不动产强制执行与税务机关税费征缴协同联动机制的指导意见》
天津	2020	《关于建立完善执行联动协作机制的意见》
吉林	2020	《关于建立"职业放贷人名录"工作机制会议纪要》
成都	2020	《关于执行处置财产涉税事项合作备忘录》

2. 实践层面:裁判不一

经分析样本,涉及优先权问题的争议焦点可作 4 类归纳:因网拍交易产生的税费是否优先、历史欠税是否优先、因欠税产生的滞纳金、罚款是否优先,出于保障国家公共利益的考虑以及"先税后证"[④]的现实限制,在实践中大部分法官对网拍交易产生的税费优先予以肯定,占比 89.47%,但对历史拖欠税费、滞纳金、罚金是否同样享有优先权则有不同理解,裁判不一、分歧较大(见表 3)。

---

① 参见《税收征收管理法》第 45 条及国家税务总局《关于人民法院强制执行被执行人财产有关税收问题的复函》(国税函〔2005〕869 号)第 3 条。

② 参见国家税务总局《关于人民法院强制执行被执行人财产有关税收问题的复函》(国税函〔2005〕869 号)第 4 条。

③ 仅在由中共中央纪律检查委员会等 19 个部门联合发布的《关于建立和完善执行联动机制若干问题的意见》(法发〔2010〕15 号)提及,"被执行人不缴、少缴税款的,请求法院依照法定清偿顺序追缴税款,并按照税款预算级次上缴国库"。

④ "先税后证"主要是指在房地产交易中,税务机关与不动产登记机关把缴清税款作为办理产权变更登记的前置条件,以纠正该领域偷漏税乱象、防止税款流失。

表3　2017～2019年网拍涉税案件争议要点汇总

争议要点汇总		裁判文书数量/份	裁判支持优先数量/份	裁判支持优先比例/%	裁判不支持优先数量/份	裁判不支持优先比例/%
因网拍交易产生的税费是否绝对优先		19	17	89.47	2	10.53
历史欠税是否优先	明确欠税先于抵押债权	15	8	53.33	7	46.67
	明确欠税晚于抵押债权	8	2	25.00	6	75.00
	未明确先后	20	9	45.00	11	55.00
因欠税产生的滞纳金		8	5	62.50	3	37.50
因欠税产生的罚款		3	0	0	3	100.00

(三)反思:网络拍卖的程序问题

在上文实证分析的基础上,对网络拍卖流程规范进行检视反思,可发现以下问题:

1.调查标准欠缺产生"责任规避"

对"拍卖财产产权转移可能产生的税费"①的调查缺少相应细则,未明确调查内容应包含哪些要素,加之计税问题的客观困难,涉税调查程序被有意无意地忽略,导致实践中出现"相关税费由竞买人自行向税务部门咨询"的简单表述(670份网络拍卖公告样本占比87.9%),影响竞买人的信息获取、理性参拍。

2.公示过于粗糙造成"厚此薄彼"

出于提高执行效率,加快拍卖进程等诸多考虑,多数法院直接在拍卖公告中约定"起拍价、成交价"不含税,将税费承担直接转嫁给买者(见图1),该做法实质上可视为对本次交易税费的预先性绝对保护,跳脱后续分配阶段可能产生的纠葛,将其调整至第一顺位。但不少竞买人认为,该做法偏离法院中立立场,法院拍卖公告公然违反税法规定,"一刀切"的做法强化了出卖人

① 因税费计算必须以最后成交的全部价款及价外费用为计算依据,故前期调查仅能提供可能存在的税费作为参考。

的个人利益,弱化甚至无视了竞买人的选择权益。

3.分配指引阙如肇致"左支右绌"

税收优先权会对民事交易安全构成威胁,损害其他债权人的合理期待利益。① 在拍卖款项分配环节,多方主体冲突,多重利益交织,法律规范指向不明、各地细则不一,无法为执行法官提供全面的决策依据,利益权衡顾此失彼,位阶顺序难以界定,更遑论兼顾个案司法风险防范等现实问题,"服判息诉"难度成倍增加,后续执异、民事诉讼、行政诉讼接踵而来,也增加了工作量和难度,司法效率难以提升,造成司法资源的重复浪费。

二、网络拍卖涉税问题中的关系层阶化

因网络拍卖涉税问题往往呈现法律关系多元化、触及利益主体多样化、矛盾纠纷复杂化等特点,衍生诉讼也呈现公权与私权、行政权与司法权、行政权与私权、行政审判权与民事审判权的互动与博弈,②当事人诉累明显增加,亦使权利实现过程变得更加烦琐和漫长。欲实质性解决上述问题,有必要对网络拍卖涉税问题中各方关系进行抽丝剥茧,通过利益博弈弥合分歧,寻求"最大公约数"。笔者尝试从税收征缴行政行为、网络买卖交易行为和司法拍卖执行行为三个层面进行拆分,着重厘清国家与纳税人、出卖人与买受人、司法机关与税务机关三重主干的权力(利)关系。

(一)国家与纳税人:扩大公共福利和限缩私利让渡

税务机关行使税收征管权本质上是代表国家行权。司法拍卖涉税问题,归根结底是税收公共利益与纳税人私人利益之间的冲突。"国家的收入是每个公民所付出的自己财产的一部分",③纳税是每个公民的义务,但基于人的"有限理性",强烈的"税痛感"难免滋生纳税抗拒心理,激化征纳双方的对抗性。

税收征纳是国家与公民为达成合作在反复博弈过程中形成的行为常规,

① 参见熊伟、王宗涛:《中国税收优先权制度的存废之辩》,载《法学评论》2013年第2期。

② 参见梁宇菲:《实践进路与争议解决:不动产登记纠纷民、行交叉的司法对策——以司法个案为视角》,载《行政法学研究》2014年第2期。

③ [英]洛克:《政府论》(下册),瞿菊农、叶启芳译,商务印书馆1982年版,第73页。

为最大化双方利益盈余,国家的征收行为以“公共福利”为标尺,通过量能课税、税负公平,实现全体纳税人的公共服务和基本社会保障;①通过宏观调控,对政府、社会参与主体的利益进行公平合理的配置,对弱势群体进行财政倾斜,实现分配正义。纳税人愿意让渡部分利益,选择损失最小化和收益最大化的行动。鉴于此,在网络拍卖涉税问题处理上,应当以“福利最大化”作为衡量原则,保障公共福利的同时兼顾对私人利益的保护最大化,找准课税要素,依法协助稽征,以促成国家与纳税人之间的良性互动。

(二)出卖人与买受人:增加收益和降低成本

剔除司法机关的干预因素,网络拍卖可视为平权主体“出卖人”与“买受人”通过网络交易平台就某类财产达成的“出卖人”转移标的物所有权于“买受人”、“买受人”支付价金的债权债务关系。司法拍卖涉税问题上买卖双方冲突的争议点在税负承担之上。在一般市场交易中,买卖双方通过商谈扩大“信息基础”,认清“物品的真实货币价值”,确立“适当的折现率与愿意支付的成本”,②在此基础上自由约定代为缴纳税款,乃缔约自由。

但在法院主导的司法拍卖中,被执行人是买卖交易的出卖人,是买卖合同的当事人,但却不是拍卖物所有权的处分人,法院代被执行人处分财产,行使一定的权利和义务。就自身利益而言,出卖人追求变现利益的最大化,买受人追求交易效益最大化,都希望交易税款由对方承担。二者之间的冲突实质上是司法拍卖行为作为公权力过度介入买卖双方的民事法律关系之中,突破了合同相对性且具有外部效应,法院势必对此承担相应责任。故此,法院执行应尊重和顺应司法拍卖兼具的私法本体属性,保持谦抑,在不侵犯其他主体合法权益的基础上,尊重当事人意思自治,避免后续产生纠葛。

(三)司法机关与税务机关:权益均衡与税收优先

我国行政权与司法权皆源于全国人民代表大会的授权,二者在权力适用主

---

① 参见刘剑文:《财税法治的破局与立势——一种以关系平衡为核心的治国之路》,载《清华法学》2013年第5期。

② 参见刘权:《均衡性原则的具体化》,载《法学家》2017年第2期。

体、适用程序、适用对象等方面存在明显差异。① 究其本质,司法机关致力保护债权人和债务人的合法权益,实现公平正义;税务机关则侧重国家利益的最大化,以保障国家财政收入为目标。网络拍卖涉税问题背后隐含的是当事人对公权力行权界限的质疑和担忧。司法拍卖作为民事执行程序,是法院行使司法权的主场,税收优先权的行使亦应置于网络拍卖这一特定司法场域中予以考虑。国家与纳税人之间的关系乃是法律上债权人和债务人之间的对应关系,②税收债权一般被视为“公法之债”,因《税收征收管理法》第45条的明文规定具有优先属性,但该规定较粗略,在具体实践层面缺乏具有可操作性的指引。税种之间存在先后与否,税收与留置权、抵押权、质权之间孰先孰后,税收较普通债权的优先界限在哪里,能否无差别适用税收优先权规则等疑问,有待下文进一步厘清。

系统解决司法与税法二者之间的冲突,需要明确两点:一是网络拍卖阶段应视为课税特区,征税权力应谨慎介入并作必要调适,③服从司法规则;二是承认税务机关债权人主体资格,将税收债权定性为参与分配债权,除具有一般优先受偿属性外,其他权利内容应与普通债权无异,以此纳入参与分配清偿顺位,实现相互规则的互认。

三、网络拍卖涉税的类型划分和清偿阶位之设计

关系衡平、利益衡量的主观性本质极易造成法解释的恣意,在厘清上述主干关系的基础上,须进一步对涉及的税款进行类型划分,并妥当设置网络拍卖涉税款项在执行程序中的顺位规则,以准确把握问题的本质。

(一)划分税费类型

广义上,税费包含应纳税款,《税收征收管理法》中规定的滞纳金、税收罚款,以及征税机关附带征收的教育费附加、地方教育费附加、文化事业建设费等,其范畴较宽泛。虽有学者就司法与税法交叉领域的突出问题进行研究,

① 参见田宏杰:《行刑诉讼交叉案件的裁处机制——以行政权与刑罚权的双重法律关系为视角》,载《法学评论》2020年第1期。

② 参见刘剑文、李刚:《税收法律关系新论》,载《法学研究》1999年第4期。

③ 参见徐阳光:《破产程序中的税法问题研究》,载《中国法学》2018年第2期。

但主要是对破产涉税问题进行关注,①几乎未涉及网络拍卖税费的类型区分。虽有学者关注税费的类型问题,但或者集中在对税种的类型区分,或者集中在纳税主体的类型区分。实际上,分类的目的在于确定清偿顺位。故笔者认为,网络拍卖涉及税款的分类标准应当按照“税费发生时间 + 纳税主体”的方式进行,于是网络拍卖涉及的税费可划分为如下类型:

1. 以税费发生时间为界

以司法拍卖成交时间为界,将税费区分本次交易税费和历史税费两大类。在此基础上,历史税费,是指通常意义上纳税人未按税务机关确定的应纳税额履行纳税义务的金额,以税务机关作出通知的时间为界,可进一步划分为欠税税额及因欠税行为被加征的滞纳金和税收罚款。

2. 以纳税主体为界

在第一次划分的基础上,本次交易税费可进一步细分为出卖人应纳税费和买受人应纳税费,如个人所得税、契税等。欠税税额、滞纳金和税收罚款也可进一步区分为由上一手“出卖人”和上一手“买受人”(本次交易出卖人)应纳税额(见图2)。

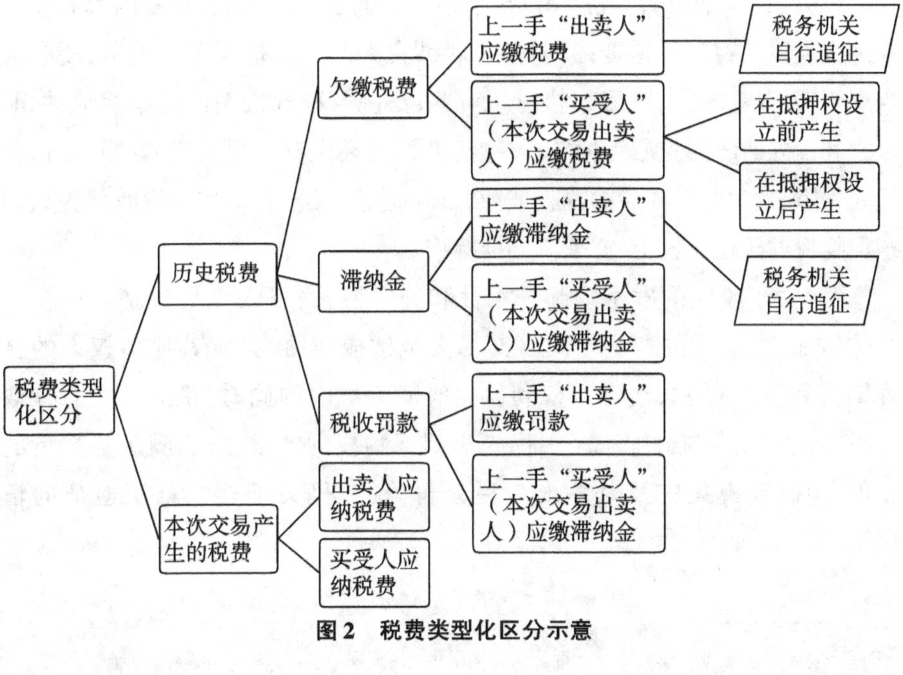

图2 税费类型化区分示意

---

① 参见徐阳光:《破产程序中的税法问题研究》,载《中国法学》2018年第2期。

(二)确定清偿顺位

当遭遇拍卖款项不足以全部清偿的情况,税务机关、司法机关在分配程序中的请求权顺位的设置规则将变得异常棘手,[①]需综合诸多部门法价值与规范考量对涉及债权进行排序;在区分类型的前提下,对位阶秩序的适用提出规范化要求,[②]建立从高到低的权利梯队。

1. 本次网络拍卖交易产生的税费应处于绝对优先位阶

基于“先税后证”等政策因素,本次拍卖交易产生税费的清结被视为买受人办理产权的前置条件。出于维护交易、确保拍卖目的得以实现的考虑,有必要将此“新生税费”视为全部财产利益、维护全部债权人的公共利益而发生的必要支出。在司法拍卖的特定情景下,各方主体的利益必须依赖这一程序的开展,需要确保本次交易税费的高位阶性,通过买卖双方约定承受或在拍卖款中优先扣缴的方式予以保障。

2. 在抵押权、质权、留置权设立前产生的欠缴税费优先于担保物权

根据《税收征收管理法》第45条第1款的规定,纳税人欠缴的税款发生在纳税人以其财产设定抵押、质押或者纳税人的财产被留置之前的,税收应当先于抵押权、质权、留置权执行。对此,法院及税务机关已基本达成共识。以权利设立的时间先后为标准,欠缴税费发生在设有担保物权的债权之前的优先保障,发生时间在后的税收债权,顺位后移。法国、日本在税收优先权与担保物权的顺位比较上,亦采取同样标准。

但“由于税收的发生缺乏公示性和确定性,第三人无从知晓其存在及具体数额,税收优先权会对民事交易安全构成威胁,损害其他债权人的合理期待利益”。[③] 由此,在以权利设立时间为标准的同时,税务机关意欲取得税收债权在参与分配程序中优先于担保物权的效果,应当满足更严苛的条件,如税务机关应及时发出欠税公告,税务机关不存在怠于追征的情形等。

---

① 参见范志勇:《论骗取出口退税款的破产清偿顺位》,载《交大法学》2019年第2期。

② 参见蒋红珍:《比例原则位阶秩序的司法适用》,载《法学研究》2020年第4期。

③ 熊伟、王宗涛:《中国税收优先权制度的存废之辩》,载《法学评论》2013年第2期。

3. 生存权相关的特殊债权优先于在抵押权设立后产生的欠缴税费

参与分配程序与破产程序相异之处在于,被执行人尚有其他财产可供执行,无须过于明确生存权等债权必须优先担保物权,但一般税费的清缴仍然应当劣后于生存权相关的债务。职工工资、劳动保险费用、劳工损害赔偿金等生存权相关债权与人的基本生存权利有关,[①]代表特定个体的生命法益,所保护的利益价值更特殊,基于税收的公权性质,理应作出让步。

4. 在担保物权设立后的欠缴税费优先于无担保普通债权

根据《税收征收管理法》第45条第1款的规定,税收优先于无担保债权。在此,"税收"应作限缩解释,仅代指在担保物权设立后、本次拍卖交易前产生的欠缴税费。在行使该项优先权时,同样要辅之以严苛条件,一方面,税务机关不能凭借优先权"守株待兔";另一方面,也正是因为税收体现某种公共利益,在参与分配阶段,法院更应审查其保障手段的合理性。

5. 在抵押权设立后产生的滞纳金、税收罚款劣后于无担保普通债权

根据执行法规和税法的精神,因税收罚款具有惩罚属性,将其劣后于普通债权清偿是基本没有异议的。但对滞纳金的定位,税务机关和法院的分歧较大。国家税务总局《关于税收优先权包括滞纳金问题的批复》规定,税收优先权执行时包括税款及其滞纳金。但根据最高人民法院《关于审理企业破产案件若干问题的规定》第61条的规定及最高人民法院《关于税务机关就破产企业欠缴税款产生的滞纳金提起的债权确认之诉应否受理问题的批复》的精神,滞纳金更应视为普通债权。

滞纳金具有补偿功能与惩罚功能,2015年《税收征收管理法修正案(征求意见稿)》将滞纳金细分为利息和滞纳金,更凸显了滞纳金的惩罚功能。对于陷入经营困境的被执行人,滞纳金的征收、罚款的收缴都应当受到征税"妥当性"的限制。况且,税务机关以参与分配的方式"遁入私法",维护国家税收利益的同时,并未放弃使用公权力自行稽查征收的权利。故此,应将在抵押权设立后产生的滞纳金、税收罚款置于顺位末端。

① 参见曹艳芝:《论税收优先权的效力冲突》,载《中国法学》2004年第5期。

四、网络拍卖涉税问题解决机制之构建

有赖对涉税主体关系的厘清,立足对涉税款项类型的区分以及清偿位阶的梳理,对于网络拍卖涉税问题解决机制的构建也就水到渠成了。

(一)合零为整:机制的构建思路

网络拍卖涉税问题牵涉诸多因素,依靠单个主体、单项环节或者单个案件,无法适应新形势下的需求。应将其视为一项系统工程,立足涉税主体,着眼执行权运行涉及的所有环节、全部流程,打造关系衡平、衔接到位、系统集成的解决机制。

一方面,从单向管理到双向管控。在多主体、多层级的网络拍卖涉税问题中,司法机关与行政机关分别行使权力,对私主体进行单向管理,然而场域的叠合致使在单兵作战模式下彼此掣肘。确有必要在这一特殊场域,建立法院与税务机关的衔接机制,发挥“1 + 1 > 2”的效用。另一方面,从微观管理到系统防控。网络拍卖涉税问题经由各环节叠加“发酵”而来,只有着眼过程,通过事前、事中、事后的程序性约束和全方位管控,才可真正解决难题。

故此,笔者尝试从横向和纵向两个层面,围绕涉税主体,结合网络拍卖调查、公示、分配、裁决 4 个阶段进行程序构建。

(二)横向构建:司法拍卖双重涉税主体机制设计

围绕法院、税务机关和出卖人、买受人两组主体,构建相应衔接机制。

1. 互为主位:构建司法与税务行政之间的衔接机制

充分运用信息化建设成果,探索建立“法院—税局”税务信息查询交互平台。在税费调查环节,在保障税务机关应纳税额核定权行使的同时,应以法院信息需求为导向,实现被执行人涉税信息以及关联信息自动查询与共享;由税务机关依照法律规定,按照法定调查程序认定课税数量,[①]对标的财产税

---

① 参见李登喜、李大庆:《论税收核定权的裁量属性及法律控制——基于“德发案”和〈税收征管法〉第三十五条的研究》,载《税收经济研究》2018 年第 6 期。

费测算的效率。在税款征收环节,以发挥税务机关主观能动性为主,积极区分税费类型,开展稽查追征、申请参与分配。

2. 正向激励:构建出卖人(被执行人)参与机制

通过赋予执行当事人更高的选择权和处分权,激励被执行人参与。现代税法仍然无法脱离对纳税人自行申报的依赖。前期财产调查阶段,鼓励被执行人主动申报,积极提供涉税资料进行核算;公示拍卖阶段,鼓励被执行人通过协商议价的方式参与评估定价;成交纳税阶段,鼓励被执行人积极享受当地税收优惠政策的福利,积极配合后续的相关手续。为实现激励作用,法院可以通过提高起拍价、允许税费由买受人承担大部分或全部承担等方式提高被执行人的收益预期,甚至在意思表示真实、不损害其他利益的前提下,可允许出卖人确定交付时间等特殊情况纳入公示范围,成为出卖人、买受人双方买卖条款之一。

但为了防止被执行人恶意申报,在公示中,被执行人应作预先承诺,如"本人已对标的财产上述情况予以确认,若标的财产实际状况与确认情况不符导致交易税费增加的,增加部分由本人全额承担"。通过构建正向激励机制,有助于在最大限度保障买受人合法权益的同时,变"消极被卖"为"积极出卖",简化前期调查程序,缩短司法拍卖周期,化解执行当事人之间的矛盾冲突,实现司法拍卖快速变现之目的。

(三)纵向构建:网络拍卖涉税问题处理的程序设计

程序设计上应以衡平各方利益为主线,解构涉税要素,固定执行重点,明确执行法官在调查、公示、分配、裁决4个阶段的作业清单,为有效解决网络拍卖涉税难题提供方法路径。

1. 第一阶段:前期标的财产调查评估

(1)解构关键涉税要素

结合问题的表征,法院的调查价值并不在于对本次拍卖成交产生税费数值的大致估算,重点应更多地落在对"变数"的调查,即是否存在历史税费未缴纳、是否存在致使本次税费过高的特殊情况。在前期财产调查中,执行法官应联合税务机关,通过依职权调查和被执行人主动申报等方式,重点展开对标的财产性质、所有权人性质及上一手交易等相关信息的调查。以房地产调查为例(见图 3),调查要素至少包括标的房产信息,如规划用途、建筑面积、建筑年限,权属人信息,上一手房产交易相关信息等,不一而足。

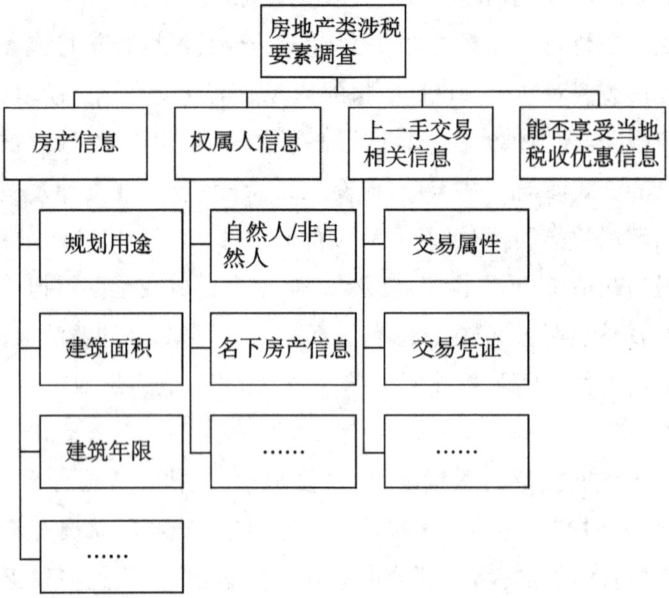

图 3　房地产涉税要素调查重点

(2)税费类型调查

法院通过交互平台发送拟拍卖标的财产的基本信息,匹配对应当地税务机关后,由该税务机关对拟拍卖标的财产的涉税事项进行测算,并反馈给法院。在税费类型化的基础上,明确各类税费负担主体,对于应由案外人负担的税费由税务机关自行追征,对于应由被执行人承担的历史税费作为债权参与到后期执行款分配,不计入优先代扣代缴税额中。

2. 第二阶段:标的财产信息公示阶段

信息革命把人们带进了虚实同构的"在线生活",[①]具体到网络拍卖的场域,对拍卖信息公示提出了更高要求。根据网络拍卖相关规定,司法拍卖公示内容应包括 11 项具体信息,法院应在保护被执行人隐私的同时,尽可能披露更充分的信息,尤其是标的财产的瑕疵。

① 马长山:《司法人工智能的重塑效应及其限度》,载《法学研究》2020 年第 4 期。

(1)信息筛选过滤

公示前,应围绕计税必备要件对调查评估阶段列出的涉税信息进行整理、汇总、分析、筛选,区分基础性信息和特殊性信息。特殊性信息主要包括涉及被执行人个人隐私、不宜直接公开但又关涉税费核算等信息,应对特殊性信息进行模糊处理,如房产为出卖人离婚析产后所得,再次转让将产生较高的个人所得税,在披露时,可以对特殊情况导致的税费计算问题作高亮提醒,如“特别注意:本标的经拍卖成交后,其个人所得税应按20%核算”。以房地产标的为例,基础性信息主要包括房产性质、建筑面积、权属人身份、持证年限、起拍价、历史税费、本次拍卖可能的税费。

(2)嵌入税费计算运行小程序

按照合乎程序规定的方式对税费计算过程进行拆解,编写可自动运行的程序代码,在网络拍卖系统嵌入税费计算运行小程序。提前对接个案涉税基本信息和特殊信息,自动生成个案计税基础,竞买人可以根据自身需求加以推算,计税推算环节的“去人化”有助于竞买人合理参拍,且有助于降低成本,提升质效。

3. 第三阶段:执行款分配

(1)成交后代扣代缴特定税费

拍卖成交后,法院再次通过交互平台对出卖人应缴纳税费进行核算,确认后由法院在拍卖款中扣除应承担的税款,并将税款汇入指定账户,而买受人作为交易中的积极主体,其税费缴纳应由其自行办理。

(2)按照清偿顺位制作分配方案

借助位阶秩序的规范化适用,法院得以在不同个案中根据清偿顺位原则制作分配方案,排序如下:本次网络拍卖交易产生的税费→在抵押权、质权、留置权设立前产生的欠缴税费→设有留置权、质权、抵押权的债权→生存权相关的特殊债权→在抵押权设立后产生的欠缴税费→无担保普通债权→在抵押权设立后产生的滞纳金、税收罚款。

4. 第四阶段:执行异议裁决

结合上述环节设计及实践操作,裁决法官可以从法院调查必要性、公示不足正确性、当事人主观过错性、后果严重程度4个维度来衡量拍卖公告程序瑕疵,对“严重失实”进行量化。当同时满足以下4个因素时,应认定构成“严重失实”,撤销拍卖:一是法院前期调查或公示遗漏对重要特殊性信息的数额披露;二是调查法官未尽调查责任,对此存在过失或故意;三是买受人主观上无过错;四是实际未披露税费和起拍价远超市场评估价,导致买受人蒙受严重损失。

在双向制度构建和程序设计基础上,随着法院司法拍卖的逐步完善,各环节责任明确化,法院亦有望发挥司法拍卖的应有效用,切实解决“执行难”问题。

五、结　　语

司法拍卖涉税问题只是民法与税法协调问题的一部分。《民法典》已经开始实施,在理论、逻辑和体系上作出诸多创新,不可避免地撼动了课税的法律基础。[①] 立足于此,从立法和实践等多重角度重新厘清民法与税法在不同场域的关系,实现法际协调,具有其时代意义。

① 参见杨小强:《论民法典与税法的关系及协调》,载《政法论丛》2020年第4期。

理论纵横

破产程序与仲裁程序的协调与交叉*

张　建**

摘要:破产与仲裁同属纠纷处置机制,但前者系通过破产法院集中管辖与债务人有关的诉讼,涉及社会公共利益的平衡,后者则通过仲裁庭在当事人仲裁合意基础上就个别债务纠纷进行审理,着眼双方当事人之间的私权争议。当订有仲裁协议的债务人发生破产时,便会产生仲裁程序与破产程序的协调与交叉,具体包括:破产前订立的仲裁协议在破产启动后能否约束双方、破产前正在进行的仲裁程序在破产启动后是否自动中止、破产管理人在破产启动后能否解除原有的仲裁协议等问题。为处理上述问题,应厘清仲裁协议签订的时间点与效力,明确"自动中止规则"在我国破产程序与仲裁程序中的价值与功能,确立破产程序中申请撤销仲裁的具体制度,力求在尊重当事人意思自治的基础上兼顾破产法集中清偿目标的实现。

关键词:破产程序;仲裁协议;仲裁裁决;破产管理人

当今世界正经历百年未有之大变局,我国正处于实现中华民族伟大复兴的关键阶段,人类健康、经济增长、社会发展、国家安全和国际关系等方面正经历一场综合性挑战,深刻调整、动荡变革成为主题词。在这种大背景下,经济困境对全球的商事从业者造成了剧烈影响,并导致大量公司被迫考

* 本文系北京市社科基金青年项目"北京'两区'建设下境外仲裁机构准入的法治保障研究"(项目编号:21FXC014)的阶段性成果。

** 首都经济贸易大学法学院副教授、国际商事争议解决研究中心主任,法学博士。

虑在法院内及法院以外的债务重组。尤其是,对于在商事合同中订有仲裁条款的企业,其一旦进入了法院破产程序,破产程序的进行是否会对其仲裁管辖权(包括正在进行的仲裁、未来将要启动的仲裁)造成影响,这颇有争议。

从理论层面梳理可知,学术界对于破产程序与仲裁程序之间交叉关系的探讨由来已久。① 这两类程序虽同属纠纷处置机制,但在理念与制度上却存在显著差异:前者旨在对破产债务人的债权债务纠纷进行集中清理,破产法院奉行社会本位理念,肩负平衡各方当事人利益、维护社会公共利益的职能;后者是在充分尊重当事人意思自治与仲裁庭自由裁量权的基础上所形成的诉讼外私人纠纷解决机制,仲裁庭是在个人本位的基础上逐步推进程序运转的,当事人在订立仲裁协议、择取仲裁机构、选任仲裁员、制定程序规则、确定准据法方面拥有自主权。② 从实践视角进行分析,因破产与仲裁的交叉所衍生的困境体现在三个层面:其一,双方当事人在破产之前已经签订仲裁协议但尚未提起仲裁申请时,如一方当事人破产,该仲裁协议在破产程序启动后还能否约束双方;其二,双方当事人在破产之前已经签订仲裁协议且一方已提起仲裁申请后,破产前正在进行的仲裁程序在破产启动后是否自动中止;其三,破产管理人在破产启动后能否解除原有的仲裁协议。笔者将围绕因破产程序与仲裁程序的交叉所面临的困境,在参考域外学理与裁判意见的基础上,重点结合我国现行立法及典型案例展开分析和探讨。

一、破产程序与仲裁程序的协调:兼论自动中止规则的具体适用

(一)跨境破产与国际仲裁平行协调的域外实践

由于经过仲裁裁决确定的债权无须再经债权确认程序即可取得执行名义,当事人如果对经仲裁裁决确定的债权持有异议,只能通过启动审判监督

① 参见赵健:《国际商事仲裁的司法监督》,法律出版社2000年版,第182页。

② 在1987年美国马萨诸塞州破产法院审理的一起涉及破产争议可仲裁性的案件中,法官述及其在裁判中所处的两难境地:破产政策强有力地导向一种中心化的争议解决,而仲裁政策则支持去中心化的争议解决,联邦仲裁法的政策在国际案件中强于破产法的政策。参见欧明生:《民商事纠纷可仲裁性问题研究》,浙江大学出版社2013年版,第54页。

程序等特殊程序予以提出,而不能在与破产债权有关的专门异议程序或普通的民事诉讼程序中提出,故仲裁程序的进行对破产程序起到举足轻重的作用。[①] 在实践中,如何在两类程序的管辖权之间作出合理分配,较棘手。尤其是,如果跨境破产程序在一国进行,而国际商事仲裁在另一国进行时,分处于两地的平行程序之间的协调将更趋复杂,其还受到破产程序域外效力承认与否的影响,"世凯公司诉维旺迪(Vivendi)公司案"深刻揭示了处理这种情况的难度。

在"世凯公司诉维旺迪公司案"中,债务人波兰电气集团公司是一家波兰公司,是波兰移动电信公司 PTC 的股东。2001 年 9 月,波兰电气集团公司同法国的维旺迪公司签署了一份股权转让协议,约定波兰电气集团公司将其在 PTC 公司的股权转让给维旺迪公司。后由于债务人波兰电气集团公司违约,债权人维旺迪公司依据股权转让协议中的仲裁条款,于 2003 年 8 月在伦敦国际仲裁院(London Court of International Arbitration,LCIA)提起仲裁。2006 年 3 月,争议双方就股权转让的争议解决事宜达成补充协议,约定本协议项下的所有争议,包括协议的产生、存续、有效性、可执行性、履行、解释、违约或终止,由国际商会仲裁院(International Chamber of Commerce,ICC)在瑞士日内瓦仲裁解决。2006 年 4 月,债权人维旺迪公司向 ICC 申请仲裁。至此,对同一股权转让纠纷,位于英国伦敦的 LCIA 仲裁庭和位于瑞士日内瓦的 ICC 仲裁庭形成了两起同时进行的平行仲裁程序。在两起国际商事仲裁程序进行期间,债务人波兰电气集团公司于 2007 年 8 月向波兰华沙地方法院申请破产。破产程序启动后,华沙地方法院于 2008 年 2 月指定约瑟夫担任债务人的破产管理人,负责代表法院监督并处置波兰电气集团公司的破产财产和破产债务。被指定为管理人后,世凯公司随即向两个仲裁庭递交申请,对仲裁庭的管辖权提出质疑,根据波兰《破产与重整法》第 142 条的规定要求中止两起仲裁程序。对于世凯公司提出的中止申请,英国与瑞士的仲裁庭在处理上大相径庭。

在 LCIA 仲裁程序中,世凯公司根据波兰《破产与重整法》第 142 条主张

① 参见刘明尧:《破产债权制度研究》,中国社会科学出版社 2018 年版,第 145 页。

该案中签订的仲裁协议无效,仲裁程序应当终止。① 但 LCIA 仲裁庭认定,涉案仲裁协议系基于双方当事人真实意思表示所签订的,并不会因为债务人进入破产程序而无效,故仲裁庭对该案拥有管辖权,并裁决波兰电气集团公司违反股权转让协议。世凯公司对 LCIA 仲裁庭的认定不满,遂根据 1996 年英国《仲裁法》第 69 条第 1 款的规定,上诉至英国高等法院。② 世凯公司称,根据欧盟《破产条例》第 4 条第 2 款第 e 项的规定,当事各方的仲裁协议属于合同,应适用波兰法律来确定破产程序之启动对仲裁协议的效力。③ 然而,英国高等法院并未采纳世凯公司的主张,而是根据欧盟《破产条例》第 15 条的规定,认定破产程序对未决诉讼的效力应当适用诉讼所在国法律,即英国法律而非波兰法律。④ 英国高等法院特别指出,欧盟《破产条例》第 15 条所规定的未决诉讼涵盖未决仲裁,而根据英国《仲裁法》,该案仲裁协议应属有效,仲裁庭的管辖权应予支持。英国上诉法院亦维持了英国高等法院的认定,支持仲裁庭继续行使管辖权。

在 ICC 仲裁程序中,世凯公司同样根据波兰《破产与重整法》第 142 条的规定主张,破产程序的启动已经使仲裁协议归于无效,仲裁庭应当终止仲裁程序。因瑞士并非欧盟的成员国,故维旺迪公司辩称该案不适用欧盟《破产条例》第 15 条之规定,而应当适用仲裁地法即瑞士法律,作为判定仲裁庭管辖权的准据法。根据瑞士《国际私法法典》第 154 条、第 155 条第 3 款的规定,ICC 仲裁庭认定,关于公司的主体资格及行为能力问题,应当适用公司注册地法律,即波兰法律。⑤ 鉴于波兰《破产与重整法》第 142 条的规定已经终止了债务人波兰电气集团公司作为仲裁当事人的主体资格,故该案 ICC 仲裁程

① 波兰《破产与重整法》第 142 条规定:"自破产宣告之日起,破产债务人所签订的任何仲裁协议归于无效,任何未决仲裁程序应当终止。"

② 1996 年英国《仲裁法》第 69 条第 1 款规定:"除非当事人另有约定,仲裁程序的一方当事人(经通知其他当事人和仲裁庭)可就仲裁程序中所作的裁决的法律问题向法院上诉。"

③ 2002 年欧盟《破产条例》第 4 条第 2 款第 e 项规定:"启动破产程序所在国的法律应当支配破产程序的启动、进行及其终止,其中包括破产程序对于债务人作为当事人的合同的影响。"

④ 2002 年欧盟《破产条例》第 15 条规定:"破产程序对于涉及债务人财产或权利的未决诉讼的影响,应当仅受到该未决诉讼所在成员国的法律支配。"

⑤ 1987 年瑞士《国际私法法典》第 154 条规定:"公司如果符合公告或符合登记的规定的,可以适用依其成立的国家的法律。"第 155 条第 3 款规定:"调整公司问题的法律,可以适用于以下事项:公司的权利能力和行为能力。"

序应予终止。维旺迪公司上诉至瑞士最高法院，瑞士最高法院基于同样的逻辑维持了ICC仲裁庭的意见，认定仲裁程序应让位于波兰的破产程序。在该案中，波兰法院的破产程序对英国和瑞士的仲裁程序产生了截然不同的效果，折射出了涉及仲裁的跨境破产争议处理的复杂性。而这同时也提出了新问题：国际社会对于自动中止规则的适用是否存在国际共识？在适用自动中止规则时重点考量哪些因素？

（二）自动中止规则的适用基础

所谓"自动中止规则"，也称自动冻结规则，是各国破产法中的通行规则，其特指当债务人进入法院破产程序后、被法院宣告破产前，涉及该债务人的所有民事诉讼、商事仲裁、强制执行等程序均暂时中止的规则。[①] 这一规则的确立，有利于防止破产财产的减少，以保障破产债权的平等受偿，同时也为债务人和破产管理人预留"缓冲期"，从而为之后的重整或清算做好充分准备。从功能上看，自动中止规则的适用对保护债权人利益具有重要价值，避免个别清偿的同时也对债务人形成约束，不允许其在破产后对财产进行转移或逃避债务。但是，各国破产法所规定的自动中止规则往往与仲裁法规定的仲裁协议的妨诉抗辩效力存在冲突。

所谓仲裁协议的妨诉抗辩效力，是指法律明文规定有效的仲裁协议具有排除法院诉讼管辖权的效力。[②] 之所以赋予仲裁协议排除司法管辖的效力，是因为要维护仲裁协议当事人对争议解决方式作出的约定，并促使诚实信用原则在仲裁程序中贯穿始终。此类规定的合理性在于，当事人既然协议选择了仲裁这一纠纷解决方式，便意味着放弃了就仲裁事项提交法院解决的诉

---

① 例如，《企业破产法》第20条规定："人民法院受理破产申请后，已经开始而尚未终结的有关债务人的民事诉讼或者仲裁应当中止；在管理人接管债务人的财产后，该诉讼或者仲裁继续进行。"该条系我国首次通过立法方式解决仲裁程序与破产程序的冲突，该条款所确立的自动中止规则无疑具有强制性。据此，破产程序启动后，与债务人及其财产有关的所有诉讼及追债行为都必须立即中止。

② 例如，《仲裁法》第5条规定："当事人达成仲裁协议，一方向人民法院起诉的，人民法院不予受理，但仲裁协议无效的除外。"第26条规定："当事人达成仲裁协议，一方向人民法院起诉未声明有仲裁协议，人民法院受理后，另一方在首次开庭前提交仲裁协议的，人民法院应当驳回起诉……"

权,这种放弃是基于双方自愿所作出的一种合意安排,亦是程序处分权的体现。[①] 为此,当事人必须对其基于理性作出的选择负责,约定仲裁后便不应当再通过向法院起诉解决纷争,否则另一方可以凭借仲裁协议对司法管辖权提出抗辩,从而保证"有仲裁协议即不得诉讼"这一原则的有效贯彻。[②] 在实践中,仲裁协议的妨诉抗辩效力不仅体现在诉讼程序启动阶段,而且贯穿诉讼程序进行阶段。具言之,部分国家的仲裁立法引入了自动中止或强制中止条款,即当存在仲裁协议的情况下,如果一方将纠纷提交至法院寻求诉讼解决,另一方可以根据立法中确立的自动中止条款使诉讼程序暂时中止,直到该纠纷通过仲裁方式得以裁决,从而保障仲裁妨诉抗辩效力的实现。然而,仲裁的妨诉抗辩效力及仲裁立法规定的自动中止规则是否也适用于破产程序引发的诉讼?破产法规定的自动中止规则是否适用于尚未启动的仲裁?对此,需要从实践视角加以分析。

在"非洲移动公司诉华为科技有限公司(以下简称华为公司)案"中,上诉人非洲移动公司是一家在非洲象牙海岸提供电信服务的公司,其与被上诉人华为公司对破产程序是否应当因存在仲裁协议而中止产生分歧。在该案中,华为公司向美国东加勒比上诉法院提起诉讼,要求对非洲移动公司启动破产清算程序。该法院向非洲移动公司送达了关于债务是否到期的法定追偿书后,非洲移动公司向该法院申请撤销这一追偿书,理由之一是其货物供应合同中存在仲裁协议,故涉案债务纠纷应通过仲裁方式予以解决,而不应在法院的破产程序中进行审理。[③]

一审法院拒绝了非洲移动公司的撤销申请,其认为,对于自动中止规则的适用,法院拥有自由裁量权,而法院在决定是否行使自由裁量权中止破产程序时,应当考虑以下5项原则:(1)法院应该考虑案件的所有情况;(2)中止是例外,而非一般规则;(3)寻求中止的一方必须提供令人信服的证据,证明除非准予中止,否则上诉将被压制或无效;(4)在行使其自由裁量权时,法院适用的实际上是损害平衡的检验标准,其中,必须审慎考虑对胜诉

① 参见占斌:《仲裁协议妨诉抗辩效力评析》,载《长沙大学学报》2010年第4期。

② 参见常英主编:《仲裁法学》(第3版),中国政法大学出版社2013年版,第76页。

③ See C-Mobile Services Ltd. v. Huawei Technologies Co. Limited, BVIHCMAP 2014/0006 and BVIHCMAP 2014/0017.

方的可能损害;(5)法院还应考虑上诉成功的可能性,只有在上诉理由充分或上诉极有可能成功的情况下,中止才会得到批准。在该案中,非洲移动公司若想中止其债务诉讼,需要证明破产清算将对公司的运营产生重大影响。在审理中止申请时,一审法官认定破产清算程序是否适用并非一项可以通过仲裁协议同意提交至仲裁解决的争议,故与破产有关的债务不在仲裁协议的适用范围内。

后非洲移动公司提起上诉,其声称:华为公司逾越当事人双方一致选定的争议解决方式径直向法院提起破产清算申请,是完全错误的。为了支撑其主张,非洲移动公司援引了英国上诉法院审理的“索尔福德案”。[①] 在“索尔福德案”中,英国大法官认定:尽管清算程序属于英国《仲裁法》第 82 条规定的法律程序,但是根据 1986 年英国《破产法》第 122 条第 1 款第 f 项的规定,当清算的理由是公司无法清偿到期债务时,英国《仲裁法》第 9 条第 1 款关于强制性中止的规定并不适用于此类清算申请。关于法院作出清算命令的自由裁量权问题,“索尔福德案”的法官指出,除非存在特殊情况,法院应当在尊重英国《仲裁法》立法政策的前提下行使裁量权。尽管美国东加勒比上诉法院完全同意“索尔福德案”的裁判意见,但其在“非洲移动公司诉华为公司案”中提出了 3 点不同意见:首先,该案供货合同中的仲裁条款仅限于“产生于合同的成立、解释及履行或与此有关的纠纷”,这一表述在适用范围上比“索尔福德案”的仲裁条款要窄得多,“索尔福德案”的仲裁条款涵盖了“出租人与承租人之间关于各自权利义务关系的任何分歧或纠纷”。其次,一审法院已经就该案所涉债务是否存在实质性争议作出了审理,并认定不存在实质争议。据此,非洲移动公司向法院提出撤销法定追偿书的请求是根据 2003 年英国《破产法》第 157 条第 1 款规定的强制性理由,而非根据英国《破产法》第 157 条第 2 款规定的裁量性理由。最后,非洲移动公司所声称的仲裁程序并不在进行过程中,故而无法对破产程序中的债务清偿产生中止效果。据此,二审法院同意了一审法院的处理结论,认定涉案破产争议不在仲裁条款范围内,因此不能强制当事人进行仲裁,从而驳回了当事人的

① See Salford Estates (No. 2) Ltd. v. Altomart Ltd. (No. 2) [2015] 3 WLR 491.

上诉。[①] 该案判决从仲裁协议适用的争议范围入手,就仲裁程序对破产程序产生的影响进行了澄清:一方面,基于仲裁协议的妨诉抗辩效力,如果双方当事人协议选择仲裁方式解决争议,则一方不得规避仲裁协议而径行向法院就债务纠纷提起诉讼;另一方面,破产程序的中止包括强制性中止与裁量性中止,如果有关债权债务纠纷不存在实质性争议,则属于强制性中止,如果有关债权债务纠纷尚未得到终局性结论,则法院将通过行使自由裁量权的方式对仲裁与破产间的关系进行协调。

(三)我国《企业破产法》第20条的理解与适用

与其他国家处理平行仲裁与破产程序的总体思路一致,我国立法和实践对仲裁采取了较友好的立场。具言之,《企业破产法》第20条规定,当债务人的破产申请被法院受理后,已经开始的未决诉讼或仲裁应当中止,待法院指定的管理人接管债务人财产后,该诉讼或仲裁恢复进行。由此可见,对于破产受理前已经启动的未决仲裁程序,并不因破产程序的启动而归于终止,而仅仅是进入"暂停"状态,待管理人就位后,由其接管债务人处理破产受理前的未决仲裁程序。此外,《企业破产法》第21条规定,法院受理破产申请后,有关债务人的民事诉讼,只能向受理破产申请的法院提起。据此,在破产程序启动后,如果当事人提起新的涉及债务人的诉讼,将由受理破产程序的法院予以集中管辖。相比该法第20条所用的"诉讼或仲裁",第21条仅针对"诉讼",由此便产生了一定的"真空"地带,即当债务人进入破产程序后,债权人还能否基于债务人破产前所订立的仲裁协议就有关合同纠纷申请仲裁,抑或是只能向破产法院提起诉讼?对此,最高人民法院《关于适用〈中华人民共和国企业破产法〉若干问题的规定(三)》(以下简称《破产法司法解释(三)》)第8条已经作出了明确规定,即当事人之间在破产申请受理前订立有仲裁条款或仲裁协议的,应当向选定的仲裁机构申请确认债权债务关系。由此可见,《企业破产法》确立的破产法院专属管辖权并不能排除仲裁协议的效力,在当事人之间订立有效仲裁协议的情况下,应当通过仲裁方式解决争议,而

---

① See Harneys, *Arbitration Agreements and Insolvency Proceedings*, Accessed December 16, 2020, https://www.lexology.com/library/detail.aspx? g=ab24339d-eb9f-4a5f-9a7a-305049333f49#3.

并非一味地提交破产法院进行诉讼。

但是,对于《破产法司法解释(三)》第8条所确立的处理方案,亦不乏批判意见。有观点称,《仲裁法》第58条虽然确立了针对错误仲裁裁决的司法审查和监督机制,但是法院的监督仅限于仲裁中的程序性错误,如果仲裁审理中不存在程序瑕疵,但在实体处理方面有误,则将缺乏有效的救济方案。[①]与此同时,存在实体错误的生效仲裁裁决仍然可以作为据以申报破产债权的依据,这无疑将影响其他债权人的利益,故而,有必要对破产申请受理后的仲裁予以必要规制。依据《承认及执行外国仲裁裁决公约》(以下简称《纽约公约》)第5条第1款甲项的规定,当事人根据对其适用的法律为无行为能力者,法院可拒绝承认及执行该裁决。由此,在分析破产程序启动后债权人还能否依赖债务人破产前订立的仲裁协议申请仲裁时,有必要对债务人的行为能力进行探讨。进言之,当涉及债务人的破产清算案件被法院受理后,债务人是否还具备与破产前一致的行为能力?事实上,《企业破产法》已对这一问题作出了回应,根据该法第13条的规定,法院在受理破产案件时,应当同时指定破产管理人。管理人接受法院的指定后,有权接管债务人财产并决定债务人的内部管理事务。这便不难理解,债务人本身的行为能力因破产程序的启动而暂时进入"冷冻"状态,进而退出公司的日常经营管理。[②] 相应地,与公司有关的经营管理事务处于管理人的职权之内,且管理人在行使管理权时受到法院、债权人会议和债权人委员会的共同监督。从破产管理人的职权来看,其所采取的行动中包括保持破产财产、处理破产债务等,而对于债务人在破产前所签订的仲裁协议,管理人有权根据《企业破产法》第18条的规定选择解除或履行。这就意味着,仲裁协议并不必然具备优先于破产法院专属管辖的绝对效力,这在一定程度上取决于管理人的决策。

---

① 参见刘经涛:《跨国破产程序与国际商事仲裁程序的冲突》,载李曙光、郑志斌主编:《破产与并购》第1辑,法律出版社2020年版,第234页。

② See Jason Chuah, *Resolving Unresolved Relationship Problems: The Case of Cross Border Insolvency and Pending Arbitrations*, European Company and Financial Law Review, Vol. 8, No. 4, p. 440 (2011).

二、破产程序中仲裁裁决的撤销及管辖

(一)我国破产程序中仲裁裁决撤销及管辖的立法实践

前文探讨了因破产程序与仲裁程序交叉所产生的债权确认问题,事实上,在仲裁裁决作出后,如债权人根据仲裁协议向管理人申报债权遭到拒绝时,还可能产生管理人能否申请撤销仲裁裁决及此类案件的管辖问题。在我国,《仲裁法》、《企业破产法》、最高人民法院《关于适用〈中华人民共和国破产法〉若干问题的规定(二)》(以下简称《破产法司法解释(二)》)、《破产法司法解释(三)》对此都作出了相应的规定(见表1),但这些规定之间并不完全一致,因此在实践中产生了新问题。

表1　我国法律及司法解释中涉及破产债务人仲裁裁决撤销案件管辖权的规定

名称	生效日期	相关规定	未决问题
《仲裁法》	1995年9月1日	第58条规定,当事人提出证据证明裁决有下列情形之一的,可以向仲裁委员会所在地的中级人民法院申请撤销裁决……	《仲裁法》与《企业破产法》之间是否存在特别法与一般法的关系,尚存争议
《企业破产法》	2007年6月1日	第21条规定,人民法院受理破产申请后,有关债务人的民事诉讼,只能向受理破产申请的人民法院提起	法院以裁定方式审查撤销仲裁裁决的事项是否属于民事诉讼的范围,尚存争议
《破产法司法解释(二)》	2013年9月16日	第47条第3款规定,受理破产申请的人民法院,如对有关债务人的海事纠纷、专利纠纷、证券市场因虚假陈述引发的民事赔偿纠纷等案件不能行使管辖权的,可以根据《民事诉讼法》第37条的规定,由上级人民法院指定管辖	破产法院不能行使管辖权的例外情形是否可以扩张至仲裁案件;在上级法院未行使指定管辖的情况下,管辖法院是否可以根据《仲裁法》第58条的规定确定为仲裁委员会所在的中级人民法院,尚存争议

续表

名称	生效日期	相关规定	未决问题
《破产法司法解释(三)》	2019年3月28日	第7条第2款规定,管理人认为债权人据以申报债权的生效法律文书确定的债权错误,或者有证据证明债权人与债务人恶意通过诉讼、仲裁或者公证机关赋予强制执行力公证文书的形式虚构债权债务的,应当依法通过审判监督程序向作出该判决、裁定、调解书的人民法院或者上一级人民法院申请撤销生效法律文书,或者向受理破产申请的人民法院申请撤销或者不予执行仲裁裁决、不予执行公证债权文书后,重新确定债权[1]	该条款确立的由破产法院专门管辖的原则是否适用于根据《仲裁法》第58条的规定申请撤销仲裁裁决的各类情形,尚存争议

注:〔1〕《山东省高级人民法院企业破产案件审理规范指引(试行)》第110条第2款规定:"债权人、债务人或者管理人认为债权人据以申报债权的生效法律文书确定的债权错误,或者有证据证明债权人与债务人恶意通过诉讼、仲裁或者公证机关赋予强制执行力公证文书的形式虚构债权债务的,应当……向受理破产申请的人民法院申请撤销或者不予执行仲裁裁决、不予执行公证债权文书后,重新确定债权。"该条款与《破产法司法解释(三)》第7条第2款相类似,但是撤裁主体更宽泛,包括债权人、债务人及管理人。

通过比较上述规定,有观点指出,《破产法司法解释(三)》第7条明确肯定了破产管理人申请撤裁的诉讼主体资格,并规定管理人申请撤裁的管辖法院为破产法院。这一规定,在一定程度上突破了《仲裁法》第58条关于申请撤裁案件管辖的规定。① 但是,《破产法司法解释(三)》的新规定也引发了新问题:首先,破产管理人申请撤裁的法律地位是什么?这是否为案外人申请撤销仲裁裁决提供了制度基础?其次,破产管理人申请撤销仲裁裁决的法定情形是否与当事人申请撤销仲裁裁决相一致?最后,由破产法院管辖撤裁案件,是否会产生造成地域管辖、级别管辖的冲突的后果?

① 参见朱华芳:《2019年度仲裁司法审查实践观察报告——主题二:申请撤销仲裁裁决制度实践观察|仲裁圈》,载搜狐网2020年4月6日,https://www.sohu.com/a/385905653_159412。

(二)管理人申请撤销仲裁的主体地位及理由

对于前述第一个问题,通常认为,破产管理人,是指在破产案件中,在法院的指挥和监督之下全面接管破产财产并负责对其进行保管、清理、估价、处理和分配的专门机构。[①] 至于破产管理人究竟是以自己名义还是以债务人代表的身份申请撤销仲裁裁决,取决于其据以撤销仲裁裁决的理由,以及其提出撤销仲裁裁决申请的行为是出自保护哪一方利益的考虑。如果管理人是根据《破产法司法解释(三)》第7条第2款规定的"据以申报债权的生效法律文书确定的债权错误"而申请撤裁,则可认定管理人此时是维护债务人的利益,体现债务人的意志,自然应当作为债务人的代表人提出申请。与此相反,当债务人与个别债权人通过恶意仲裁虚构债权债务、借助偏颇行为或欺诈行为擅自处分破产财产时,债务人本身即属于恶意串通行为的当事方,其虚假仲裁多是为了自己、关联方或个别债权人的利益,此时管理人申请撤裁是依据自己的判断,为了维护破产财团及其他债权人的利益所开展的追回行为,并非为债务人利益。[②] 如此时仍将管理人视为债务人的代表人,在逻辑上便存在悖论,故有认可管理人独立法律地位的必要。相应地,对于前述第二个问题,管理人独立申请撤销仲裁裁决制度的确立,为案外人申请撤销仲裁裁决提供了可能性,而这无疑是对我国过往立场的重要调整。

事实上,在过去,无论是《联合国国际商事仲裁示范法》第34条抑或是我国最高人民法院的复函,仅允许仲裁案件的当事人提出撤销仲裁裁决的申请,而不允许案外人申请撤销裁决,[③]这种情况对于虚假仲裁情形下的案外人利益保护形成了制度性障碍,故已有部分法院就案外人申请撤销或不予执行

---

① 根据《企业破产法》第13条、第22条、第25条的规定,人民法院裁定受理破产申请的,应当同时指定管理人,管理人的职责之一是代表债务人参加诉讼、仲裁或者其他法律程序。

② 参见孙兆晖:《破产撤销权制度研究:制度功能视角下的一种比较法进路》,中国政法大学出版社2018年版,第196页。

③ 最高人民法院《关于对崇正国际联盟集团有限公司申请撤销仲裁裁决人民法院应否受理的复函》([2001]民立他字第36号)已经明确,"《中华人民共和国仲裁法》第七十条规定的'当事人'是指仲裁案件的申请人或被申请人,崇正国际联盟集团有限公司并非V19990351号仲裁案件的申请人或被申请人,该公司不具备申请撤销该仲裁裁决的主体资格,故对该申请人民法院不予受理"。

仲裁裁决作出了尝试。[①] 2018 年最高人民法院《关于人民法院办理仲裁裁决执行案件若干问题的规定》第 9 条首次确立了案外人申请不予执行虚假仲裁裁决制度,这为案外人申请撤销仲裁裁决制度提供了参考。鉴于现代仲裁法律制度对欺诈和虚假仲裁都可采取“零容忍”的态度,将欺诈和恶意造假行为纳入实体性公共政策的视界和范围之内予以审查和反制,确有必要。根据《破产法司法解释(三)》第 7 条第 2 款的规定,管理人申请撤销仲裁裁决有两种情形:一是据以申报债权的生效法律文书确定的债权错误;二是债权人与债务人恶意通过仲裁虚构债权债务。不可否认的是,这两项撤裁理由涉及对仲裁裁决实体错误的审查与认定,其范围较《仲裁法》第 58 条列明的法定情形要更宽泛。但是,并不能认为该条款扩大了撤销裁决的法定事由,而应当仅限于管理人所提出的撤销申请,且必须提供充分的证据证明。原则上,债权人或债务人作为仲裁当事人,其申请撤裁的理由仍应限定为《仲裁法》第 58 条所列情形,即便债权人或债务人认为裁决确定的债权存在错误,也不能通过撤裁程序否定仲裁裁决的效力。

当然,《破产法司法解释(三)》第 7 条规定,显然并非完全开放案外人申请撤销仲裁裁决,而仅针对破产管理人进行有限缓和。何况,就虚假仲裁设立案外人申请撤销仲裁裁决制度并非唯一方案,即便不设立此类制度,法院在审理当事人的撤裁申请或者执行申请时亦可主动依职权审查裁决是否违反了社会公共利益。因此,有观点指出,如果对《破产法司法解释(三)》第 7 条进行扩张解释从而认为所有案外人均可就仲裁程序是否违规、实体裁决是否存在瑕疵等事由申请撤销仲裁裁决,将导致抱薪救火、过犹不及,既与国际通行做法不符,也会对仲裁的成长造成不利冲击。[②]

(三)管理人申请撤销仲裁的管辖

对于前述第三个问题,破产管理人应向受理破产申请的人民法院申请撤

---

① 例如,陕西省高级人民法院《关于审理涉及国内民商事仲裁案件若干问题的规定(试行)》(陕高法〔2010〕374 号)第 23 条规定:“案外人对仲裁裁决书、调解书确定的执行标的物主张权利,可以在知道或者应当知道仲裁裁决作出之日起 3 个月内,向仲裁机构所在地的中级人民法院申请撤销。”

② 王生长:《司解新突破:赋权管理人撤销仲裁裁决》,载微信公众号“破产法快讯”2019 年 7 月 8 日,https://mp. weixin. qq. com/s/lrcl1OZJ4LLkVA9m8rhKnw。

裁,这是基于《企业破产法》关于破产案件集中管辖的考虑,但可能由此引发级别管辖的冲突。《仲裁法》第58条规定,撤裁案件的管辖法院为仲裁机构所在地的中级人民法院;若受理破产申请的法院为基层人民法院,破产管理人申请撤裁的,该基层人民法院是否具有管辖权?对此,考虑到撤裁案件根据《仲裁法》的规定应由中级人民法院管辖,应当认为,基层人民法院原则上不应直接受理此类撤裁申请,应当根据《破产法司法解释(二)》第47条之规定由破产法院的上一级人民法院提审。对于破产法院或破产法院的上级法院拟撤销仲裁裁决的案件,亦应根据最高人民法院《关于仲裁司法审查案件报核问题的有关规定》进行报核。

与此同时,在破产法院与仲裁委员会所在地法院之间,究竟由哪一法院管辖破产管理人的撤裁申请更适当,这一问题在实践中存在不一致性(见表2)。从我国法院的案例来看,既有仲裁委员会所在地法院管辖的案例,亦不乏由破产法院管辖的案例,这在一定程度上反映了因破产与仲裁的程序交叉所导致的仲裁裁决撤销制度本身的定位问题。

表2 申请撤销仲裁裁决之管辖权异议纠纷的典型案例

案件名称	案号	管辖法院	管辖权异议	法院观点	裁判要旨
“佛山市南海圣城仓储有限公司、简某某申请撤销仲裁裁决案”	(2017)粤01民特1283号	广东省广州市中级人民法院	广东省佛山市中级人民法院已于2016年9月26日裁定受理破产重整申请,并于2017年8月裁定债务人破产清算,并根据《企业破产法》第21条的规定指定广东省佛山市南海区人民法院办理	涉案仲裁裁决由广州仲裁委员会作出,根据《仲裁法》第58条的规定应由仲裁委员会所在地中级人民法院管辖,广州市中级人民法院有管辖权	该案为当事人申请撤销仲裁裁决纠纷,应根据《仲裁法》第58条的规定进行审查。《企业破产法》第21条是针对进入破产清算程序的企业的民事诉讼所作的相关规定,而仲裁案件并非民事诉讼

续表

案件名称	案号	管辖法院	管辖权异议	法院观点	裁判要旨
"陕西嘉亨实业发展有限公司(以下简称嘉亨公司)破产管理人申请陕西黄河工程建设有限公司撤销仲裁裁决案"	(2017)陕01民特135号	陕西省西安市中级人民法院	涉案仲裁裁决由西安仲裁委员会于2006年7月18日作出,在此之前,陕西省西安市中级人民法院已于2016年3月29日受理了债权人对嘉亨公司的破产重整申请,仲裁程序应当根据《企业破产法》第20条的规定中止,但未中止	在仲裁委员会受理仲裁申请后,仲裁程序终结前,人民法院已经受理了债权人对嘉亨公司的破产申请,但该案仲裁委员会并未中止仲裁,且管理人成立后仍然由债务人的法定代表人进行仲裁,程序违法,裁决应予撤销	根据《企业破产法》第20条的规定,债务人破产后,已经开始而尚未终结的有关债务人的仲裁应当中止;在管理人接管债务人的财产后,该仲裁继续进行。西安市中级人民法院既是该案的破产法院,也是仲裁机构所在地的法院,享有撤销权
"山东沂通石化有限公司破产管理人、山东省显通安装有限公司申请撤销仲裁裁决案"	(2017)鲁09民特10号	山东省泰安市中级人民法院	涉案仲裁裁决由泰安仲裁委员会作出,山东省泰安市沂水县人民法院于2017年2月10日作出裁定,受理了债权人对山东沂通石化有限公司的破产清算申请	根据《仲裁法》第58条的规定,泰安作为仲裁委员会所在地,该案法院有权管辖撤裁申请。破产管理人具有诉讼主体资格,其自身可提出撤销申请。该案不存在《仲裁法》第58条规定的情形,裁定驳回撤销申请	该案系申请撤销仲裁裁决纠纷,该类纠纷的审查范围仅限于仲裁裁决是否存在法定的撤销情形,并不以解决当事人的民事权利争议为直接目的,破产管理人属于适格当事人

续表

案件名称	案号	管辖法院	管辖权异议	法院观点	裁判要旨
“运城东晟关公文化交流有限公司(以下简称运城公司)管理人与李某某等申请撤销仲裁裁决案”	(2018)京 04 民特 161 号	北京市第四中级人民法院	山西省运城市中级人民法院已裁定受理运城公司的破产清算申请,中城投公司在债权申报期限内向破产管理人申报债权,仲裁的事项不属于仲裁协议的范围或者仲裁委员会无权仲裁,应由破产法院集中管辖	该案争议不具有涉外因素,应根据《仲裁法》第 58 条的规定,由仲裁委员会所在地的中级人民法院进行审查,并非由破产法院集中管辖	《企业破产法》关于破产案件集中管辖的规定,是针对民事诉讼而言的。该案当事人约定的仲裁条款有效,一方依据仲裁条款申请仲裁,合法有据
“深圳市利盛通实业有限公司、中铁十一局集团建筑安装工程有限公司普通破产债权确认纠纷案”	(2019)最高法民申 2565 号	最高人民法院	涉案合同约定:如因欠付工程款引发纠纷,由武汉仲裁委员会仲裁解决。2015 年 8 月 17 日,武汉仲裁委员会受理了涉案建设工程施工合同纠纷。2017 年 5 月 11 日,法院受理了破产重整申请,根据《企业破产法》第 20 条的规定,债务人进入破产程序后,应中止仲裁程序以等待管理人接管	该案仲裁在一审法院受理破产申请后,未中止待破产管理人接管财产,其程序与《企业破产法》第 20 条不符。但根据原审查明的事实,管理人在仲裁调解书送达后,对相关程序、实体问题进行了审查,并未表示异议,故程序上虽有不当,但管理人已经履行了职责,并无不当	仲裁程序并未因公司破产而中止,程序上虽有瑕疵,但如果管理人已经对相关程序及实体问题进行确认,则并不会导致仲裁裁决被撤销

续表

案件名称	案号	管辖法院	管辖权异议	法院观点	裁判要旨
“亿阳集团股份有限公司与纳斯特投资管理有限公司、亿阳信通股份有限公司申请撤销仲裁裁决案”	(2019)粤民辖终324号	广东省高级人民法院	黑龙江省哈尔滨市中级人民法院已作出裁定受理亿阳集团股份有限公司的破产重整申请，根据《企业破产法》第21条的规定，该案破产重整申请被法院受理之后，应由破产法院集中管辖	涉案仲裁裁决由广州仲裁委员会作出，广东省广州市中级人民法院作为该仲裁机构所在地的中级人民法院，受理撤销涉案仲裁裁决的申请合法有据，驳回上诉，维持原裁定	综合《企业破产法》第21条、《破产法司法解释(二)》第47条第3款、《仲裁法》第58条，在上级人民法院未指定管辖的情况下，应由仲裁委员会所在地的中级人民法院受理撤裁申请
“亿阳集团股份有限公司、深圳前海海润国际并购基金管理有限公司申请撤销仲裁裁决案”	(2019)粤民辖终325号	广东省高级人民法院	黑龙江省哈尔滨市中级人民法院已作出裁定受理亿阳集团股份有限公司的破产重整申请，根据《企业破产法》第21条的规定，该案破产重整申请被法院受理之后，应由破产法院集中管辖	涉案仲裁裁决由广州仲裁委员会作出，广东省广州市中级人民法院作为该仲裁机构所在地的中级人民法院，受理撤销涉案仲裁裁决的申请合法有据，驳回上诉，维持原裁定	综合《企业破产法》第21条、《破产法司法解释(二)》第47条第3款、《仲裁法》第58条，在上级人民法院未指定管辖的情况下，应由仲裁委员会所在地的中级人民法院受理撤裁申请

续表

案件名称	案号	管辖法院	管辖权异议	法院观点	裁判要旨
“罗某某、台山市威宏建材有限公司(以下简称威宏公司)申请撤销仲裁裁决案”	(2019)粤民辖终500号	广东省高级人民法院	申请撤销仲裁裁决是既有仲裁程序的延续,不属于《企业破产法》第21条“有关债务人的民事诉讼”的范畴,不应适用集中管辖;《破产法司法解释(三)》第7条仅限于债权错误及虚构债权债务,其他撤裁申请应适用《仲裁法》第58条的规定,由仲裁委员会所在地的中级人民法院管辖	一审法院业已作出裁定,受理案外人对威宏公司的破产清算申请。后威宏公司破产管理人以仲裁裁决在程序上和实体上存在错误为由,向受理破产申请的一审法院申请撤销仲裁裁决,符合《企业破产法》第21条之规定,一审法院对该案具有管辖权,驳回上诉,维持原裁定	根据《企业破产法》第21条的规定,人民法院受理破产申请后,有关债务人的民事诉讼,只能向破产法院提起。根据《破产法司法解释(三)》第7条第2款的规定,管理人认为债权人据以申请债权的生效法律文书确定的债权错误,应当向破产法院申请撤销仲裁裁决
“山西国益生物发电有限公司与江苏新中环保股份有限公司、晋能电力集团有限公司买卖合同纠纷管辖权异议案”	(2019)苏05民辖终48号	江苏省苏州市中级人民法院	根据涉案合同第18条第1款和第2款的约定,争议应由临汾仲裁委员会管辖;涉案合同第18条第3款关于“如对仲裁结果不服,可向临汾市中级人民法院提起诉讼”的约定仅是对于提起仲裁不予执行案件或者撤销仲裁案件管辖法院的明确,并非或裁或诉条款	涉案合同第18条的约定前后衔接、逐层递进,应理解为双方已经达成合意,以仲裁方式解决双方争议,后可向仲裁委员会所在地的中级人民法院申请撤销仲裁裁决。因此,双方当事人理应受涉案合同中订立的仲裁条款的约束,故裁定撤销一审裁定,驳回起诉	根据《企业破产法》第21条的规定,人民法院受理破产申请后,有关债务人的民事诉讼,只能向受理破产申请的人民法院提起。该规定针对的是有关债务人的民事诉讼,并不涉及仲裁,人民法院受理破产申请后,有关债务人的仲裁不受此限

续表

案件名称	案号	管辖法院	管辖权异议	法院观点	裁判要旨
“湖北力欧复合石材科技有限公司(以下简称力欧公司)诉佘某某、姜某某申请撤销仲裁裁决案”	(2019)鄂11民特12号	湖北省黄冈市中级人民法院	该案为申请撤销仲裁裁决纠纷,各方对裁决确定的债权并无争议,《破产法司法解释(三)》第7条仅适用于债权错误或者债权人、债务人虚构债权债务的情形,在该案中并不适用。该案应适用《仲裁法》第58条的规定移送至东莞市中级人民法院管辖	黄冈市中级人民法院已于2019年4月23日作出裁定,受理力欧公司的破产清算申请。力欧公司作为债务人,与其有关的民事诉讼,只能向破产法院提起,黄冈市中级人民法院对力欧公司的撤裁申请具有专属管辖权,驳回管辖权异议	根据《企业破产法》第21条的规定,人民法院受理破产申请后,有关债务人的民事诉讼,只能向受理破产申请的人民法院提起
“四川集奥建筑工程有限公司与成都信城置业有限责任公司、四川双杰长枫房地产开发有限公司建设工程施工合同纠纷管辖案”	(2019)川民辖63号	四川省高级人民法院	涉案仲裁裁决由成都仲裁委员会作出,被告向四川省成都市中级人民法院申请撤销裁决被驳回,遂向四川省资阳市中级人民法院请求不予执行。原告诉至四川省成都市郫都区人民法院,请求返还履约保证金。其间,四川省资阳市中级人民法院受理被告的破产申请,四川省成都市郫都区人民法院请求移送管辖	四川省资阳市中级人民法院已经裁定批准被告的重整计划,现正在重整计划执行期。重整计划执行期间,与债务人有关的诉讼应当根据普通民事案件的管辖原则确定管辖,该案系建设工程施工合同纠纷,工程所在地在四川省成都市郫都区,应由四川省成都市郫都区人民法院管辖	在破产重整计划执行期间,与债务人有关的民事诉讼应当根据普通民事案件的管辖原则确定有管辖权的法院

续表

案件名称	案号	管辖法院	管辖权异议	法院观点	裁判要旨
“北京海文众益商贸有限责任公司与北京市农工商开发贸易公司(以下简称农工商公司)申请撤销仲裁裁决案”	(2019)京 04 民特 602 号	北京市第四中级人民法院	当事人在收到中间裁决后的法定期限内提出了撤销申请,但因农工商公司被北京市第二中级人民法院宣告破产,该案管辖发生争议,最终于 2017 年 9 月 27 日由北京市第三中级人民法院立案受理。涉案纠纷属于破产案件,应当由破产法院专属管辖	综合《企业破产法》第 20 条、第 21 条及《破产法司法解释(三)》第 8 条的规定,当事人之间在破产申请受理前订立有仲裁协议的,应当通过仲裁确认债权债务关系。经审查,该案不存在《仲裁法》第 58 条规定的撤销情形,故裁定驳回撤销申请	从《企业破产法》第 21 条的文义解释及体系解释出发,民事诉讼与仲裁系两种不同的纠纷解决机制,不能得出有关债务人的仲裁案件亦由破产法院集中管辖的结论
“黄某某、安顺市钢固达房地产开发有限公司(以下简称钢固达公司)管理人申请撤销仲裁裁决案”	(2020)黔民辖终 15 号	贵州省高级人民法院	根据《仲裁法》第 58 条的规定,申请撤销仲裁裁决只能是仲裁裁决的当事人,钢固达公司并未提出撤裁申请,钢固达公司管理人无权以自己的名义提出撤裁申请。当《仲裁法》与《破产法司法解释(三)》存在冲突时,应适用《仲裁法》第 58 条的规定,由厦门市中级人民法院管辖	在该案中,贵州省安顺市中级人民法院已于 2015 年 6 月受理债务人的破产重整申请,故该案管辖根据《企业破产法》第 21 条和《破产法司法解释(三)》第 7 条第 2 款的规定予以确定,由受理破产申请的人民法院管辖,驳回上诉,维持原裁定	关于申请撤销仲裁裁决案件的管辖,根据《企业破产法》第 21 条的规定,应由受理破产申请的法院管辖。《企业破产法》第 21 条是关于破产衍生诉讼专属管辖的规定,其相对于《仲裁法》属于特别条款,在破产程序中应当优先适用

续表

案件名称	案号	管辖法院	管辖权异议	法院观点	裁判要旨
“北京炎隆歆韵国际贸易有限公司(以下简称炎隆歆韵公司)与韩某申请撤销仲裁裁决案”	(2020)京01民特57号	北京市第一中级人民法院	涉案仲裁调解书由北海国际仲裁院作出,后北京市第一中级人民法院裁定受理债权人对炎隆歆韵公司的破产清算申请,炎隆歆韵公司提出撤裁申请,韩某称北京市第一中级人民法院对该案无管辖权,应由仲裁机构所在地法院管辖	根据《企业破产法》第21条及《破产法司法解释(三)》第7条第2款的规定,北京市第一中级人民法院已于2020年3月13日裁定受理债权人对炎隆歆韵公司的破产清算申请,故对该案有管辖权	涉及破产债务人的仲裁裁决撤销申请属于破产衍生诉讼,应根据《企业破产法》第21条的规定确定管辖,但对于撤销仲裁裁决的法律依据、审查范围及标准应适用《仲裁法》第58条的规定,不因债务人进入破产程序而有所区别

三、结　　语

破产程序与仲裁程序之所以发生交叉,缘于破产法院的集中管辖与仲裁协议的妨诉抗辩效力之间的冲突,这突出表现在仲裁立法对当事人进入破产后的程序效果界定不清、破产法对自动中止规则的适用范围存在扩张趋势、在撤销环节对据以确认破产债权的仲裁裁决缺乏有效规制等问题。就其根源而言,对交叉问题的妥当处理应以仲裁与破产关系的厘清作为最终落脚点。通过比较典型案例可以发现,很难说仲裁法与破产法之间存在一般法与特别法之间的关系,也很难“一刀切”式地确立二者在法律适用过程中的优劣顺序。以我国为例,《仲裁法》与《企业破产法》在调整对象及适用范围上各有侧重:《仲裁法》所解决的交叉问题,一方面是争议事项可仲裁性的界定,另一方面是明确当事人申请撤销仲裁裁决案件的管辖和条件;而关于破产程序启动后能否对仲裁程序产生中止效力,并进而允许管理人重新对仲裁裁决所确定的债权加以确认,则是《企业破产法》的规制范畴。由此可见,试图单纯从某一法律体系得出问题的全部答案是不现实的,交互式思维相较单线条思维更有助于厘清问题。固然,根据《仲裁法》第58条的规定,有权管辖申请撤销仲裁裁决案件的法院为仲裁委员会所在地的中级人民法院,此类法院在审理仲裁司法审查案件方面具有较丰富的经验,可较好地保证案件质量,避免对立裁决。但是,破产程序关乎社会公共利益的实现,其所确立的集中统一清偿的理念排除了个别债权人依据仲裁协议寻求的救济。[①] 相应地,由破产法院对申请撤销据以作为确认债权依据的仲裁裁决案件进行专门管辖,更有利于维护公正价值。因而,在法院受理申请后、作出裁定前,所涉债权即为待定债权,暂缓认定;若法院驳回撤裁申请,则管理人应根据生效裁决确认债权;若法院裁定撤销涉案裁决,管理人应依法确认或不予确认该债权;异议人则有权对此提起债权确认之诉以寻求救济。

① 破产法的价值基础在于公平和效率,公平价值要求除具有物上担保的债权或基于公共政策衍生的优先权外,普通破产债权应当公平清楚;效率价值要求从经济学视角将破产程序作为社会成本最小化的工具。参见马更新:《破产程序与民刑交叉的衔接与协调》,载陈夏红、闻芳谊主编:《破产重整实务指南》,法律出版社2019年版,第283页。

房屋买受人享有特殊保护的正当性构建与类型化分析

姚榆辰*

摘要：我国《民事诉讼法》和《企业破产法》赋予尚未取得登记的房屋买受人在特定条件下排除出卖人的其他债权人受偿的权利，这突破了债权平等原则，因此需要存在相当的正当性。以物权期待权保护为基础的理论难以为此提供充分的正当性，而对房屋买受人特殊保护的正当性应当进行类型化分析。当出卖人未破产且非房地产开发企业，其正当性为买受人的生存利益保护；最高人民法院《关于人民法院办理执行异议和复议案件若干问题的规定》（法释〔2020〕21号，以下简称《执行异议规定》）第28条要求“已合法占有”并不合理，另应增“以居住目的购置”的条件。当出卖人为未破产的房地产开发企业，其正当性除买受人的生存利益外，还在于出卖人之营业外观；《执行异议规定》第29条第2项、第3项条件应修正，另应增“非因买受人过错未登记”的条件。当出卖人为破产的房地产开发企业，其正当性在于其他债权人因出卖人之营业外观而不具有保护的必要性，而买受人存在生存利益保护的需要；最高人民法院《关于审理企业破产案件若干问题的规定》（法释〔2002〕23号，以下简称《破产规定》）第71条第5项、第6项的条件应与类型一基本相同。当出卖人为破产的非房地产开发企业时，对房屋买受人特殊保护的正当性不足。

关键词：房屋买受人；债权平等原则；生存利益；营业外观；破产

---

* 清华大学法学院2022级民法学博士研究生。

一、问题的提出

《民法典》第208条[①]、第209条第1款[②]及第214条[③]规定,我国不动产物权变动采登记生效主义。当买受人与出卖人已签订房屋买卖合同,但出卖人尚未将标的房屋所有权移转于买受人,且该合同未申请预告登记时,若出卖人的其他债权人欲强制执行该标的房屋或出卖人破产,由于房屋所有权尚未移转,仍为出卖人的财产,基于债权平等性,则出卖人的其他债权人可以强制执行该标的房屋或从中受偿。

但是,对于上述情况,《民事诉讼法》《企业破产法》对不动产买受人保护有特殊规定。[④] 在民事诉讼法中,最高人民法院《关于人民法院民事执行中查封、扣押、冻结财产的规定》(法释〔2020〕21号,以下简称《查扣冻规定》)第15条[⑤]、《执行异议规定》第28条[⑥]及第29条[⑦]规定,若不动产买受人满足特

---

① 《民法典》第208条规定:"不动产物权的设立、变更、转让和消灭,应当依照法律规定登记。动产物权的设立和转让,应当依照法律规定交付。"

② 《民法典》第209条第1款规定:"不动产物权的设立、变更、转让和消灭,经依法登记,发生效力;未经登记,不发生效力,但是法律另有规定的除外。"

③ 《民法典》第214条规定:"不动产物权的设立、变更、转让和消灭,依照法律规定应当登记的,自记载于不动产登记簿时发生效力。"

④ 民事诉讼法虽为程序法,但赋予买受人特殊保护的规定已起到限制实体法权利的作用,因而该规定的性质实为实体法。实际上,实体法中规定程序法的规则的例子并不少见,如《民法典》第31条、第233条、第997条规定。因为一部法典整体的性质可能是单一的,但其中具体规范的性质则可能是多样的。

⑤ 《查扣冻规定》第15条规定:"被执行人将其所有的需要办理过户登记的财产出卖给第三人,第三人已经支付部分或者全部价款并实际占有该财产,但尚未办理产权过户登记手续的,人民法院可以查封、扣押、冻结;第三人已经支付全部价款并实际占有,但未办理过户登记手续的,如果第三人对此没有过错,人民法院不得查封、扣押、冻结。"

⑥ 《执行异议规定》第28条规定:"金钱债权执行中,买受人对登记在被执行人名下的不动产提出异议,符合下列情形且其权利能够排除执行的,人民法院应予支持:(一)在人民法院查封之前已签订合法有效的书面买卖合同;(二)在人民法院查封之前已合法占有该不动产;(三)已支付全部价款,或者已按照合同约定支付部分价款且将剩余价款按照人民法院的要求交付执行;(四)非因买受人自身原因未办理过户登记。"

⑦ 《执行异议规定》第29条规定:"金钱债权执行中,买受人对登记在被执行的房地产开发企业名下的商品房提出异议,符合下列情形且其权利能够排除执行的,人民法院应予支持:(一)在人民法院查封之前已签订合法有效的书面买卖合同;(二)所购商品房系用于居住且买受人名下无其他用于居住的房屋;(三)已支付的价款超过合同约定总价款的百分之五十。"

定条件,如已支付价款、非因自身原因未办理过户登记、已实际占有等,则法院不得查封、扣押、冻结该房屋,买受人有权提出执行异议并排除其他债权人的执行。根据起草者的说明,对买受人特殊保护的理由是保护其物权期待权。[①]

而在企业破产法中,《破产规定》第71条规定了不属于破产财产的情形,其中涉及房屋买卖的有,第5项为“特定物买卖中,尚未转移占有但相对人已完全支付对价的特定物”,第6项为“尚未办理产权证或者产权过户手续但已向买方交付的财产”。《破产规定》第71条第5项、第6项的解释应结合《民事诉讼法》的相关规定。一方面,因为最高人民法院《关于适用〈中华人民共和国企业破产法〉若干问题的规定(二)》(法释〔2020〕18号,以下简称《破产法司法解释(二)》)第2条在“不应认定为债务人财产”的列举中,删去了《破产规定》第71条中第5项及第6项等6个项目,但增加了“其他依照法律、行政法规不属于债务人的财产”的兜底性条款。《破产法司法解释(二)》第48条规定,此前发布的有关企业破产的司法解释与本规定相抵触的,不再适用。但《破产规定》第71条并不与《破产法司法解释(二)》第2条相抵触:民事诉讼法的司法解释存在特殊规定,因此可以认为符合兜底性条款。[②] 既然《破产规定》第71条需通过《破产法司法解释(二)》第2条的兜底性条款“接壤”到《民事诉讼法》的规定中而具备有效性,则自然需要结合《民事诉讼法》来解释。另一方面,从文义上看,似乎买受人只要满足“已完全支付对价”或“已实际占有”即可基于《企业破产法》第38条[③]的规定行使取回权,不必与其他债

---

① 参见刘贵祥、范向阳:《〈关于人民法院办理执行异议和复议案件若干问题的规定〉的理解与适用》,载《人民司法》2015年第11期。

② 由于司法解释是对法律规定的解释及说明,因此依据司法解释的规定亦符合“依照法律”的要求。即使认为《破产规定》第71条与《破产法司法解释(二)》第2条相抵触而无效,由于民事诉讼法的司法解释存在特殊规定,因此可以认为属于兜底性条款,破产程序中仍需要考虑买受人特殊保护的规定的适用。在司法实践中存在认定《破产规定》第71条仍有效的判决,如“北京英嘉房地产开发有限公司诉杨某物权确认纠纷案”,北京市高级人民法院(2015)高民终字第761号民事判决书;“姜某诉南通华瑞置业有限公司房屋拆迁安置补偿合同纠纷案”,江苏省高级人民法院(2015)苏民再提字第00154号民事判决书;但司法实践中也存在认定《破产规定》第71条无效,而未考虑民事诉讼法上的相关规定可能构成《破产法司法解释(二)》第2条的兜底性条款的做法,如“郭某、钟某诉永州市香河房地产开发有限公司取回权纠纷案”,湖南省高级人民法院(2019)湘民终901号民事判决书。还有一例源于云南省高级人民法院。

③ 《企业破产法》第38条规定:“人民法院受理破产申请后,债务人占有的不属于债务人的财产,该财产的权利人可以通过管理人取回。但是,本法另有规定的除外。”

权人按比例清偿。但是,这样会产生评价矛盾:《企业破产法》规范的是出卖人/债务人破产的情形,而《民事诉讼法》规范的范围包含出卖人未破产的情形。相比未破产情形,在破产情形下出卖人的债权人集体受偿与平等受偿的必要性更大、正当性更强。然而,买受人基于《企业破产法》取回标的房屋的条件,竟然比基于《民事诉讼法》排除出卖人的其他债权人的执行的条件更宽松,这与破产制度的宗旨相悖。因此,《破产规定》第 71 条第 5 项、第 6 项在解释上应进一步补充构成要件,其条件至少不应比《民事诉讼法》规定的相关条件更宽松。

买受人尚未取得房屋所有权时,其地位仍为基于房屋买卖合同的债权人。债权平等是债法的原则,是指"在存在数个债权时,不论其发生先后,均以同等地位并存"。[①] 具体来说,买受人与出卖人的其他债权人在债权实现上地位平等。但地位平等并不必然导致结果平等:在强制执行方面,遵循一般优先原则,即"先来后到",在先的债权人能够强制执行债务人的某项财产,而"后来"的债权人只能求诸其他财产。[②] 而若赋予买受人能够排除其他债权人执行或受偿的权利,则突破了债权平等原则,而突破原则的例外则需要足够的正当性。由于此种突破原则的做法本质上为买受人与其他债权人的利益衡量,此种正当性可以从两个途径来证成:第一,买受人有特殊利益保护需要;第二,出卖人的其他债权人的保护必要性降低。用一个形象的比喻来展现此过程:原本买受人利益与其他债权人利益处于平衡的天平两端,若买受人有特殊利益需要保护,则天平向买受人倾斜;若出卖人的其他债权人的利益保护必要性降低,则天平亦向买受人倾斜。即买受人利益与其他债权人利益保护必要性的变化会给相应一端增加或减少砝码,进而打破平衡状态。

因此,笔者欲探究三个方面的问题:第一,债权平等原则的突破需要足够的正当性,则《民事诉讼法》作出特殊规定之理由的正当性是否足够?若不足够,那么赋予买受人特殊保护的正当性何在?第二,《民事诉讼法》规定的条件是否合理?若不合理,那么条件应如何?第三,《企业破产法》规定应作何解释?此外,笔者探讨的前提为:第一,出卖人的其他债权人并非同为标的房屋的买受人,即非"一物二卖"情形;第二,出卖人的其他债权人不享有针对标

① 王泽鉴:《债法原理》(第 2 版),北京大学出版社 2013 年版,第 60 页。

② 参见许德风:《破产法基本原则再认识》,载《法学》2009 年第 8 期。

的房屋的优先权(如抵押权);第三,买受人的债权并未申请预告登记或附有所有权保留等担保设计;第四,买受人和出卖人尚未向登记机构申请办理变更登记。[①]

二、以物权期待权保护为基础的理论正当性不足

物权期待权是期待权的下位概念。期待权发生并存续于取得特定权利的过程中,是指取得特定权利的条件尚未完全实现,但具有相当程度确定性的权利状态。[②] 期待权保护的是尚未取得权利的主体的期待利益。起草者引入德国法的“期待权”概念,将物权期待权表述为“对于已经签订买卖合同的买受人,在已经履行合同部分义务的情况下,虽然尚未取得合同标的物的物权,但赋予其类似物权人的地位,其对物权的期待权具有排除执行的效力”。[③] 但是,物权期待权理论不足以正当化地赋予买受人该种程度的特殊保护。

(一)房屋买受人的期待尚未达到构成期待权的程度

并非所有的期待都是期待权,只有当期待的确定性已经达到相当程度,才构成一项期待权。德国法上,在不动产交易领域,买受人在登记完毕前获得期待权保护的条件是不动产买卖双方达成物权合意,并向登记机关申请登记,则买受人将不会受到事后出现的处分限制的影响。[④] 因为不动产登记并非即时完成,而双方已经为所有权移转完成了所有能做的事,此种取得物权之地位已相当确定的买受人的期待利益应当受到保护。而若尚未申请登记,买受人并不享有此种特殊保护,德国《民事诉讼法》第 771 条第 1 款[⑤]规定的

① 若买受人和出卖人已向登记机构申请办理变更登记,只是因为登记机构的处理需要一定的时间,则应当认为房屋所有权实质上确定归属于买受人,其他债权人不能对标的房屋主张权利。

② 参见朱庆育:《民法总论》(第 2 版),北京大学出版社 2016 年版,第 520 页。

③ 刘贵祥、范向阳:《〈关于人民法院办理执行异议和复议案件若干问题的规定〉的理解与适用》,载《人民司法》2015 年第 11 期。

④ 参见[德]鲍尔、[德]施蒂尔纳:《德国物权法》(上册),张双根译,法律出版社 2004 年版,第 391 页。

⑤ 德国《民事诉讼法》第 771 条第 1 款规定:“第三人主张在强制执行的标的物上有阻止让与的权利时,可以向实施强制执行的法院提起异议之诉。”参见《德国民事诉讼法》,丁启明译,厦门大学出版社 2016 年版,第 162 页。

能够阻止让与的权利不包括购置请求权,即买受人请求交付财产的权利,①因为此时买受人仅为债权人,取得物权的地位尚不具有相当的确定性。

我国法律并不以"提出登记申请"为条件,而是要求"支付价款"及"占有",但"支付价款"是履行债法上的义务,"占有"亦非不动产的公示手段,二者很难被认为能够产生与"登记申请"同样程度的确定性。若给予买受人特殊保护,则会造成物债二分体系的混淆。② 德国和我国亦少有学者将尚未申请变更登记和预告登记的不动产买受人的权利纳入期待权类型的观点。③

(二)区别对待不动产买受人和其他债权人期待利益的正当性不足

若以保护买受人取得物权的期待利益为理由,则基于逻辑或评价的一致性,只要债权人具有同样的取得物权的确定地位,其亦应当能够具有类似的物权人地位从而排除执行的效力。然而,《民事诉讼法》仅赋予不动产买受人该种期待权保护。从保护期待利益的角度出发证成正当性,则无法解释为何仅保护不动产买受人的期待利益,而不扩张至动产买受人及其他具有同样期待的债权人。

买受人有取得物权的期待利益,而出卖人的其他债权人亦有实现债权的期待利益,为何买受人的期待利益保护优先于其他债权人的期待利益保护?诚然,买受人已经履行了部分合同义务,其为了取得物权付出了努力,其期待利益值得保护,但与此同时,其他债权人亦可能已履行其合同义务,为何法律却不将该种期待利益纳入考量?若仅依据债权给付是否为物之交付,④从而区别对待债权人,理由并不充分。况且,动产买受人同样有取得物权的期待利益,而法律却并未给予特殊保护,若以物权期待权为根据,则无疑会出现评

---

① 参见[德]汉斯-约阿希姆·穆泽拉克:《德国民事诉讼法基础教程》,周翠译,中国政法大学出版社2005年版,第420页。

② 参见庄加园:《不动产买受人的实体法地位辨析——兼谈〈异议复议规定〉第28条》,载《法治研究》2018年第5期。

③ 参见申卫星:《期待权基本理论研究》,中国人民大学出版社2006年版,第50~58页、第93页;[德]鲍尔、[德]施蒂尔纳:《德国物权法》(上册),张双根译,法律出版社2004年版,第391页;梁慧星:《民法总论》(第5版),法律出版社2017年版,第77页;孙宪忠:《中国物权法总论》,法律出版社2003年版,第90~91页;朱庆育:《民法总论》(第2版),北京大学出版社2016年版,第520页。

④ 参见江必新、刘贵祥主编:《最高人民法院关于人民法院办理执行异议和复议案件若干问题的规定理解与适用》,人民法院出版社2015年版,第429页。

价矛盾。或许正是因为不动产买受人的利益受特殊保护的关键并不在于此种期待利益，而是基于其他的正当性考量。

（三）忽视了第三人的信赖利益

物权期待权毕竟不是物权，在未公示的情况下，若将其效力强化至具有对抗性，第三人基于登记生效主义，信赖其债权能够从出卖人/债务人名下不动产财产中获得清偿，并可能为启动强制执行程序付出一定的成本，其利益同样值得保护。[①] 若仅以买受人存在取得物权之期待利益为由，忽视或压倒第三人的信赖利益保护，正当性何在？

在各国立法和学说上无争议的期待权类型，是附条件和附期限的法律行为中在条件成就前和期限届至前的期待权。[②] 法律对于该种期待权的保护存在于两个方面：一个是条件成就或不成就的拟制，[③]义务主体限于当事人；另一个是排除侵害和要求损害赔偿的权利。义务主体则不限于当事人，还包括第三人。但由于期待权并非绝对权，第三人仅在构成悖俗侵权时承担责任。[④] 法律的救济是以当事人的不诚信行为或第三人的侵权行为侵害期待权为前提，且不存在对方当事人或第三人的利益保护需要，因而赋予期待权以一定的效力具有正当性。因此，与其他的期待权类型进行对比，赋予买受人类似物权人的地位从而排除执行的效力，则未免走得太远。

（四）降低了担保物权与预告登记制度的利用价值

若赋予买受人排除其他债权人执行或从中受偿的权利，实际上就产生了类似担保或限制处分的效果，而此种效力一般基于物权或经过预告登记的债权。债权基于相对性，限制处分的约定不能对抗第三人，至少无法对抗善意第三人。即使是特定物之债，相比种类物之债，特定化只是买卖合同风险负

---

① 参见肖建国、庄诗岳：《论案外人异议之诉中足以排除强制执行的民事权益——以虚假登记财产的执行为中心》，载《法律适用》2018 年第 15 期。

② 参见王轶：《期待权初探》，载《法律科学·西北政法大学学报》1996 年第 4 期。

③ 若当事人为自己的利益不正当地阻止条件成就的，视为条件已经成就；不正当地促成条件成就的，视为条件不成就。

④ 参见王轶：《期待权初探》，载《法律科学·西北政法大学学报》1996 年第 4 期。

担转移之前提,而无法产生“锁定”标的物为该特定物之债清偿的效果。《民法典》第116条规定了物权法定主义,而并无此种法定担保物权情形存在。未附有担保物权且未经过预告登记的债权却具有对抗第三人的效力,该种权利名为“物权期待权”,实质已变身为物权。

此种具有对抗性的物权期待权反过来降低了担保物权与预告登记制度的利用价值,因为买受人无须借助担保物权与预告登记即可获得类似的“锁定”、限制第三人执行或受偿的效果。债权不平等则意味着某种债权具有特权,若无特殊利益保护需要,仅凭买受人具有获得物权之期待利益,赋予其排除其他债权人执行或受偿的特殊保护,则是对担保制度与预告登记制度的否定和侵犯。①

(五)小结

综上所述,赋予不动产买受人特殊保护,使其能够排除其他债权人的执行或从中受偿,以保护买受人取得物权之期待利益的理由正当性不足。与其说是为了保护买受人的期待利益而设置特殊规范,不如说是基于其他理由而有必要保护买受人的期待利益,因为并非所有期待利益都会得到法律的承认和保护。买受人的物权期待权只是一个中介,真正的正当性原因隐藏于背后,因此得出该结论并不代表否认其他的正当性证成可能。

由于买受人和其他债权人在不同情况下的利益不同,为了更精细地分析在各个情况下的正当性,从而有针对性地分析相应条件,首先,笔者将以出卖人/债务人是否为破产法人②为标准分成两种类型(分类一),区分原因是在债务人未破产时,债权平等原则并非不能放松,即其他债权人利益保护必要性不突出。③ 其次,在分类一的两种类型中,根据出卖人/债务人是否为房地产开发企业再进行区分(分类二),因为房地产开发企业具有营业外观,其债权人可以预见出卖人名下的不动产可能已出售,因此其他债权人利益保护的必要性降低了。在现行法规定的分析与修正中,以出卖人非破产法人且非房地

---

① 参见戴新毅:《债权平等及其突破模式选择》,载《河北法学》2013年第6期。

② 此处的“破产”,是指法人处于或者将进入破产清算程序的状况,即债权人的债权最终无法得到全部清偿的情形。

③ 参见许德风:《破产法基本原则再认识》,载《法学》2009年第8期。

产开发企业的类型为基准,对其他类型的条件根据基准条件进行对比与调整。

三、出卖人非破产法人情形下的正当性及条件分析

出卖人非为破产法人具体包括自然人、投资人承担无限责任的组织(如个人独资企业和合伙企业)及未破产的法人。《企业破产法》第 2 条第 1 款[①]及第 7 条[②]规定,法人破产清算程序开始的原因包括不能清偿到期债务和资不抵债,因此,法人进入破产清算程序往往意味着其债权人的债权最终无法得到全部清偿。而《合伙企业法》第 92 条[③]和最高人民法院《关于个人独资企业清算是否可以参照适用企业破产法规定的破产清算程序的批复》(法释〔2012〕16 号)规定,[④]投资人承担无限责任的组织即使被宣告破产,其债权人仍可就未获清偿的部分向承担无限责任的投资人主张;且我国尚未建立个人破产制度。因此,当出卖人非为破产法人时,由于债务人的财产足以清偿其所有债务,则清偿的顺序相对来说并不那么重要,即债权平等原则之严守并非不能放松。相反,当债务人的财产不足以清偿所有债务,而债权人的债权可能因破产程序而无法得到全部清偿时,基于社会公平的考量因素,则各债权人应平等承受债务人破产的后果,此时债权平等原则的意义真正得以彰显。因此,当出卖人非为破产法人时,其债权人的债权理论上能够实现,只是时间和顺序先后不同,则对出卖人的其他债权人的保护之必要性就不突出,即买受人与其他债权人的利益保护仍处于一个平衡状态。因此,若某一方有

---

① 《企业破产法》第 2 条第 1 款规定:“企业法人不能清偿到期债务,并且资产不足以清偿全部债务或者明显缺乏清偿能力的,依照本法规定清理债务。”

② 《企业破产法》第 7 条规定:“债务人有本法第二条规定的情形,可以向人民法院提出重整、和解或者破产清算申请。债务人不能清偿到期债务,债权人可以向人民法院提出对债务人进行重整或者破产清算的申请。企业法人已解散但未清算或者未清算完毕,资产不足以清偿债务的,依法负有清算责任的人应当向人民法院申请破产清算。”

③ 《合伙企业法》第 92 条规定:“合伙企业不能清偿到期债务的,债权人可以依法向人民法院提出破产清算申请,也可以要求普通合伙人清偿。合伙企业依法被宣告破产的,普通合伙人对合伙企业债务仍应承担无限连带责任。”

④ 最高人民法院《关于个人独资企业清算是否可以参照适用企业破产法规定的破产清算程序的批复》规定:“根据《中华人民共和国个人独资企业法》第三十一条的规定,人民法院参照适用破产清算程序裁定终结个人独资企业的清算程序后,个人独资企业的债权人仍然可以就其未获清偿的部分向投资人主张权利。”

特殊利益保护需要,则可能打破此种平衡。

(一)类型一:出卖人非为破产法人且非为房地产开发企业

1.正当性来源:买受人具有生存利益保护需要

买受人在房屋买卖交易中存在特殊利益保护需要,使天平向买受人一端倾斜。债权的实现,从表面来看是单纯的经济利益,但社会生活纷繁复杂,某些债权在获取经济利益的同时,其最终目的却是追求体现主体生存价值之基本人权的实现,①此种关乎生存利益的特性使买受人的债权保护必要性高于其他债权。

住房是人类生存与发展的基本需求,是最重要的民生问题之一。在中国,房屋对人们具有特殊的重要性,买房往往花费一个普通人所有的积蓄。②房价收入比是衡量居民住房支付能力、购买力及承受力的重要指标,是指房价与家庭年收入之间的比值,隐含一个家庭在不借助银行贷款且完全不进行任何其他消费的情况下,购买一套住宅所需的年限。我国的房价收入比要高于发达国家,且呈现逐年上升趋势。③根据上海易居房地产研究院发布的《2019年上半年全国50城房价收入比研究报告》,房价收入比排名前10位是:深圳36.1、三亚30.0、北京24.9、上海24.6、厦门22.0、福州18.6、广州16.8、杭州16.7、石家庄16.5、珠海15.2;其中,37个城市的数值达到了10.0。房屋买受人签订房屋买卖合同的对价常是其10年甚至数十年的收入,且房屋一般是其欲生活、居住的场所,因此该债权直接关系其生存利益。法律的终极目标是人权保障,因此在关乎生存利益时给予买受人一定的特殊保护并不为过。有观点认为,其他债权人的债权亦可能涉及他人的生存利益。④但是,

① 参见戴新毅:《债权平等及其突破模式选择》,载《河北法学》2013年第6期;王蕾:《论案外人执行异议之诉的审查标准——以"足以排除强制执行"的判断为中心》,载《法制博览》2019年第34期;张丽洁:《论物权期待权与抵押权的适用规则——从未经变更登记的房产强制执行的角度》,载《甘肃政法学院学报》2019年第2期。

② 参见江必新、刘贵祥主编:《最高人民法院关于人民法院办理执行异议和复议案件若干问题的规定理解与适用》,人民法院出版社2015年版,第432页。

③ 参见刘海猛、石培基、潘竟虎等:《中国城镇房价收入比时空演变的多尺度分析》,载《地理科学》2015年第10期。

④ 参见宣艳:《论房地产开发企业破产中购房人优先受偿权的保护》,浙江大学2018年硕士学位论文,第10页。

由于房屋是人们的生活必需品，每个人都可能成为买受人，这意味着，虽然在个案中，其他债权人看似被置于不利境地，但其在买受房屋时同样会享受法律优待，实际上，法律给予买受人的优待将惠及每一个人。

法律在涉及生存利益时给予主体特殊保护的价值取向在限制执行被执行人生活所必需的居住房屋方面亦有体现。[①] 2017 年《民事诉讼法》第244 条(2021 年《民事诉讼法》第 251 条)规定，“应当保留被执行人及其所扶养家属的生活必需品”；《查扣冻规定》第 4 条规定：“对被执行人及其所扶养家属生活所必需的居住房屋，人民法院可以查封，但不得拍卖、变卖或者抵债。”即使是债务人，若涉及其生存利益，法律仍给予其特殊保护。举重以明轻，当执行涉及债权人的生存利益时，法律优待买受人亦非不可行。

在司法实践中，法院在判决中亦常以维护买受人的生存利益为理由，论证给予买受人特殊保护的正当性。[②] 债权平等原则的内涵包含形式平等与实质平等。因此，在某种意义上，若买受人的债权因该种正当性而具有特殊性质，从而与其他债权相区别，即便法律给予买受人特殊保护，也可以认为并不构成债权平等原则的突破，因为平等的本意为“相同的相同对待，不同的不同对待”。[③] 故而，由于买受人的债权关乎其生存利益，若其他债权人不存在特殊保护需求，此时法律给予其特殊保护则具有正当性。

2. 现行法规定条件的分析

由于《执行异议规定》后于《查扣冻规定》出台，[④]且起草者明确说明了《执行异议规定》修正了《查扣冻规定》的保护条件，[⑤]因此现行有效适用的规定应是《执行异议规定》中的相关规定。《执行异议规定》第 28 条规定了不动

---

① 参见江必新、刘贵祥主编：《最高人民法院关于人民法院办理执行异议和复议案件若干问题的规定理解与适用》，人民法院出版社 2015 年版，第 156 页。

② 如“袁某、邓某申请再审执行人执行异议之诉案”，最高人民法院(2020)最高法民再 233 号民事判决书；“中国华融资产管理股份有限公司四川省分公司、陈某申请执行人执行异议之诉案”，四川省高级人民法院(2020)川民终 414 号民事判决书；“徐某、杨某诉李某、李某执行异议之诉案”，内蒙古自治区高级人民法院(2019)内民终 614 号民事判决书。

③ 参见许德风：《破产法基本原则再认识》，载《法学》2009 年第 8 期。

④ 《查扣冻规定》于 2004 年出台，《执行异议规定》于 2015 年出台。

⑤ 参见刘贵祥、范向阳：《〈关于人民法院办理执行异议和复议案件若干问题的规定〉的理解与适用》，载《人民司法》2015 年第 11 期。

产买受人能够排除其他债权人执行的4个条件,[①]以下逐一分析。

(1)在人民法院查封之前已签订合法有效的书面买卖合同

首先,房屋买卖合同合法有效。买受人身份本身即包含其与出卖人之间存在有效的房屋买卖合同关系。若合同无效,由于买受人的债权内容不包含要求出卖人移转房屋所有权,因此,买受人无从提起针对房屋的执行异议。值得注意的是,“合法”应是指合同整体的有效性得到法律的认可。若个别条款因违反法律强制性规定而存在无效情形,《民法典》第156条规定,该无效条款不影响其他部分效力的,其他部分仍然有效,因此仍应认定为符合条件。

其次,合同签订于法院查封之前。若合同签订于法院查封后,具有公示性的查封措施拟制买受人已知房屋处于查封状态,其应当承担合同无法正常履行之风险。同时,亦是为了减少出卖人与他人恶意串通逃避执行,损害其他债权人利益的可能性。

最后,合同要求书面形式。《城市房地产管理法》第41条规定:“房地产转让,应当签订书面转让合同……”由于房屋买卖交易较复杂、金额较大,即使法律未规定,当事人一般也会采用书面形式。值得注意的是,《民法典》第490条第2款规定:“法律、行政法规规定或者当事人约定合同应当采用书面形式订立,当事人未采用书面形式但是一方已经履行主要义务,对方接受时,该合同成立。”即该形式瑕疵被补正,因此在该情形下仍应认为符合“书面形式”之条件。[②] 起草者还提及书面形式具有“为执行机构甄别真实的买受人提供证据”的效果,[③]但是该理由存在两个问题:第一,若买受人能够证明其债权,僵硬要求书面形式反而损害了真实买受人的利益;第二,若出卖人与他人

① 实际上,还有1个条件即金钱债权的执行,但笔者探讨的非“一物二卖”情形,因此该条件实为前提。

② 在司法实践中也存在不硬性要求书面形式,只要能够认定当事人之间存在买卖合同的法律关系即可的观点,如“建银国际资本管理(天津)有限公司诉时某申请执行人执行异议之诉案”,辽宁省高级人民法院(2018)辽民终999号民事判决书;“曾某与林某、广东省惠阳土产进出口公司申请执行人执行异议之诉案”,广东省惠州市中级人民法院(2020)粤13民终4210号民事判决书;“罗某诉蒲某申请执行人执行异议之诉案”,四川省成都市成华区人民法院(2020)川0108民初376号民事判决书。

③ 参见刘贵祥、范向阳:《〈关于人民法院办理执行异议和复议案件若干问题的规定〉的理解与适用》,载《人民司法》2015年第11期。

恶意串通订立虚假买卖合同，其自然会使用书面形式，或通过日期倒签的方式来满足，书面形式很难起到甄别效果。

（2）已支付全部价款或者已按照合同约定支付部分价款且将剩余价款按照人民法院的要求交付执行

买受人应当已经支付价款，或以支付价款为条件排除其他债权人的执行。该条件必要的原因是，当买受人已支付价款，若标的房屋被其他债权人执行，致使合同无法履行，则涉及其生存利益；若买受人尚未支付但以支付价款为条件，则其他债权人可以从其支付的价款中受偿，而不必通过变卖、拍卖房屋的方式，徒增成本。并且，若不支付价款，出卖人可能享有同时履行抗辩权。

“已按照合同约定支付部分价款”应作扩大解释。若按照合同约定，买受人无须也尚未支付价款（“部分”为0），但其若能够将剩余价款交付（“剩余”为全部价款），仍符合该条件。

该条件可能产生买受人付款义务“加速到期”的效果，因为若按照合同约定，其无须立即交付全部价款，而可以分期或延后付款。但是，买受人欲得到法律的特殊保护，享有“锁定”标的房屋、排除其他债权人执行的权利，使其承担付款义务“加速到期”之代价并不过分。买受人可通过借贷等方式先将房屋“锁定”，未来再偿还债务。[①]

（3）非因买受人自身原因未办理过户登记

若房屋尚未过户登记是由于买受人自身原因所导致的，则其理应承担该房屋被其他债权人执行之风险。非因买受人自身原因的情形分为：①出卖人原因。由于不动产过户登记需要双方配合，若出卖人不予配合，则无法完成过户登记。[②] 且不要求买受人必须提起诉讼行使权利，[③]也不要求买受人有申请或要求过户登记的积极行为。最高人民法院《关于印发〈全国法院民商事

① 关于买受人在借贷上可能存在困难的问题，买受人可以承诺标的房屋抵押为条件来降低借贷难度。

② 参见吴东波、胡菁：《有恒产者则有恒心——试论〈执行异议若干规定〉第28条对物权期待权的保护》，载《法制博览》2019年第27期。

③ 参见江必新、刘贵祥主编：《最高人民法院关于人民法院办理执行异议和复议案件若干问题的规定理解与适用》，人民法院出版社2015年版，第425页。

审判工作会议纪要〉的通知》(法〔2019〕254号,以下简称《九民纪要》)第127条规定,买受人有积极申请或要求过户登记的行为符合该条件,或买受人无积极行为,但其未办理过户登记有合理的客观理由的,亦可认定符合该条件。②客观原因。如因房屋买卖合同签订后不动产查封前的期间过短而尚未登记、依合同约定尚未至过户登记的履行期等。①

但是,若未过户登记是因买受人自身原因,但该原因不可归责于买受人,即买受人不存在过错,买受人是否应当承担该种风险?

买受人因自身原因未办理过户登记实际上是债权人迟延的表现。关于债权人迟延是否以债权人的归责事由为构成要件,学理上存在"法定责任说"("否定说")和"债务不履行责任说"("肯定说")两种对立观点,由于在债权人迟延中债权人一般不承担损害赔偿责任,仅遭受权利减损或丧失的不利益,因此原则上不以债权人的归责事由为要求,除非法律特殊规定或当事人约定,债权人应承担债务不履行后果(损害赔偿、合同解除等),则肯认以债权人的归责事由为要求。② 因此,买受人若因自身原因未办理过户登记,构成债权人迟延,即使不可归责于买受人,其也应承受标的房屋被出卖人的其他债权人执行的不利益。

但是,起草者解释该条件时,表述为"主观上要求是属于案外人意志以外的客观障碍,否则,应判断为其有过错",③似乎将该条件缩小解释至只要不可归责于买受人,即满足该条件,则在此种情形下,基于法律特殊规定,债权人迟延的构成要求债权人具有归责事由,或法院会倾向将不可归责于买受人的事由解释为客观情形而非买受人自身的原因。在司法实践中,法院往往将该条件解释为买受人对于未办理过户登记不存在过错。④

---

① 参见司伟、王小青:《执行异议之诉中不动产买受人排除强制执行的要件审查》,载《人民司法》2019年第23期。

② 参见韩世远:《合同法总论》(第4版),法律出版社2018年版,第568~572页。

③ 刘贵祥、范向阳:《〈关于人民法院办理执行异议和复议案件若干问题的规定〉的理解与适用》,载《人民司法》2015年第11期。

④ 如"富滇银行股份有限公司昆明西山支行诉尹某、云南集成广福房地产开发有限公司申请执行人执行异议之诉案",最高人民法院(2020)最高法民终760号民事判决书;"袁某、邓某申请再审执行人执行异议之诉案",最高人民法院(2020)最高法民再233号民事判决书;"中国农业银行股份有限公司安宁市支行诉杨某申请执行人执行异议之诉案",最高人民法院(2020)最高法民终539号民事判决书。

(4)在人民法院查封之前已合法占有该不动产

该条件为《执行异议规定》第28条第2项之规定,之所以放在最后分析,是因为该条件并不合理。

起草者以保护买受人的物权期待权为理由出发而设置该条件:由于买受人已占有房屋,对房屋有了事实支配力,并以一定方式对外公示,因此其取得物权的地位更加确定,具有期待利益。同时,亦是为了减少被执行人与第三人恶意串通的可能性。①

该条件不合理的理由如下:第一,笔者在本文第二部分论证了以保护买受人的物权期待权为理由的正当性不足,因此从该正当性出发而设置的条件的必要性不充分。第二,不动产以登记为公示手段,由于出卖人的其他债权人并非"一物二卖"情形下的债权人,无查看不动产的占有状况之注意义务,因此占有对其他债权人并无公示性可言。第三,即使认为公示性的体现在于,若买受人已占有房屋,法院和其他债权人在查封时即可知晓该状况,因此其他债权人无信赖利益保护。但是,当其他债权人查明出卖人名下有不动产时,由于我国不动产采用登记生效主义,其可以信赖该不动产属于出卖人的责任财产范围,其信赖利益已经产生。第四,即使买受人尚未占有房屋,若已满足上述3个条件,则仍涉及其生存利益,此时给予买受人特殊保护的正当性仍存在,法律却不予保护,合理性存疑。第五,要求买受人已占有,的确可以减少被执行人与第三人恶意串通的可能性。但与此同时,也使未能占有的买受人的利益未能得到保护。任何制度都存在被恶意串通滥用的可能,而抑制恶意串通行为的规范设计应在不破坏该制度所保护的利益的目标之前提下,否则有因噎废食、舍本逐末之嫌。

3.对现行法规定的条件进行修改

《执行异议规定》第28条所规定的4个条件中,除要求买受人已占有房屋不具有合理性外,其他3个条件均为必要。此外,由于前文已证成买受人被特殊保护的正当性在于其存在生存利益保护需要,因此还应具备1个条件:买

① 参见刘贵祥、范向阳:《〈关于人民法院办理执行异议和复议案件若干问题的规定〉的理解与适用》,载《人民司法》2015年第11期。

受人以居住目的购置房屋。①

当买受人以商用或投资等非居住目的购置房屋时,其债权并未承载主体的生存价值追求,而只是单纯的经济利益,则没有优先于其他债权人利益保护的正当性或必要。

在条件认定方面:首先,买受人应当是自然人,只有自然人才会以居住为目的,才有生存利益保护之必要。② 其次,不要求买受人名下无其他房产,因为买受人可能是为下一代居住而准备房子或换房。但若买受人名下没有其他房产,其较大可能是以居住为目的。最后,若买受人的目的除居住外,还包括商用或经营,但仍关乎买受人生存和基本保障需求的,仍应认定为符合该条件。③

4. 小结

当出卖人非为破产法人且非为房地产开发企业时,买受人享有排除其他债权人执行的权利,需要具备的条件为:在人民法院查封之前已签订合法有效的书面买卖合同(书面形式允许补正);已支付全部价款,或已按照合同约定支付部分价款且将剩余价款按照人民法院的要求交付执行;非因买受人自身原因(过错)未办理过户登记;买受人以居住目的购置房屋。应当注意的是,买受人对其具备条件承担举证责任。

(二)类型二:出卖人为未破产的房地产开发企业

1. 正当性来源:买受人的生存利益及房地产开发企业之营业外观

当出卖人为未破产的房地产开发企业时,买受人享有特殊保护的正当性除前面已经证成的买受人有生存利益之特殊保护需要外,还存在另一个正当性,即由于房地产开发企业具有营业外观,其他债权人的利益保护必要性降

---

① 由于起草者的出发点是保护买受人的物权期待权,因此未区分买受人是商用还是居住用途。参见江必新、刘贵祥主编:《最高人民法院关于人民法院办理执行异议和复议案件若干问题的规定理解与适用》,人民法院出版社2015年版,第424页。

② 起草者提出一个例外:如果法人或其他组织以单位名义购买,但已分配给职工个人居住,也可认定为居住目的。参见江必新、刘贵祥主编:《最高人民法院关于人民法院办理执行异议和复议案件若干问题的规定理解与适用》,人民法院出版社2015年版,第432~433页。

③ 参见王卉青:《房企破产案件中不同情形下购房人优先权的适用问题分析》,载《法制与经济》2019年第7期。

低了。

债权平等性是由于债权的不公开性使后发生之债权的债权人无法预见债务人此前有多少其他债权,因此不采“时间在先,权利在先”的原则,但如果其他债权人能够通过特定的公示手段,对于买受人的债权有所预期并有所防范,则其利益保护必要性降低了,不会对市场信用交易造成冲击,在此种情形下突破债权平等性原则则具有正当性。而营业外观可以作为一种特殊的公示手段,使交易相对人能够预见债务人由于其从事的特定业务所必然负有的债务。比如,在买入行纪中,存在行纪人为委托人服务的经营特征,那么行纪人的债权人不应合理期待行纪人所占有的财产均归其所有,因此即使委托人的债权得到特殊保护,也不会发生欺诈其他债权人以及扰乱债权债务关系的后果。①

而房地产开发企业从事房地产开发与经营,其主要业务包括房屋的建造、销售及出租,因此,债权人在与其交易时,能够认识其具有销售房产的经营特征,即能够预见其名下的房产极有可能已负有买卖合同的债权负担,由此买受人的债权具备一定的公示性。营业外观的存在,要求房地产开发企业的债权人不应合理期待债务人名下所有房产都可以“担保”其债权的实现;相反,其能够预见大量买受人的存在。因此,房地产开发企业的其他债权人不存在能够通过其名下房产受偿的信赖利益保护,其利益保护之必要性降低了。②

有观点认为,若给予买受人特殊保护,由于房地产开发企业的购房者的规模很大,则银行放贷时难以准确预估交易风险,会对信贷安全造成冲击,甚至会造成银行等金融机构拒绝向房地产业放贷融资的不良后果。③ 但是,一方面,我国于2019年提出“房住不炒”的宏观调控政策,收紧地产融资行为。目前,银行贷款中存在房地产贷款占比过高、增速过快的问题,各地银保监局

---

① 参见许德风:《破产法论:解释与功能比较的视角》,北京大学出版社2015年版,第224~226页。

② 可能是因为买受人的生存利益保护需要,以及房地产开发企业具有该营业外观,因此最高人民法院《关于建设工程价款优先受偿权问题的批复》(法释〔2002〕16号,已失效)曾赋予支付了全部或大部分款项的商品房消费者优先于承包人的优先受偿权的超级优先权。但笔者不欲讨论买受人的债权优先于担保物权人的正当性问题,而仅讨论买受人优先于其他一般债权人利益保护的正当性。

③ 参见陆晓燕:《保障生存利益与维护交易安全的平衡——房地产开发企业破产中购房人权利之顺位研究》,载《法律适用》2016年第3期。

已经作出风险提示及窗口指导,督促银行合理配置信贷资源,降低房地产贷款集中度。[①] 房地产业的投资过热会导致经济过度依赖房地产和泡沫滋生,出现金融风险。目前,国家金融发展方向是脱虚向实,让银行资金更多地服务于中小微企业、服务于实体经济,而非房地产。因此,抑制银行向房地产业放贷反而符合目前的改革方向,起到了正面作用。另一方面,若房屋买受人能够交付房款,金融机构自然可以收回其贷款。另外,房屋买受人常通过申请个人住房贷款(按揭)的方式交付房款,且一般会向房地产开发企业所合作的银行申请,则银行实际上将对房地产开发企业的债权"转变"为对房屋买受人的债权(且附有房屋抵押担保)。[②] 实际上,由于我国商品房市场的房屋销售形式以预售为主,买受人在签订合同时会交付定金或预付款,买受人时常会面临房屋无法交付或延时交付等风险。[③]

因此,出卖人为未破产的房地产开发企业时,基于买受人的生存利益保护需要,并且房地产开发企业具有营业外观,法律给予买受人特殊保护的正当性更强。相应地,买受人受到保护的条件应当比类型一更宽松。

2. 现行法规定条件的分析

《执行异议规定》第29条规定了出卖人为房地产开发企业时,买受人能排除其他债权人执行的3个条件,[④]由于第1个条件(在人民法院查封之前已签订合法有效的书面买卖合同)前文已作分析,故不再赘述。

(1)所购商品房系用于居住且买受人名下无其他用于居住的房屋

买受人购置房屋的目的是用于居住。前文已作阐述,只有当买受人以居住目的购置房屋时,才涉及其生存利益。"用于居住"不应理解为房屋的性质是居住用房,而是指买受人购置房屋的目的。

但该条件同时要求买受人名下无其他用于居住的房屋,即以买受人名下无其他居住房屋来认定是否为居住目的。根据起草者的说明,"无其他用于

---

① 参见吴红毓然、武晓蒙、梁虹:《房地产融资再调控》,载《财新周刊》2019年第27期。

② 《个人贷款管理暂行办法》第33条规定,房屋买受人向银行申请个人住房贷款后,除非满足三种情形或者法律法规规定的其他情形且贷款人同意,原则上银行会直接将资金支付给房地产开发企业,因此银行可以行使抵销权。

③ 2020年6月,海南省作出决定:坚决破除"房地产依赖症",实行现房销售制度。

④ 同样,该条还有1个条件即金钱债权的执行。

居住的房屋"一般是指"买受人在被执行房屋所在地长期居住，而其名下在同一地方无其他能够用于居住的房屋"，目的是"降低判断的难度"。[①] 但是，即使买受人名下存在其他用于居住的房屋，但买受人存在为下一代居住而准备房屋、换房之可能，同样涉及其生存利益，仅为了降低判断难度而"一刀切"地要求此种极为客观之标准，则合理性存疑。

根据《九民纪要》第125条的规定，"买受人名下无其他用于居住的房屋"，可以理解为在案涉房屋同一设区的市或者县级市范围内商品房消费者名下没有用于居住的房屋。商品房消费者名下虽然已有1套房屋，但购买的房屋在面积上仍然属于满足基本居住需要的，可以理解为符合该规定的精神。因此，即使买受人名下存在其他用于居住的房屋，若用途仍为满足基本居住需求，未变为商用和投资途径，则仍应认为符合该条件。[②] 一种较妥当的解释路径是，若买受人名下无其他用于居住的房屋，可推定其为居住目的；若买受人名下存在其他居住房屋，则买受人需举证证明其以居住为目的购置房屋。

(2)已支付的价款超过合同约定总价款的50%

该条件与类型一的第2个条件"已支付全部价款或者已按照合同约定支付部分价款且将剩余价款按照人民法院的要求交付执行"之目的相同，价款支付与否与是否涉及买受人生存利益相关。

同样地，已支付的价款超过合同约定总价款的50%应作扩大解释：若依合同约定，买受人无须也尚未支付50%的价款，但若其能够支付，仍应认为符合该条件。《九民纪要》第125条规定，"如果商品房消费者支付的价款接近于百分之五十，且已按照合同约定将剩余价款支付给申请执行人或者按照人民法院的要求交付执行的，可以理解为符合该规定的精神"，可以看出该种解释倾向。

相比类型一，该条件要求已支付比例达到50%而非100%，不要求买受人的付款义务全面"加速到期"，符合正当性更强因而条件较宽松的逻辑。但是，若依照合同约定，买受人当前应支付的比例高于50%，则应以达到约定比

---

① 参见江必新、刘贵祥主编：《最高人民法院关于人民法院办理执行异议和复议案件若干问题的规定理解与适用》，人民法院出版社2015年版，第433页。

② 在"广西恒冠建设集团有限公司诉王某案外人执行异议之诉案"中，最高人民法院(2018)最高法民再447号民事判决书中也提到"不应机械限于套数的理解"。

例为条件,否则出卖人享有同时履行抗辩权,买受人不应当享有排除其他债权人执行的权利。

3. 对现行法规定的条件进行修正

对于《执行异议规定》第 29 条所规定的条件,第一,“所购商品房系用于居住且买受人名下无其他用于居住的房屋”应理解为“买受人以居住目的购置房屋”,但若买受人名下无其他用于居住的房屋则可推定其为居住目的;第二,已支付的价款超过合同约定总价款的 50%,应修正为已支付的价款达到合同约定支付比例且超过总价款的 50%。

另外,还应当具备 1 个条件:非因买受人自身原因(过错)未办理过户登记。若标的房屋尚未移转登记是由于买受人自身原因所导致的,则买受人理应承担该房屋被其他债权人强制执行之风险。《执行异议规定》第 29 条未规定《执行异议规定》第 28 条第 4 项条件的原因令人费解,无论出卖人是否为房地产开发企业,都不影响买受人因自身原因(过错)未能办理过户登记,因而其应当自担风险的正当性。

4. 小结

当出卖人为未破产的房地产开发企业时,买受人享有排除其他债权人执行的权利,需要具备的条件为:在人民法院查封之前已签订合法有效的书面买卖合同(允许补正);已支付的价款达到合同约定支付比例且超过总价款的 50%;非因买受人自身原因(过错)未办理过户登记;买受人以居住为目的而购置房屋(存在推定情形)。除价款支付比例的条件较低及居住目的的认定存在推定情形外,其他条件应与类型一作相同解释。

四、出卖人为破产法人情形下的正当性及条件分析

当出卖人未破产时,由于债务人的财产足以清偿其所有债务,则清偿的顺序先后并不重要,执行规则遵循“先来后到”规则,无损于公平,同时可敦促人们积极行动,有助于提高效率。但是,当出卖人处于破产情形,债权人的债权无法得到全部清偿时,债权平等原则的意义真正彰显出来。并且,破产程序中债权平等清偿亦包含了社会公平之考量,让每个交易当事人平等承受破产的后果。因此,在破产情形下其他债权人的利益之保护必要性得以提高。

并且,出卖人未破产时,若其他债权人在先执行标的房屋,则其债权先得到实现;而出卖人破产时,《企业破产法》第16条[①]、第19条[②]及第113条第2款[③]规定,债权人在同一顺序,按比例清偿。[④] 此种按比例清偿的途径较于先后实现,更能兼顾买受人与其他债权人的利益。

在此前证成的正当性中,买受人的生存利益保护需要在4个类型中都存在,营业外观使其他债权人利益保护的必要性降低,在出卖人为房地产开发企业的类型中存在。而破产情形又会使其他债权人保护的必要性得以提高,因此以下仍分为两种类型对二者进行利益衡量。由于出卖人破产时,个人强制执行程序被排除,因此若法律给予买受人优待,买受人的权利内涵将从排除执行转变为排除其他债权人从标的房屋受偿。

(一)类型三:出卖人为破产的房地产开发企业

1. 利益衡量:买受人的生存利益及房地产开发企业之营业外观

在其他债权人利益方面,其他债权人面临因出卖人破产而无法得到全部清偿的风险,因此其利益保护的必要性得以提高,天平向债权人一端倾斜。但由于房地产开发企业具有营业外观,其他债权人能够预见其名下的房产极有可能已负有买卖合同的债权负担,即买受人的债权具有一定的公示性,其他债权人不应合理期待债务人名下所有房产都可以"担保"其债权的实现,则其他债权人应当承担在破产程序中无法通过债务人名下已经签订买卖合同的房屋实现其债权的风险,即不存在信赖利益保护,其利益保护的必要性降低了,天平又重新回到初始的平衡状态。在买受人利益方面,买受人存在生存利益的特殊保护需要,因此天平向买受人一端倾斜。

---

① 《企业破产法》第16条规定:"人民法院受理破产申请后,债务人对个别债权人的债务清偿无效。"

② 《企业破产法》第19条规定:"人民法院受理破产申请后,有关债务人财产的保全措施应当解除,执行程序应当中止。"

③ 《企业破产法》第113条第2款规定:"破产财产不足以清偿同一顺序的清偿要求的,按照比例分配。"

④ 最高人民法院《关于适用〈中华人民共和国民事诉讼法〉的解释》(法释〔2022〕11号)第511条规定:"在执行中,作为被执行人的企业法人符合企业破产法第二条第一款规定情形的,执行法院经申请执行人之一或者被执行人同意,应当裁定中止对该被执行人的执行,将执行案件相关材料移送被执行人住所地人民法院。"

因此,利益衡量的最终结果仍是买受人具有特殊利益保护之需要,而其他债权人不具有特殊利益保护之需要,法律给予买受人优待仍具有正当性。

2. 现行法规定的分析及修正

从文义上看,《破产规定》第71条第5项规定,特定物买卖中买受人已完全支付对价;该条第6项规定,不动产交易中买受人已占有该不动产。具体应用到房屋买卖交易上,买受人应满足的条件为已支付对价或占有房屋。但是,在第一部分,笔者已经论证了《破产规定》第71条第5项、第6项在解释上,应该结合《民事诉讼法》的相关规定,并可能在其基础上进一步补充构成要件,其条件至少不应当比《民事诉讼法》的相关条件更宽松。

与前两种类型相比,由于类型三中买受人与其他债权人的利益格局和类型一相似,而较类型二正当性稍弱,因此类型三的条件应当接近于类型一,而较类型二更严格。以类型一的条件为基准,类型三的条件应为:在出卖人处于破产情形之前已签订合法有效的书面买卖合同(允许补正);已支付全部价款,或者已按照合同约定支付部分价款且能交付剩余价款;非因买受人自身原因(过错)未办理过户登记;买受人以居住目的购置房屋。关于占有要件的不必要性前已论及,不再赘述。因此,《破产规定》第71条第5项、第6项的构成要件应依此解释。

若买受人满足上述条件,其享有排除其他债权人从标的房屋受偿的权利。相应地,对于破产管理人基于《企业破产法》第18条①所享有的,对于债务人和对方当事人均未履行完毕的合同,应该予以限制决定解除或继续履行的选择权,即破产管理人不能选择解除合同,而只能继续履行合同;②同时,

① 《企业破产法》第18条规定:"人民法院受理破产申请后,管理人对破产申请受理前成立而债务人和对方当事人均未履行完毕的合同有权决定解除或者继续履行,并通知对方当事人。管理人自破产申请受理之日起二个月内未通知对方当事人,或者自收到对方当事人催告之日起三十日内未答复的,视为解除合同。管理人决定继续履行合同的,对方当事人应当履行;但是,对方当事人有权要求管理人提供担保。管理人不提供担保的,视为解除合同。"

② 参见李永军:《论破产管理人合同解除权的限制》,载《中国政法大学学报》2012年第6期。美国法在不动产买卖交易上也限制了破产管理人的拒绝承继待履行合同的权利(不同于中国法上的解除权),即使出卖人选择拒绝承继,已占有不动产的买受人仍可选择继续支付价款,要求出卖人移转所有权,因为拒绝承继不能剥夺相对人所享有的财产权利。由于我国规定的是解除权,此种解释路径无法适用于我国。参见[美]查尔斯·J.泰步:《美国破产法新论》(中册),韩长印、何欢、王之洲译,中国政法大学出版社2017年版,第901~904页;许德风:《破产法论:解释与功能比较的视角》,北京大学出版社2015年版,第155页。

《企业破产法》第32条[①]的撤销权之适用亦被排除。

（二）类型四：出卖人为破产的非房地产开发企业

1. 利益衡量：买受人的生存利益及其他债权人无法受偿的利益保护需要

如前所述，一方面，其他债权人面临因出卖人破产而无法得到全部清偿的风险，因此其利益保护的必要性提高了；另一方面，买受人存在生存利益保护需要。以买受人涉及生存利益，从而高于其他债权人的利益予以保护，使天平向买受人倾斜的理由并不充分。因为，在破产程序中，同一顺序的债权人按比例清偿，各债权人都分担破产的后果，此种分配格局尚能兼顾买受人与其他债权人的利益。

破产程序中动产所有权保留买卖的买受人受到一定的特殊保护。[②] 出卖人基于担保其债权的目的而保留所有权，出卖人与买受人之间已达成物权合意，且买受人具有占有外观，第三人并不存在能够从该动产获得清偿的信赖利益。而未申请变更登记及预告登记的不动产买受人则并不具备类似特征，因此二者不能等同视之。

因此，出卖人为破产的非房地产开发企业时，作为债权人的买受人被优待的正当性不足。但买受人可能因为破产管理人选择继续履行合同而得到保护。

2. 比较法上的制度应用可能性探究

买受人作为债权人时，突破债权平等原则的正当性不足。若买受人的权利从债权转化为物权，则不构成债权平等原则之突破。买受人基于物权，且存在生存利益保护需要，即使未登记，其享有排除其他债权人从标的房屋受偿的权利亦具有正当性。由于我国不动产物权变动采登记生效主义，因此在

---

① 《企业破产法》第32条规定："人民法院受理破产申请前六个月内，债务人有本法第二条第一款规定的情形，仍对个别债权人进行清偿的，管理人有权请求人民法院予以撤销。但是，个别清偿使债务人财产受益的除外。"

② 《破产法司法解释（二）》第35条规定："出卖人破产，其管理人决定继续履行所有权保留买卖合同的，买受人应当按照原买卖合同的约定支付价款或者履行其他义务。买受人未依约支付价款或者履行完毕其他义务，或者将标的物出卖、出质或者作出其他不当处分，给出卖人造成损害，出卖人管理人依法主张取回标的物的，人民法院应予支持。但是，买受人已经支付标的物总价款百分之七十五以上或者第三人善意取得标的物所有权或者其他物权的除外。因本条第二款规定未能取回标的物，出卖人管理人依法主张买受人继续支付价款、履行完毕其他义务，以及承担相应赔偿责任的，人民法院应予支持。"

现行法制度下买受人享有的始终是债权。但在比较法上存在一些特殊制度,可以使债权人取得物权或类似地位,下文将对这些制度应用的可能性进行探讨。

(1)取得时效制度

取得时效制度,是指占有他人之物或行使一定的财产权,经过一段时间,依据法律规定而取得所有权或其他财产权。不动产所有权时效取得的构成要件一般为自主、和平、公然、继续占有他人不动产达一定时间。

在不动产变动采用登记生效主义的国家或地区,为了贯彻土地登记公示主义,德国、瑞士的民法典在原则上为登记时效取得制度,即占有者还需被不正确地登记为所有人。① 而在采用登记对抗主义的国家或地区,则不问不动产登记与否,均可适用取得时效制度,如法国②和日本。③

由于我国不动产以登记为公示手段,且变动采用登记生效主义,若不动产已登记,而占有人仅凭占有而无登记名义即可取得所有权,无疑会对不动产登记之公信力造成冲击,因为第三人明知法律上存在此种合法的不动产登记簿不正确的可能。④ 况且,若买受人长期占有房屋达10年,甚至20年之久,仍未办理房屋过户登记,其理应承担由于懈怠而遭受的风险。相反,以登记为要件则可以敦促买受人积极办理登记,进而维护和促进登记的公信力。

因此,已登记房屋的买受人无法基于取得时效制度而取得所有权,因而无法排除其他债权人从标的房屋中受偿。

---

① 德国《民法典》第900条第1款第1句规定:"作为土地所有人被登记于土地登记簿而未取得所有权的人,如登记已存在30年,且在此期间内自主占有土地,则取得其所有权。"参见陈卫佐译注:《德国民法典》(第4版),法律出版社2015年版,第337页。瑞士《民法典》第661条规定:"于不动产登记簿不当登记为所有人者,只要其为善意、并没有争议地连续取得十年,取得所有权。"参见《瑞士民法典》,殷生根、王燕译,中国政法大学出版社1999年版,第183~184页。

② 法国《民法典》第2265条规定:"基于正当权利证书及善意而占有不动产之人,于真正所有人在不动产所在地国王法院(上诉法院)管辖区域内有住所的情形,经过十年时效而取得不动产所有权;于真正所有人在管辖区域以外有住所的情形,其时效期间为二十年。"参见《拿破仑民法典(法国民法典)》,李浩培、吴传颐、孙鸣岗译,商务出版社2017年版,第357~358页。

③ 日本《民法典》第162条规定:"(一)以所有的意思,二十年间平稳而公然占有他人物者,取得该物所有权。(二)以所有的意思,十年间平稳而公然占有他人不动产者,如果其占有之始系善意且无过失,则取得该物所有权。"参见《日本民法典》,王书江译,中国法制出版社2000年版,第31~32页。

④ 参见庄加园:《不动产买受人的实体法地位辨析——兼谈〈异议复议规定〉第28条》,载《法治研究》2018年第5期。

(2)拟制信托制度

拟制信托是英美法系国家的非意定信托的类型之一,是通过法律的运作为当事人提供的一种衡平法的救济,以对错误行为提供补救或防止不当得利。英美法并没有提供一个清楚的、涵盖一切的拟制信托的概念,其边界或许是被故意模糊化的,以便法院根据具体案件予以处理。

拟制信托的适用情形之一是,在财产买卖合同中,自出卖人应当转让财产开始,出卖人被视为买受人的受托人而占有财产,因此其通过该财产获得的任何收益都属于买受人。[①] 但是,拟制信托的适用效果,并非使买受人直接取得所有权人之地位,而是使该财产的收益归属于买受人,即出卖人仍为所有权人,但买受人可以主张出卖人不当得利。[②] 换言之,拟制信托对买受人提供的救济只是针对财产转让前出卖人的不当得利。

因此,即使适用拟制信托,由于买受人仍未取得所有权,[③]无法排除出卖人的其他债权人从标的房屋中受偿。

3. 小结

当出卖人为破产的非房地产开发企业,赋予作为债权人的买受人优待的正当性不足。比较法上的取得时效制度和拟制信托制度亦无法使买受人的债权转变为物权。因此,无法排除其他债权人从标的房屋中受偿。

五、结　　语

买受人尚未实际取得房屋所有权时,其地位仍为基于房屋买卖合同的债权人,若赋予买受人特殊保护,突破债权平等原则,则需要足够的正当性。起草者以保护买受人取得物权之期待利益的物权期待权理论的正当性不足,真正的正当性被遮蔽。

---

① 参见赵廉慧:《信托法解释论》,中国法制出版社2015年版,第162、165~166页。

② “Failure to perform that duty led to retention of the legal title in the debtors resulting in an equitable compulsion to convey their interest to Beutel.”出卖人仍具有所有权,但其通过该财产获得的收益归属于买受人。See In re Inv. Sales Diversified, Inc., 38 B. R. 446 (Bankr. D. Minn. 1984).

③ 买受人的权利应为信托受益权。参见[美]查尔斯·J.泰步:《美国破产法新论》(中册),韩长印、何欢、王之洲译,中国政法大学出版社2017年版,第462~464页。

对房屋买受人享有特殊保护的正当性的澄清,有助于条件的解释与适用,亦为未来条件的完善提供了方向及建议。笔者分成4种类型探讨正当性、现行法规定的条件的分析及修正。具体如下:第一,当出卖人未破产且非为房地产开发企业时,正当性在于买受人具有生存利益保护需要。《执行异议规定》第28条规定了4个条件,其中要求“占有”的条件不具有合理性与必要性,另应增“买受人以居住目的购置房屋”的条件。因此,买受人需举证证明其具备的条件为:在法院查封之前,已签订合法有效的书面买卖合同(书面形式允许补正);已支付全部价款,或者已按照合同约定支付部分价款且将剩余价款按照人民法院的要求交付执行;非因买受人自身原因(过错)未办理过户登记;买受人以居住目的购置房屋。第二,当出卖人为未破产的房地产开发企业时,除买受人具有生存利益保护需要外,还因为房地产开发企业具有营业外观,其他债权人不应合理期待债务人名下所有房产都可以“担保”其债权的实现,因此利益保护的必要性降低了。《执行异议规定》第29条规定了3个条件,其中“所购商品房系用于居住且买受人名下无其他用于居住的房屋”应理解为“买受人以居住目的购置房屋”,但存在推定情形;已支付的价款超过合同约定总价款的50%应修正为已支付的价款达到合同约定支付比例且超过总价款的50%。另外,还应具备“非因买受人自身原因(过错)未办理过户登记”的条件。第三,当出卖人为破产的房地产开发企业时,其他债权人存在因出卖人破产而无法得到全部清偿的风险,因此其利益保护的必要性得以提高。但由于房地产开发企业之营业外观,其他债权人上升的利益保护必要性又不存在。而买受人存在生存利益保护的需要,因此利益衡量之结果仍是给予买受人优待具有正当性。《破产规定》第71条第5项、第6项的构成要件不完整,应该结合《民事诉讼法》上的相关规定予以补充,其条件应与类型一基本相同。第四,当出卖人为破产的非房地产开发企业时,给予买受人优待的正当性不足。

公司清算义务人的民事责任研究
——以《全国法院民商事审判工作会议纪要》的相关规定为切入点

陈星星*

摘要：公司清算义务源于董事的忠实、勤勉义务，具体内容包括在法定期限内组织成立清算组、协助清算组启动清算程序、及时将公司解散情况通知债权人等。在清算义务人认定时，现有法律规定似有踌躇，一方面，应明确董事的责任主体地位，排除监事、高级管理人员、控股股东及实际控制人的主体地位；另一方面，应对不同类型公司清算义务人的责任进行整合。在责任认定时，应明确清算义务人责任之性质，并与法人人格否认制度加以区分。以此为前提，使公司股东与公司清算义务人、公司法人人格否认制度与公司清算义务人制度在泾渭分明、各归其位的基础上更加相辅相成。

关键词：清算义务人；公司股东；清算责任；公司法人人格否认

一、问题的提出

《全国法院民商事审判工作会议纪要》（以下简称《九民纪要》）第14条至第16条是关于有限责任公司清算义务人责任的相关规定。其中有两点值得关注：一是最高人民法院在该章节的引言中明确，最高人民法院《关于适用〈中华人民共和国公司法〉若干问题的规定（二）》（以下简称《公司法司法解释（二）》）第18条第2款所确立的有限责任公司股东清算责任的性质为侵权

* 北京德恒（郑州）律师事务所合伙人，法律硕士。

责任;二是《九民纪要》第14条规定,有限责任公司的小股东可以“不是公司董事会或者监事会成员,也没有选派人员担任该机关成员,且从未参与公司经营管理”为由,主张不对公司债务承担连带清偿责任。

《九民纪要》的上述内容,涉及如下法律规范:(1)《公司法》第20条第3款①规定的公司法人人格否认制度,规范对象是公司股东,针对的行为是滥用公司法人人格,法律后果是公司股东对债权人承担连带责任。(2)《公司法司法解释(二)》第18条②规定的公司清算义务人制度,规范对象是有限责任公司的股东、股份有限公司的董事和控股股东,针对的行为是怠于履行清算义务,法律后果是对债权人承担赔偿责任或连带清偿责任。(3)《民法典》第70条③规定的法人清算义务人制度,规范对象是法人的董事、理事等执行机构或决策机构的成员,针对的行为是未及时履行清算义务,法律后果是承担民事责任。

对比上述规范,可以提出如下问题:(1)《公司法》第20条第3款规定的公司股东滥用法人人格的行为是否包括《公司法司法解释(二)》第18条第1款、第2款规定的股东怠于履行清算义务的行为。(2)《公司法司法解释(二)》第18条第1款、第2款将有限责任公司股东纳入清算义务人范围,是否与《民法典》第70条的规定相冲突。(3)《九民纪要》的前述内容是否改变了《公司法司法解释(二)》第18条第2款的规定。上述问题可以归纳为更深层次的问题,即清算义务的来源和具体内容为何?清算义务人的主体范围是什么?违反清算义务的民事责任性质以及承担责任的方式应当如何判断?

---

① 《公司法》第20条第3款规定:公司股东滥用公司法人独立地位和股东有限责任,逃避债务,严重损害公司债权人利益的,应当对公司债务承担连带责任。

② 《公司法司法解释(二)》第18条规定,有限责任公司的股东、股份有限公司的董事和控股股东未在法定期限内成立清算组开始清算,导致公司财产贬值、流失、毁损或者灭失,债权人主张其在造成损失范围内对公司债务承担赔偿责任的,人民法院应依法予以支持。有限责任公司的股东、股份有限公司的董事和控股股东因怠于履行义务,导致公司主要财产、账册、重要文件等灭失,无法进行清算,债权人主张其对公司债务承担连带清偿责任的,人民法院应依法予以支持。上述情形系实际控制人原因造成,债权人主张实际控制人对公司债务承担相应民事责任的,人民法院应依法予以支持。

③ 《民法典》第70条原文承袭了原《民法总则》第70条的规定,具体内容为:法人解散的,除合并或者分立的情形外,清算义务人应当及时组成清算组进行清算。法人的董事、理事等执行机构或者决策机构的成员为清算义务人。法律、行政法规另有规定的,依照其规定。清算义务人未及时履行清算义务,造成损害的,应当承担民事责任;主管机关或者利害关系人可以申请人民法院指定有关人员组成清算组进行清算。

本文将以现行法为基础,以解释论为立场,梳理分析上述问题。在《公司法》修改的时代背景下,[①]本文也会在前述问题的解释结论基础之上,提出一些立法论上的建议。

二、清算义务的本质

广义上的清算义务,既包括《公司法》第 183 条规定的"成立清算组,开始清算",即组织清算的义务,也包括《公司法》第 184 条至第 188 条规定的"清理公司资产、处理公司债权债务、制定清算方案、申请公司破产或申请注销公司登记"等具体清算事务。前者属于清算义务人的清算义务,也就是本文所讨论的问题。后者属于清算人的清算义务,并非本文所指的清算义务。

(一)清算义务的来源及法理基础

一种观点认为,清算义务属于股东义务,当公司出现解散事由后,应当由股东负责组织成立清算组并启动清算程序。[②] 主要理由是,因为公司解散和清算属于公司意志,清算义务源于股东的出资行为,公司的退出事宜应当如公司设立一样,由出资股东负责。

另一种观点认为,清算义务属于信义义务,[③]当公司出现解散事由后,应当由公司董事等公司管理人员负责组织成立清算组并启动清算程序。[④] 主要

---

① 《公司法第六次修改启动　高质量法治供给优化营商环境》,载新浪财经,http://finance.sina.com.cn/china/gncj/2019-12-16/doc-iihnzahi7898866.shtml。

② 相关观点,参见王军:《中国公司法》(第 2 版),高等教育出版社 2017 年版,第 312~313 页;吴长波:《公司清算中股东民事责任之研究》,载《兰州学刊》2007 年第 5 期;段卫华:《论股东在公司解散清算中的义务与责任》,载《河北法学》2016 年第 1 期。

③ 虽然我国《公司法》并未提及信义义务,但一般认为,《公司法》第 148 条规定的就是公司董事的信义义务。相应观点,参见李清池:《公司清算义务人民事责任辨析——兼评最高人民法院指导案例 9 号》,载《北大法律评论》2014 年第 1 期。

④ 相关观点,参见李建伟:《公司清算义务人基本问题研究》,载《北方法学》2010 年第 2 期;李清池:《公司清算义务人民事责任辨析——兼评最高人民法院指导案例 9 号》,载《北大法律评论》2014 年第 1 期;王长华:《论有限责任公司清算义务人的界定——以我国〈民法总则〉第 70 条的适用为分析视角》,载《法学杂志》2018 年第 8 期;梁上上:《有限公司股东清算义务人地位质疑》,载《中国法学》2019 年第 2 期。

理由是,清算义务是信义义务在公司解散和清算阶段的具体体现,信义义务源于对公司的控制权,而清算义务亦源于对公司经营和财产的控制权,因此应当由公司董事负责组织成立清算组并启动清算程序。

厘清清算义务的来源,应当回归我国《公司法》所规定的公司治理结构之中,需要根据清算义务的主要内容以及公司权力机关、执行机关的不同权责内容予以确定。因此,笔者同意第二种观点,启动清算程序的义务源于对公司经营管理的控制权,属于负责公司经营管理的执行机关应尽的义务。具体理由如下:

第一,我国《公司法》规定的法人治理结构为,法人的权力机构——股东(大)会负责决定重大事项,是法人意思表示的形成机关,而法人的执行机构——董事会负责公司具体事项的实施,是法人意思的表达机关和执行机关。① 清算义务的主要作用是衔接公司的解散程序和清算程序。当公司的权力机关作出解散决议时,理应由公司的执行机关负责执行。也就是说,由公司的董事会负责组织成立清算组,并做好启动清算程序的准备工作。

第二,现代化的公司治理均是公司的所有权和经营权相分离,②其治理理念也已由股东会中心主义向董事会中心主义转变。③ 因此,董事会对于如何启动清算程序享有决策权,组织成立清算组、启动清算程序的准备工作,应当由董事会负责。

第三,根据《公司法》第 184 条至第 188 条的规定可知,公司清算组在清算阶段的主要工作是清理和处置公司的财产、债权债务,以便终止公司。公司清算组工作的前提是清算义务人积极组织并做好了启动清算程序的准备工作。董事会作为负责公司日常经营管理的执行机构,是最熟悉公司情况的机构,其组成人员更适合作为组织启动公司清算程序的负责人。另外,启动清算程序的前提是掌握或了解公司的财务、账册及重要文件等,显然,前述材料一般由公司董事会所掌握。因此,由董事作为清算义务人,更有利于实质推动清算程序的启动。

---

① 参见朱庆育:《民法总论》(第 2 版),北京大学出版社 2016 年版,第 424 ~ 426 页;王军:《中国公司法》(第 2 版),高等教育出版社 2017 年版,第 248 页。

② 参见施天涛:《公司法论》(第 4 版),法律出版社 2018 年版,第 279 页。

③ 参见谢朝斌:《独立董事法律制度研究》,法律出版社 2004 年版,第 7 页。

第四,清算义务源于《公司法》第147条[①]所规定的董事的忠实和勤勉义务。在公司解散事由出现之后,直至公司清算组正式成立之前,公司董事会依然承担公司经营和管理的职责,召集股东会会议、制订公司解散方案等职权仍然由董事会直接享有。故组织成立清算组、启动清算程序的准备工作,也应当是由董事会负责,这是公司董事忠实和勤勉义务在清算阶段的具体体现,其作用主要是衔接公司的解散程序和清算程序。至于董事忠实和勤勉义务的对象,在公司决议解散直至公司终止之前仍然是公司,但受益人由公司股东转变为公司债权人。[②]

对此,也有学者提出,在公司解散后,公司章程或股东会没有选任清算义务人之前,公司董事承担的是后合同义务,其有义务管理公司财产并组织启动清算程序。[③] 笔者认为,无论是信义义务或后合同义务,其理论的共同点均在于,清算义务源于负责公司日常经营管理的执行机关对公司所负职责。正如有学者所言,无论采用何种理论来看待董事与公司的关系,董事都应该是公司利益的最佳维护者。[④]

第五,基于《公司法司法解释(二)》的司法实践情况,将股东作为清算义务人,很容易导致不应当承担责任的股东承担责任,法律效果不好,社会效果也一般。[⑤]

第六,将股东作为清算义务人,难以解读其义务的理论来源。因为在出资义务之外,再为公司股东增设法定的清算义务,不符合公司有限责任的基本理念。[⑥] 当股东履行出资义务以后,公司的运转主要依靠公司的执行机关,公司的具体事宜,如组织成立清算组、启动清算程序等工作与公司的出资股东并无直接关系。因此,公司解散、清算与设立一样,应当由出资股东负责公

---

① 《公司法》第147条第1款规定,董事、监事、高级管理人员应当遵守法律、行政法规和公司章程,对公司负有忠实义务和勤勉义务。

② 参见李清池:《公司清算义务人民事责任辨析——兼评最高人民法院指导案例9号》,载《北大法律评论》2014年第1期。

③ 参见韩长印、楼孝海:《建立公司法定清算人制度》,载《法学》2005年第8期。

④ 参见王湘淳:《公司司法解散制度定位重校》,载《河南财经政法大学学报》2017年第4期。

⑤ 最高人民法院民事审判第二庭编著:《〈全国法院民商事审判工作会议纪要〉理解与适用》,人民法院出版社2019年版,第166页。

⑥ 参见刘俊海:《公司法学》(第2版),北京大学出版社2013年版,第510页。国外学者亦持相同观点,参见[韩]李哲松:《韩国公司法》,吴日焕译,中国政法大学出版社2000年版,第225页。

司退出事宜的理由显然不能成立。

第七,《民法典》第70条已经明确营利法人的清算义务人是公司董事,而营利法人主要是指公司法上的有限责任公司和股份有限公司。① 因此,在《公司法》未对清算义务人作出规定之前或者未作出与《民法典》不同规定的情况下,公司的清算义务人应当仅是指公司董事。

综上,笔者认为,清算义务源于对公司经营管理的控制权,属于负责公司经营管理的执行机关应尽的义务。

(二)清算义务的具体内容

从现行法律关于清算义务内容的规定、违反清算义务的法律后果以及公司法的体系规定等方面,应当将清算义务的内容界定为及时组织成立清算组、协助清算组启动清算程序和及时将公司清算情况告知公司债权人。具体理由如下:

首先,从文义上看,《民法典》第70条规定的清算义务内容为"及时组成清算组进行清算",《公司法司法解释(二)》第18条规定的清算义务内容亦为"应当在法定期限内成立清算组开始清算"。关于清算义务内容的相关规定则较笼统。

其次,从行为类型上看,根据《公司法司法解释(二)》第18条的规定可知,未履行清算义务,既包括"在法定期限内未成立清算组开始进行清算,即根本未履行清算义务",也包括"虽然已经成立清算组,但却未及时清算"。②

再次,从法律后果上看,根据《公司法司法解释(二)》第18条的规定可知,未及时履行清算义务可能导致"公司财产贬值、流失、损毁或灭失",怠于履行清算义务可能导致"公司主要财产、账册、重要文件灭失"。由此反推,清算义务的具体内容应当包括妥善保管公司财产、账册和主要文件。参与该司法解释制定的法官也认为,此处的清算义务包括妥善保管公司财产、账册和

---

① 对此问题,最高人民法院审判委员会专职委员刘贵祥法官亦撰文指出:"虽然我国的法人种类繁多,但绝大多数为公司,尤其是营利法人,主要采用的是公司形态"。具体内容,参见刘贵祥:《〈民法典〉实施的若干理论与实践问题》,载《法律适用》2020年第15期。

② 参见最高人民法院民事审判第二庭编著:《最高人民法院关于公司法司法解释(一)、(二)理解与适用 新旧公司法衔接·公司解散清算》,人民法院出版社2015年版,第400页。

主要文件的义务。[①] 理论上还有一种观点认为，清算义务的内容包括依法组织清算组启动清算（召集、组织成立清算组）和协助进行清算（提供财务会计报告、会计账簿、原始凭证、公司财产清单等）两个方面。[②] 也有观点认为，清算义务人的清算义务包括作出清算决议、委任清算人和监督清算三个方面，[③] 对此，有反对观点认为，作出清算决议与启动清算程序属于不同的行为，并不属于清算义务人的法定义务，[④]监督清算属于《公司法》第186条和第188条赋予股东会的职权，也不属于清算义务人的法定义务。[⑤] 显然，反对观点具有现行法的基础，应予赞同。

最后，从清算义务的性质和公司法的体系来看，应当将“及时向债权人告知公司解散情况”解释为清算义务的内容之一。因为清算义务主要是指行为义务，而非结果义务，是否履行清算义务的判断标准为，清算义务人是否采取其职权范围内可行的措施推动清算程序的启动并协助清算组开展清算工作，而不以是否最终启动清算程序以及是否完成清算工作为判断标准。客观上，能否启动清算程序并结束清算工作，既需要其他清算义务人的积极配合，也需要依赖章程或股东会决议选任的清算组成员尽职履责。在《公司法》第183条规定“逾期不成立清算组进行清算的，债权人可以申请人民法院指定有关人员组成清算组进行清算”的场合下，债权人只有知晓债务人公司存在解散事由并且已经逾期未成立清算组的情况，才有行使该权利的可能性。于此，只有将“及时向债权人告知公司解散情况”解释为清算义务人的清算义务之一，才能促使债权人为维护自身合法权益行使《公司法》第183条规定的权利，进而也能避免清算义务人因逾期无法启动清算程序被债权人追究承担过重的连带清偿责任。

综上，笔者认为，应当将清算义务的具体内容界定为以下3项：一是在法定期限内组织成立清算组，启动清算程序，该义务内容的履行并不以结果论，

---

① 参见刘敏编著：《实践中的商法：司法解释解读·典型案例分析·商事审判专论》，北京大学出版社2011年版，第19页。

② 参见刘俊海：《现代公司法》（第3版），法律出版社2015年版，第1156页；李建伟：《公司清算义务人基本问题研究》，载《北方法学》2010年第2期。

③ 参见刘敏：《公司解散清算制度》，北京大学出版社2010年版，第226页。

④ 作出清算决议，属于《公司法》第37条第1款第9项赋予股东会的职权。

⑤ 参见王欣新：《论清算义务人的义务及其与破产程序的关系》，载《法学杂志》2019年第12期。

只要有相应的行为即可;二是积极协助清算组工作,向清算组移交或提供公司账册、财产等决定清算程序进展的重要文件或线索;三是在因客观原因或因公司内部治理程序失灵无法启动清算程序时,应当及时通知债权人或者就公司的解散情况进行公告。

三、清算义务人的范围

关于清算义务人的范围,《公司法》并未明确规定。最高人民法院早期的观点是,"有限责任公司的清算主体是其全体股东;股份有限公司的清算主体是其控股股东"。[①]《公司法司法解释(二)》第18条则进一步将清算义务人的主体明确为有限责任公司的股东、股份有限公司的董事和控股股东。

《民法典》第70条则将清算义务人明确为"法人的董事、理事等执行机构或者决策机构的成员"。结合立法机关关于该条规定的释义可知,《民法典》第70条规定的执行机构和董事,是指营利法人的执行机构和其组成成员,决策机构和理事是非营利法人的决策机构和其组成人员,[②]而营利法人主要是指有限责任公司和股份有限公司。[③] 也就是说,《民法典》的基本态度是将清算义务的责任主体归属于营利法人执行机关的组成人员,即有限责任公司和股份有限公司的董事。这一观点,与前文关于清算义务的来源、理论基础和具体内容的分析结论亦相一致。

面对前述规定,需要解决如下问题:一是清算义务人是否包括公司监事和公司董事会选聘的高级管理人员?二是清算义务人是否包括公司的控股股东和实际控制人?三是对于有限责任公司和股份有限公司的清算义务人

① 参见李国光:《认清形势,提高认识,努力实践公正与效率世纪主题,开拓民商事审判工作新局面——在全国法院民商事审判工作会议上的讲话》,载李国光主编、中华人民共和国最高人民法院民事审判第二庭编:《民商审判指导与参考》2002年第1卷(总第1卷),人民法院出版社2002年版,第20~22页。

② 参见李适时主编:《中华人民共和国民法总则释义》,法律出版社2017年版,第207页;贾东明主编:《〈中华人民共和国民法总则〉释解与适用》,人民法院出版社2017年版,第170页。

③ 《民法典》第76条第2款规定,营利法人包括有限责任公司、股份有限公司和其他企业法人等。

有无必要予以区分？

（一）监事及高级管理人员的排除

关于清算义务人的定义，通说认为，清算义务人是基于与公司之间存在特定的法律关系，且在法人解散时负有依法组织清算义务的民事主体。[①] 如前文分析，清算义务的来源和理论基础并非股东的出资义务以及股东对公司的所有权，而是董事的忠实和勤勉义务以及董事对公司的经营权。因此，笔者认为，清算义务人的主体为公司的董事。

但是，由忠实和勤勉义务决定清算义务人的范围，则需回答如下问题：《公司法》第147条规定，公司董事、监事、高级管理人员均负有忠实和勤勉义务，那么公司的监事及其他高级管理人员是否属于清算义务人？对此，可作如下回应：一是由于公司监事的主要职责是监督，不具体负责公司的经营和管理，苛其以清算义务将导致"权利与义务内容不对等"。二是由于公司的其他高级管理人员均由董事会选聘或任命，受董事会的管理和控制，苛其以较重的清算责任将使"权力与责任不对等"。

（二）控股股东及实际控制人的排除

依据前述结论，《公司法司法解释（二）》第18条将股份有限公司的控股股东作为清算义务人而承担清算赔偿责任的规定，值得反思。笔者认为，基于前文对清算义务的来源、理论基础和具体内容的分析结论，不具有董事身份的控股股东或者实际控制人并不是法定的清算义务人，应当区分清算义务人违反清算义务的行为与非清算义务人的股东或者实际控制人利用清算程序侵害债权人利益的行为。

在实践中，公司控股股东或者实际控制人参与或者控制公司经营管理的方式有两种：一种兼任公司董事，此时其作为清算义务人并无异议；另一种是通过推荐或者间接控制公司董事，此时其并非公司董事，没有组织成立清算

① 参见王欣新：《论清算义务人的义务及其与破产程序的关系》，载《法学杂志》2019年第12期；陈甦主编：《民法总则评注》（上册），法律出版社2017年版，第476页；刘敏：《公司解散清算制度》，北京大学出版社2010年版，第229页。

组并启动清算程序的义务,因为直接参与公司经营管理的仍然是公司董事。但是,如果公司控股股东或者实际控制人利用其对公司董事的控制权,有阻碍清算程序启动的行为时,属于《公司法》第20条和第21条所规定的滥用股东权利或关联关系的情形,债权人可以通过法人人格否认制度维护自身利益,也可以直接要求其承担侵权损害赔偿。由此,在法律适用上,应当区分清算义务人违反清算义务的行为与非清算义务人的股东或者实际控制人利用清算程序侵害债权人利益的行为。也可以说,清算义务人负有的是积极组织清算的法定义务,而控股股东或者实际控制人负有的是不得阻碍清算的消极义务,即一般人均负有的不得侵害他人权益的消极义务。但是,积极组织清算并非控股股东或者实际控制人的法定义务。对此,最高人民法院在第9号指导性案例的参照适用意见中亦明确,实际控制人并非清算义务人,没有对公司组织清算的义务,只有在其行为造成公司未组织清算或无法清算时承担侵权赔偿责任。①

至于将公司股东纳入清算义务人的观点,多是因为混淆了清算组成员与清算义务人的概念,直接以《公司法》第183条关于清算组的组成人员的规定推导出股东为公司的清算义务人。② 对此,需要说明的是,股东成为清算组成员的前提是经历了清算组的成立程序,③清算义务人的清算义务与清算组成员清算职责、清算义务人的清算责任和清算组成员的赔偿责任是完全不同的。④ 清算义务人是负有组织成立清算组并协助启动清算程序的义务人,而清算组成员是作为公司清算事务的执行机关(清算组)的成员,是清算事务的执行人。⑤

---

① 参见姚宝华:《指导案例9号〈上海存亮贸易有限公司诉蒋志东、王卫明等买卖合同纠纷案〉的理解与参照》,载《人民司法》2013年第3期。

② 参见叶林、徐佩菱:《关于我国公司清算制度的评述》,载《法律适用》2015年第1期;王长华:《论有限责任公司清算义务人的界定——以我国〈民法总则〉第70条的适用为分析视角》,载《法学杂志》2018年第8期。

③ 参见蒋大兴:《公司法的观念与解释Ⅲ:裁判逻辑 &规则再造》,法律出版社2009年版,第310页。

④ 关于清算组的职责,详见《公司法》第184条的规定。关于清算组成员的责任,详见《公司法》第189条的规定。

⑤ 参见冯果:《公司法要论》,武汉大学出版社2003年版,第246~247页。

(三)类型化清算义务人的质疑

《公司法司法解释(二)》第18条以及最高人民法院发布的第9号指导性案例认为,有限责任公司和股份有限公司清算义务人应当予以区分。主要理由是,有限责任公司股东人数较少,人合性较强,其清算义务人应当涵盖全体股东;而股份有限公司资合性较强,清算义务人应当限于控股股东。①

笔者认为,基于有限责任公司和股份有限公司治理结构的一致性、发展的趋同性以及清算义务的来源及具体内容,没有必要区分有限责任公司和股份有限公司清算义务人的主体范围。主要理由如下:

第一,有限责任公司和股份有限公司的组织机构在设置上是一致的,均是由公司董事会负责公司的经营管理事务,两类公司的股东和董事、监事、高级管理人的权利义务及其民事责任的内容亦基本相同。而清算义务的基础就是要对公司具有经营管理权和具有清算能力,在这一点上,有限责任公司和股份有限公司并无区别。

第二,公司注册资本的认缴制度,导致有限责任公司的股东人数也在不断增长,有限责任公司和股份有限公司的实际股东人数差距范围在日益缩小,在实践中,同样存在股东人数为50人的有限责任公司和股东人数为5人的股份有限公司。因此,界定清算义务主体范围的决定性因素并非公司的外在形式,而应当是清算义务的来源及具体内容。

第三,有限责任公司虽然具有一定的"人合性"特征,但其并非人合公司,其与股份有限公司的本质属性相同,均属于资合公司。② 况且,即使是有限责任公司,其股东之间的信任关系及利益关系也非一成不变,公司的经营管理仍然取决于公司的治理结构以及对公司经营管理的控制情况。

综上,笔者认为,有限责任公司和股份有限公司的董事是清算义务人,负有组织成立清算组、协助启动清算程序、及时通知债权人的清算义务,而公司

---

① 参见最高人民法院民事审判第二庭编著:《最高人民法院关于公司法司法解释(一)、(二)理解与适用 新旧公司法衔接·公司解散清算》,人民法院出版社2015年版,第397~398页;姚宝华:《指导案例9号〈上海存亮贸易有限公司诉蒋志东、王卫明等买卖合同纠纷案〉的理解与参照》,载《人民司法》2013年第3期。

② 参见王军:《中国公司法》(第2版),高等教育出版社2017年版,第11~12页。

股东只是清算组的备选人员,没有组织成立清算组并协助启动清算程序的义务。对于公司股东或者实际控制人滥用股东权利或关联关系阻碍清算程序启动的行为,属于其他制度予以规制的范畴,下文将一并分析其行为可能承担的责任性质。

四、违反清算义务之责任

(一)立法实践及问题检视

最高人民法院经济审判庭曾认为,"负有清算企业之责的主体如果不尽清算之责,债权人可以起诉该清算主体,人民法院可以判令清算主体履行清算义务"。[①]《公司法》第183条规定,"逾期不成立清算组进行清算的,债权人可以申请人民法院指定有关人员组成清算组进行清算"。

《公司法司法解释(二)》第18条规定,债权人可以根据清算义务人未履行清算义务所造成的不同后果要求其承担赔偿责任(造成公司财产贬损)或者连带清偿责任(造成公司无法清算),并明确赔偿责任的法理基础是侵害债权的侵权责任,连带清偿责任的法理基础是公司法人人格否认制度。[②] 之后,最高人民法院发布的第9号指导性案例中也以《公司法》第20条第3款作为裁判依据,即以公司法人人格否认制度为由,认为清算义务人应当向债权人承担连带清偿责任。[③] 也有学者认为,正是因为《公司法》第183条规定的"清算责任"是行为责任而不是财产责任,法院无法强制其履行,为了保护债权人的利益,《公司法司法解释(二)》将"清算责任"直接转变为"清算赔偿责任"。[④]

由此,关于违反清算义务的责任性质及责任承担方式,就有如下问题需

① 曹士兵:《关于企业歇业、撤销或被吊销营业执照后的诉讼问题》,载李国光主编、中华人民共和国最高人民法院经济审判庭编:《经济审判指导与参考》第2卷,法律出版社2000年版,第147~151页。

② 参见最高人民法院民事审判第二庭编著:《最高人民法院关于公司法司法解释(一)、(二)理解与适用　新旧公司法衔接·公司解散清算》,人民法院出版社2015年版,第415页。

③ 参见姚宝华:《指导案例9号〈上海存亮贸易有限公司诉蒋志东、王卫明等买卖合同纠纷案〉的理解与参照》,载《人民司法》2013年第3期。

④ 参见梁上上:《有限公司股东清算义务人地位质疑》,载《中国法学》2019年第2期。

要解决：

一是《民法典》第70条规定，清算义务人的民事责任性质和法理基础是什么？具体而言，《公司法司法解释（二）》第18条规定的违反清算义务的赔偿责任和连带清偿责任与《公司法》第20条第3款所规定的公司法人人格否认后的连带责任之间的联系和区别是什么？

二是《民法典》第70条规定的民事责任的责任承担方式有哪些？具体而言，《公司法司法解释（二）》第18条规定的清算责任和清算赔偿责任的区别是什么？

三是《公司法司法解释（二）》第18条规定的清算责任和清算赔偿责任的构成要件分别为何？

需要说明的是，清算责任既包括清算义务人对已经决议解散的公司应当承担的组织清算组进行清算的责任（该责任并不以造成财产损害为前提，①是一种行为责任，②也有学者称为清算的组织责任③），也包括因清算义务人未履行或怠于履行清算义务造成债权人财产损失时产生的责任，即侵权损害赔偿责任。④ 本文明确区分前述两种责任类型，将前一种称为清算责任（行为责任），将后一种称为清算赔偿责任（财产责任）。

（二）清算义务责任的性质

理论上，关于违反清算义务的责任性质及法理基础主要形成3种学说，第一种是滥用公司法人独立地位和股东有限责任；⑤第二种是侵害公司债权人利益的侵权责任；第三种是未尽到信义义务的赔偿责任。⑥

笔者认为，当清算义务人未履行或者不当履行清算义务时，应当对公司

① 参见蒋大兴：《公司法的展开与评判：方法·判例·制度》，法律出版社2001年版，第198页。

② 参见高永周：《清算义务人承担连带清偿责任的法理逻辑——评最高人民法院指导案例9号案》，载《中南大学学报（社会科学版）》2014年第5期。

③ 参见吕涛：《论公司强制清算中的责任承担》，载《河北法学》2001年第1期。

④ 参见杨立新：《侵权法论》（第5版），人民法院出版社2013年版，第499页。

⑤ 有类似案例及观点亦认为，《公司法司法解释（二）》第18条第2款是"揭开公司面纱"原则适用的具体体现。具体内容，参见彭晓辉：《有限责任公司股东怠于履行清算义务的法律后果与责任性质》，载《人民司法》2009年第4期。

⑥ 相关观点，参见李清池：《公司清算义务人民事责任辨析——兼评最高人民法院指导案例9号》，载《北大法律评论》2014年第1期。

承担债务不履行责任,该责任并不以造成公司财产损失或者清算义务人存在主观过错为前提,公司的债权人可以基于债权代位权直接向清算义务人行使;当清算义务人未履行或者不当履行清算义务时,造成公司财产损失的,公司的债权人可以基于侵害债权行为要求清算义务人承担侵权责任。具体理由如下:

1."不履行责任说"

最高人民法院认为,清算责任是法律明文规定的责任,系清算义务人的法定责任,如果债权人起诉清算义务人要求清算义务人承担清算责任的,人民法院应当予以支持,判令清算义务人依照法律规定的期限和程序对公司进行清算。① 但是,该观点并未解决公司的债权人基于何种权利可以直接诉请法院要求清算义务人履行清算义务的问题。

如前文分析,清算义务源于对公司的经营管理权,是指清算义务人基于其与公司之间存在的特定法律关系,在公司解散时,对公司负有的依法组织成立清算组进行清算的义务。② 也就是说,当清算义务人怠于履行清算义务时,公司有权要求清算义务人履行清算义务。而债权人要求清算义务人履行清算义务的理论基础在于,当清算义务人怠于履行对公司的清算义务,可能危及公司债权人的债权实现时,债权人可以依据《民法典》第535条的规定,③向人民法院请求以自己名义行使公司对清算义务人所享有的权利,即代位权。此时,公司债权人直接要求清算义务人履行清算义务,是其债权对外效力的体现,属于其债权的一个权能,④在权利内容上类似一种管理权。⑤ 如此,则可以合理解释《公司法》第183条赋予公司债权人直接要求清算义务人履

① 参见最高人民法院民事审判第二庭编著:《最高人民法院关于公司法司法解释(一)、(二)理解与适用 新旧公司法衔接·公司解散清算》,人民法院出版社2015年版,第410页。

② 相似观点,参见王欣新:《论清算义务人的义务及其与破产程序的关系》,载《法学杂志》2019年第12期;李建伟:《公司清算义务人基本问题研究》,载《北方法学》2010年第4期;韩长印、楼孝海:《建立公司法定清算人制度》,载《法学》2005年第8期。

③ 在我国现行法体系下,由于《民法典》合同编承担了一般债法的功能,《民法典》第535条亦能类推适用于该情形。关于合同编承担一般债法功能的观点,参见王利明:《论民法典合同编发挥债法总则的功能》,载《法学论坛》2020年第4期;王洪亮:《债法总论》,北京大学出版社2016年版,第3~4页。

④ 参见韩世远:《合同法总论》(第3版),法律出版社2011年版,第444页。

⑤ 参见王洪亮:《债法总论》,北京大学出版社2016年版,第138页。

行清算义务的理论基础。①

首先,在代位权客体上,多数观点认为,代位权的行使客体不限于债权,只要该权利行使的结果能够使债务人的责任财产得以维持,就应当在代位权的客体之内,在比较法上,亦为多数观点。②《民法典》第535条、第536条明确将代位权的客体表述为债权或者与该债权有关的从权利,也体现了扩张代位权客体的倾向。其次,董事对公司所负担的清算义务的履行,或者说公司所享有的请求组织清算的权利,是法定债权,亦应在代位权客体的涵摄范围之内。最后,清算义务人及时履行清算义务的主要功能和目的就在于避免公司的财产贬损或灭失,③符合代位权维持债务人责任财产的制度功能和目的,应在公司债权人代位权的客体范围之内。

至于清算责任的承担方式,债权人既可以要求清算义务人及时履行清算义务,也可以转换为要求法院申请指定清算组或者判令替代赔偿,④但要求清算义务人承担替代性损害赔偿责任的前提是已经造成债权人财产受到损失。⑤ 在性质上,这仍然是债务不履行的赔偿责任,债权人通过代位权行使了公司对董事等清算义务人因债务不履行而产生的损害赔偿请求权。

因此,笔者认为,当清算义务人未履行或未及时履行清算义务时,债权人要求清算义务人履行清算义务的责任性质为债务不履行责任,责任承担方式既可以是继续履行清算义务,也可以是替代履行(由法院指定清算组),又或者是在造成债权人损失且清算义务人存在过错的情况下,由清算义务人承担替代性损害赔偿。

---

① 虽然,我们可以法律有明文规定为由解释公司债权人直接享有要求清算义务人履行清算义务的权利的问题,但该解释并未解决其背后的理论基础。需要说明的是,以法律有明文规定直接解释遇到的法律问题,极容易忽视相关规定背后的理论体系。

② 法国、日本等的民法均认为,可代位行使的债务人对第三人的权利十分广泛,以至于采用了“属于债务人的权利”的概况。参见崔建远:《合同法总论》(中卷)(第2版),中国人民大学出版社2016年版,第262页。

③ 建立清算义务人制度的主要目的就是避免公司借机逃废债务,损害债权人的利益。相关观点,参见最高人民法院民事审判第二庭编著:《最高人民法院关于公司法司法解释(一)、(二)理解与适用 新旧公司法衔接·公司解散清算》,人民法院出版社2015年版,第396页。

④ 参见李建伟:《公司清算义务人基本问题研究》,载《北方法学》2010年第2期。

⑤ 强制实际履行的构成要件与赔偿损失的构成要件并不相同,赔偿损失的构成要件要求守约方受有损失,而强制实际履行仅要求存在违约行为且尚能继续履行即可。相应观点,参见崔建远:《合同法》(第3版),北京大学出版社2016年版,第339、355页。

2."侵权责任说"

因清算义务人未及时履行清算义务导致债权人利益受损时,债权人要求清算义务人承担的责任性质为侵权责任,责任承担的方式为损害赔偿。其原因在于,因清算义务人负有法律规定的清算义务,该清算义务保护的范围包括公司股东、债权人的权利或利益。清算义务人不履行或者违反清算义务可能导致公司的财产减少或灭失,从而间接损害债权人的利益,[①]属于债权侵权行为,[②]因而要承担侵权损害赔偿责任。

至于债权能否成为侵权法保护的客体,多数观点认为,债权也是一种财产,理应受到侵权法的保护。[③] 只是鉴于债权不具有社会典型的公开性,其构成要件限于第三人明知债权之存在而故意加以侵害的情形。[④] 由于清算义务人为公司执行机构成员,其显然明知公司债权的存在,如其怠于履行或不履行清算义务,可以被评价为故意加以侵害债权人债权的情形。

由此可知,《公司法司法解释(二)》第18条第1款、第2款以及第20条系按照损害范围的不同以及法人的存续状态不同而区分为不同的责任形态和范围。具体而言:

当清算义务人未及时履行清算义务仅仅是造成公司财产的贬值、流失、毁损或者灭失,则清算义务人的责任范围限于贬值、流失、毁损、灭失导致公司债务不能清偿的部分。

当清算义务怠于履行清算义务直接导致公司无法清算时,推定公司于解散时的资产状况足以清偿债务的全部数额,怠于履行清算义务的行为导致的损失数额即为债权应获清偿的数额,清算义务人与公司就公司所有债务承担连带责任。

当清算义务人未履行清算义务而直接注销公司登记,因公司人格已经消灭,直接推定因清算义务人未履行清算义务造成的损失数额为债权人应获清

---

① 参见高永周:《清算义务人承担连带清偿责任的法理逻辑——评最高人民法院指导案例9号案》,载《中南大学学报(社会科学版)》2014年第5期。

② 参见徐越峰、司伟:《清算义务人的清算赔偿责任——上海一中院判决存亮公司诉蒋志东等买卖合同纠纷案》,载《人民法院报》2010年10月21日,第6版。

③ 相关观点,参见程啸:《侵权责任法》(第2版),法律出版社2015年版,第185页。

④ 参见王利明:《侵权责任法研究》(上册)(第2版),中国人民大学出版社2018年版,第79页。

偿的全部数额,由清算义务人对公司债务承担全部的清偿责任。

但是,需要说明的是,清算义务人怠于履行清算义务导致公司无法清算的赔偿责任形态应当是补充责任,而非《公司法司法解释(二)》所称的连带责任。因为怠于履行清算义务导致公司无法清算,给债权人造成的损失,只有在公司无法清偿债务时才能确定,此时,清算义务人才有必要承担赔偿责任,这并不符合连带责任的典型特征。最高人民法院在《〈全国法院民商事审判工作会议纪要〉理解与适用》(以下简称《九民纪要释义书》)中亦表达过相似观点,即"如果公司能够履行债务,就不能要求股东承担责任",①这一典型特征的描述符合补充责任而非连带责任的特点。或者说,这里所称的"连带责任",是指补充责任范围内的连带责任,有学者和法官称为"不真正连带责任的一种特殊情形"。②

3. 与法人人格否认制度之差异

公司法人人格否认制度与清算义务人制度的规范目的及适用范围并不相同,主要表现在:

从规范目的的角度分析,法人人格否认制度主要是规制股东滥用权利,利用法人独立地位和股东有限责任侵害债权人利益的行为,当公司法人人格被否认时,就是从实体法角度将该公司和股东视为同一体,③此时,债权人要求股东承担责任的性质就取决于债权人要求公司承担责任的性质,既有可能是债务不履行责任,亦有可能是侵权责任。④ 而清算义务人制度的根本目的是督促清算义务人依法组织清算,规范法人退出机制,保护债权人合法权益。⑤

---

① 最高人民法院民事审判第二庭编著:《〈全国法院民商事审判工作会议纪要〉理解与适用》,人民法院出版社2019年版,第174页。

② 相关观点,参见杨立新主编:《侵权行为法》,复旦大学出版社2005年版,第230页;陈现杰:《中华人民共和国侵权责任法条文精解与案例解析》,中国法制出版社2010年版,第130页。

③ 参见朱慈蕴:《公司法人格否认:从法条跃入实践》,载《清华法学》2007年第2期;王军:《中国公司法》(第2版),高等教育出版社2017年版,第51~52页。

④ 相关规范,参见上海市高级人民法院民二庭《关于审理公司法人人格否认案件的若干意见》,其第1条规定,公司债权人依据《公司法》第20条第3款、第64条的规定,起诉要求公司股东对公司侵权或者合同债务承担连带责任的民商诉讼案件,适用本意见。相关观点及实证研究成果,参见黄辉:《中国公司法人格否认制度实证研究》,载《法学研究》2012年第1期。

⑤ 参见宋晓明、张勇健、刘敏:《〈关于适用公司法若干问题的规定(二)〉的理解与适用》,载《人民司法》2008年第11期。

从规范对象的角度分析,公司法人人格否认制度主要是规制股东滥用权利侵害债权人利益的行为,而清算义务人制度则主要是用于规制公司执行机关的组成人员怠于履行清算义务侵害债权人利益的行为。

从构成要件和适用条件的角度分析,公司法人人格否认制度与违反清算义务责任的构成要件和认定标准并不相同。公司人格否认的类型要达到法人人格形骸化,[①]正如《九民纪要》第10条所列举的“业务混同、人员混同、财产混同”等标准;而违反清算义务责任的构成要件,即怠于履行清算的行为、无法清算导致债权人利益遭受损失以及两者之间存在因果关系,并不要求存在人格混同的情形。

因此,公司股东和清算义务人、公司法人人格否认制度和公司清算义务人制度,各有所归、皆有所依。

至于具有董事身份的股东未及时履行清算义务并滥用其股东权利阻碍清算程序启动的问题,则属于股东身份与董事身份的耦合,不能以此混淆公司股东和公司董事在公司法上应当承担的不同义务。由于其行为可能同时符合公司法人人格否认和第三人侵害债权的构成要件,此时,债权人可以根据实际情况,选择不同的法律路径维护自己的合法权益。如此,也更有利于保护债权人的利益。

综上,当清算义务人未在法定期间履行清算义务的,构成清算义务之债的不履行,应当对清算义务的利害关系人,即主要对公司债权人承担清算责任,造成损失的,应当承担替代性损害赔偿责任。当清算义务人未及时履行清算义务或者怠于履行清算义务,导致公司财产贬损或者无法清算时,构成债权侵权,此时则应当承担侵权损害赔偿责任。

(三)清算义务责任的构成要件

如前文所述,清算责任的性质为清算义务的不履行责任,清算赔偿责任的性质为侵权责任。在清算义务人未履行或者不当履行清算义务,造成公司财产损害的情况下,债权人既可以要求清算义务人承担债务不履行责任,也

---

① 参见江平、李国光主编:《最新公司法条文释义》,人民法院出版社2006年版,第104~105页。

可以要求清算义务人承担侵权责任,此时构成责任的聚合。①

因此,清算责任的构成要件仅为清算义务人未履行清算义务或者未及时履行清算义务。清算赔偿责任的责任性质为侵权责任,其构成要件应当满足侵权责任的一般构成要件,即违反义务之行为或存在加害行为、行为人存在过错、权利人遭受了损失、损失和行为之间存在因果关系。② 具体而言:

一是存在违反清算义务的行为。根据《公司法》第183条的规定及前文关于清算义务内容的论述,清算义务人违反清算义务的行为可以表现为如下3种情形:第一种是未及时启动清算程序,即未在公司解散事由出现后的15日内组织成立清算组;第二种是清算义务人组织成立了清算组,但并不配合清算组启动清算程序,导致清算程序无法进行;第三种是未履行清算义务而直接注销公司,导致公司人格消灭,无法清算。

对于非清算义务人来说,虽然其没有清算义务,但如果存在诸如控制公司董事或者直接损毁启动清算程序所需的公司账册等重要文件的行为时,系违反不得阻碍清算这一消极义务的行为,亦有可能构成侵权。

二是行为人存在过错。清算义务要求义务人采取积极的作为行为,如其不积极履行清算义务,符合侵权责任的过错要件。此时,清算义务人对事先存在的清算义务的违反,已经足以被评价为主观上存在恶意。

但是,对于非清算义务人来说,由于其并不负担清算义务,此时,如要求其承担侵权责任,亦要满足主观上存在恶意的条件,这种主观上存在恶意的判断标准,也需要通过非清算义务人是否存在不配合清算义务人的工作、阻碍清算程序的正常启动等具体行为进行客观化判断。③

---

① 责任聚合,也称请求权的聚合,是指同一法律事实基于法律的规定以及损害后果的多重性,而应当使责任人向权利人承担多种法律责任的形态。责任竞合,也称请求权的竞合,是指同一违法行为虽然符合多种民事责任的构成要件,可以成立几种民事责任,但受害人只能选择其中之一而请求。相关观点,参见杨立新:《侵权行为法专论》,复旦大学出版社2005年版,第143页;崔建远:《合同法》(第3版),北京大学出版社2016年版,第339、354~355页。

② 参见杨立新:《侵权责任法:条文背后的故事与难题》(第2版),法律出版社2018年版,第65~66页。

③ 过失(过错)之认定,应当采用客观标准,以一般人(非行为人)就具体事件,如尽必要之义务,是否可以避免,作为判断之标准,即采用客观之标准。相关观点,参见曾世雄:《损害赔偿法原理》,中国政法大学出版社2001年版,第76页;孔祥俊、杨丽:《侵权责任要件研究(下)》,载《政法论坛》1993年第2期。

三是损害的发生,即导致债权人的利益受损。也就是说,债权人的债务无法获得公司的清偿。具体而言,因清算义务人未及时启动清算程序,导致公司财产贬值或灭失,进而导致公司无法足额清偿债权人的债务,债权人的损失范围为公司财产贬损或灭失导致公司债务无法获得清偿的部分;因清算义务人怠于履行清算义务使公司账册等重要文件灭失或者未履行清算义务而直接注销公司登记,导致公司无法清算,进而导致公司无法清偿债权人的债务,债权人的损失范围可以直接推定为清偿债权人债务的全部数额。

四是行为与损害之间存在因果关系,即公司财产的贬损、灭失或无法清算,是由清算义务人未及时履行清算义务或者怠于履行清算义务导致的。同样,对于非清算义务人的加害行为来说,也要求公司财产的贬损或者公司无法清算的原因是由非清算义务人的加害行为直接导致。

五、清算义务人民事责任再解

(一)《公司法司法解释(二)》相关制度再解

从文义上看,《公司法司法解释(二)》第18条将有限责任公司股东纳入清算义务人与《民法典》第70条的规定有所不同,甚至有观点认为,《公司法司法解释(二)》的规定有违上位法之嫌。[①] 但最高人民法院认为,《民法典》第70条第2款明确规定"法律、行政法规另有规定的,依照其规定"。因此,在《公司法》修改之前,仍应按照《公司法司法解释(二)》第18条的规定执行。[②]

结合前述关于清算义务的内容、主体及责任性质的分析,《公司法司法解释(二)》第18条的规定可以作如下解释:该条系针对公司股东和董事分别规定了违反清算义务的责任。对董事来说,是违反积极清算义务应当承担的清

① 参见陈政:《论法人之清算义务人及其清算责任——从〈公司法〉的视角谈〈民法总则〉第70条》,载《信阳师范学院学报(哲学社会科学版)》2018年第2期。

② 最高人民法院认为,因为原《民法总则》第70条第2款后句明确规定"法律、行政法规另有规定的,依照其规定",所以原《民法总则》是将有限责任公司清算义务人是否包括股东的问题,留给了公司法予以解决。具体观点,参见最高人民法院民事审判第二庭编著:《〈全国法院民商事审判工作会议纪要〉理解与适用》,人民法院出版社2019年版,第165~166页。

算责任,即侵权责任,其责任基础是《民法典》第 70 条所规定的清算义务主体、清算义务及因违反所产生的侵害债权的侵权责任;对于不具有董事身份的股东来说,违反的是消极的不得阻碍清算的义务。于此,则出现两种可能:一种是股东的行为符合《公司法》第 20 条第 3 款规定的构成要件,即法人人格否认在清算阶段的适用,成立连带责任。另一种是股东的行为虽然不符合法人人格否认的要件,但因其违反消极义务的行为导致公司财产、账册、重要文件等灭失,无法进行清算,从而推定其造成的损失是债权人对公司的全部债权无法实现,亦成立连带责任,只不过这里的连带责任并无共同侵权的意义,而只有划定其责任范围的功能。换言之,股东与公司并未构成共同侵权,但是因股东所造成的损失是公司不能偿还债务的部分,而公司债务并不会因侵权责任的成立而消灭,所以这里的连带责任仅具有划定责任范围的功能。

上述解释可能具有如下优势:第一,站在解释论的立场上,应当尽量维护现行司法解释与现行法规定的一致性。[①]《公司法司法解释(二)》第 18 条规定,董事的清算义务与《民法典》保持一致,应予坚持;其将股东规定为清算义务人,则与《民法典》不一致,也已另寻他途,而非一味地否定。第二,在股东并非清算义务人的前提下,则其义务来源就只能是一般性的消极不作为义务,如果股东违反导致无法清算,显然是利用其股东地位方能为之,于此,《公司法》第 20 条第 3 款有其用武之地,只要符合构成要件,无否定之道理;如果不符合,则通过解释其侵权行为造成的损害范围,亦能成立连带责任。第三,如此解释,使《公司法司法解释(二)》第 18 条仍然具有重要的法律适用功能:在董事违反清算义务时,该条款可以作为独立的请求权基础;在不具有董事身份的股东出现该条情形时,则分别根据法人人格否认制度和一般侵权责任加以判断,具有转引作用。

(二)《九民纪要》相关规范再解

《九民纪要》第 14 条至第 16 条确立了以下裁判规则:一是清算义务人因

① 对此,最高人民法院审判委员会专职委员刘贵祥法官撰文指出:"尽管该问题的解决有赖于未来《公司法》的修订,但在《公司法》修订之前,也有必要研究,从解释论的角度拿出一个更好的解决方案"。参见刘贵祥:《〈民法典〉实施的若干理论与实践问题》,载《法律适用》2020 年第 15 期。

故意或过失未采取积极措施的消极行为构成怠于履行清算义务;二是未直接参与或者未选派人员参与公司经营管理的小股东不构成怠于履行清算义务;三是清算义务人能够举证证明其消极不作为行为与公司无法清算的结果之间不存在因果关系的,不对公司承担连带清偿责任;四是债权人请求清算义务人承担清算赔偿责任的,诉讼时效自债权人知道或者应当知道公司无法清算之日起算。

此外,需要强调的是:一是《九民纪要》明确股东怠于履行清算义务致使公司无法清算的清算责任性质为侵权责任;二是最高人民法院在《九民纪要释义书》中指出,清算义务人的清算义务仅是组织成立清算组进行清算并在未成立清算组之前履行公司账册等重要文件的管理义务,该义务不以结果论,只要积极采取措施即为履行了清算义务。《九民纪要》的上述规定及其内涵,值得赞同。但仍有若干内容,值得商榷:

一是未能回应《民法典》第 70 条的立法规定,仍然将有限责任公司的全体股东作为清算义务人。虽然《九民纪要》明确小股东以“不是公司董事会或者监事会成员,也没有选派人员担任该机关成员,且未参与公司经营管理”为由,主张不对公司债务承担连带清偿责任,但在解释论上仍未臻完善。既然《民法典》已有明确规定,《九民纪要》就理应往前再进一步,将《公司法司法解释(二)》第 18 条关于清算义务人主体范围解释为董事。而“有限责任公司股东”承担责任的基础则并非其清算义务人的地位,而是利用股东地位的侵权责任。如此,则更加符合体系解释原则。

二是《九民纪要释义书》在解释《公司法司法解释(二)》第 18 条第 2 款股东承担连带责任的理论基础时,仍然主张是基于《公司法》第 20 条所规定的法人人格否认制度。① 这一观点,未臻全面。如前文分析,应包括法人人格否认制度和因违反消极义务而构成的债权责任。

三是《九民纪要》在具体条款中仍然坚持使用《公司法司法解释(二)》第 18 条第 2 款的“连带清偿责任”的表述。如前文分析,《公司法司法解释(二)》第 18 条第 1 款、第 2 款均是侵权损害赔偿责任,只是对损失范围的判

① 参见最高人民法院民事审判第二庭编著:《〈全国法院民商事审判工作会议纪要〉理解与适用》,人民法院出版社 2019 年版,第 166 ~ 167 页。

断有所不同。而“清偿责任”主要是指对债务不履行责任,因此,此处不宜再使用“清偿责任”表述,因其违反了清算义务所产生的责任性质,而应当统一使用“赔偿责任”。

六、结　语

在《九民纪要》的相关裁判规则基础之上,从解释论角度,应当明确如下解释结论:一是将有限责任公司清算义务人的主体范围限于参与公司实质经营管理,具有董事身份的股东,这是对《公司法司法解释(二)》第18条关于有限责任公司清算义务人范围规定的限缩解释。二是将有限责任公司清算义务人怠于履行清算义务导致债权人利益受损时的责任性质及理论基础锁定于第三人侵害债权的损害赔偿责任,与公司法人人格否认制度的适用范围进行区分。三是在《公司法》未修改之前,应将《公司法司法解释(二)》第18条的法律适用功能解释为:在董事违反清算义务时,该条可以作为独立的请求权基础;在不具有董事身份的股东出现该条情形时,则可以分别根据法人人格否认和一般侵权责任制度加以判断,具有转引作用。

从立法论角度来说,建议在《公司法》未来的修订中,引入“清算义务人”这一概念,建立清算义务人制度,并与清算组(清算人)制度予以区分。一是清算义务人的主体范围应限于负责公司经营管理的执行机构的组成人员,避免将中小股东纳入清算义务人导致利益保护的失衡。二是清算义务的具体内容应为在法定期间组织成立清算组和协助清算组启动清算程序,同时明确清算义务人负有及时将公司解散情况通知债权人的义务。三是对于违反清算义务的法律责任,明确区分其清算责任和清算赔偿责任的责任性质和适用条件。四是鉴于我国公司发展的现状,在实践中还存在不具有董事身份的股东或者实际控制人在实质控制或参与公司的经营管理,前述人员在公司解散和清算过程中仍有可能滥用自己的权利阻碍清算程序的启动和进行。因此,仍应强调前述滥用权利的行为亦有可能成立债权侵权责任。

综上,笔者建议,基于《民法典》《公司法司法解释(二)》《九民纪要》关于清算义务人的现行规范基础,《公司法》关于清算义务人的条款内容可以设计为:

“公司因本法规定解散且需要清算的,应当由清算义务人在解散事由出现之日起十五日内组织成立清算组,并负责协助清算组启动清算程序,同时应当将公司解散情况及时通知债权人。逾期未成立清算组的,公司债权人及其他利害关系人有权申请人民法院指定有关人员组成清算组进行清算。

“公司的董事等负责公司经营和管理的执行机构组成人员为公司的清算义务人。清算义务人未及时履行清算义务,应当承担清算责任,造成损害的,应当承担清算赔偿责任。

“实际控制公司经营和管理的股东或者实际控制人存在滥用权利,导致公司无法清算,造成损害的,也应当依法承担相应的赔偿责任。”

我国破产管理人分级管理制度的反思与完善*

王美交**　邓若翰***

摘要：破产管理人分级管理制度是我国地方人民法院在不违背上位法规定的前提下进行的地方性制度创新探索，具有较大的进步价值和革新意义。通过对当前我国各地破产管理人分级管理实践的梳理和实证分析，发现在文件制定主体、破产案件划分层级、破产案件分类标准、管理人选任方式以及分级考核机制等方面均存在一定的问题。究其根源，主要在于缺乏上位法的统一规范和引导，以及制度文本与实践需求出现了割裂。因此，应将地方分级管理办法的制定主体统一为各地高级人民法院，明确将破产案件划分为3级，在此基础上完善破产案件的分类标准和破产管理人的选任方式，并规范破产管理人的考评机制，最终实现我国破产管理人分级管理制度的体系优化。

关键词：破产管理人；分级管理；制定权限；管理人选任；破产案件分类

党的十九届五中全会提出，“改革开放迈出新步伐，社会主义市场经济体制更加完善，高标准市场体系基本建成，市场主体更加充满活力，产权制度改革和要素市场化配置改革取得重大进展，公平竞争制度更加健全，更高水平开放型经济新体制基本形成”。在去产能、优化营商环境的大背景下，我国企

* 本文系2018年重庆市人文社科规划项目“关联企业破产法律问题研究”(2018BS116)、西南政法大学党的十九届四中全会精神研究阐释专项课题立项“对标世行‘办理破产’的破产法治优化研究”(项目编号:2020XZYB－04)的阶段性成果。

** 重庆经纬资产清算有限公司项目经理，法学硕士。

*** 西南政法大学法学博士。

业优胜劣汰速率不断加快,加之新冠肺炎疫情对国际国内经济形势的综合性冲击,一大批企业被迫走入破产程序,力图通过破产实现"涅槃重生"或顺利退出。因此,包含了破产重整、和解以及清算程序的破产法律制度,对于推动我国经济高质量发展、深化供给侧结构性改革以及营造稳定公平的营商环境,具有重要意义。其中,破产管理人作为链接各方利益主体的关系枢纽,对整个破产程序的推进起到不可或缺的作用。

破产管理人制度最早可以追溯至古罗马时期。[①] 我国《企业破产法》第三章专设破产管理人制度,在管理人的选任、组成、资格、职责以及报酬等方面作了统筹性规定。但是,由于我国破产法制建设历程尚短,法治经验积累尚不充足,现行破产管理人制度在破产实践的运用中遇到了难题。为应对和解决这些问题,地方人民法院积极发挥主观能动性,开展制度创新试点,由此产生了一些兼具功能价值与可操作性、实践意义与理论启发的重要制度,而破产管理人分级管理制度即是其中之一。

我国破产管理人的"分级管理"源于深圳市中级人民法院,并在全国各地高级人民法院与中级人民法院的不断试点以及特色化尝试中发展起来。分级管理制度将"管理人选任"与"破产案件类型"相匹配,既实现了"管理人专业能力"与"破产案件难易程度"的适配,保证了破产程序的效率价值,又有助于促进破产管理人选任中的实质公平,进而激发破产管理人提高执业能力、优化破产管理业务的成长动力。与此同时,科学合理的破产管理人分级管理制度,亦对我国破产管理人市场化以及专业化改革目标的实现具有重要意义。

首先,本文对破产管理人分级管理的制度缘起进行简单介绍,为后文研究我国分级管理制度的改进和完善奠定理论基础;其次,立足我国各地的分级管理实践,进行大数据式的统计和梳理,对破产管理人分级原则、破产案件分级标准、管理人选任方式以及分级考核标准等进行实证分析,聚焦问题所在;最后,结合各地规范的横向对比分析以及分级管理制度的理论探讨,提出有针对性的完善建议。

---

① 参见周焕然、范晓玲:《破产管理人"金字塔式"选任模式研究》,载《法治论坛》2018年第1期。

一、制度缘起：破产管理人分级管理制度的基本介绍

《企业破产法》第22条规定："管理人由人民法院指定……指定管理人和确定管理人报酬的办法，由最高人民法院规定。"该条是我国破产管理人选任的法律渊源，但同时其以法律授权的方式，将破产管理人选任办法的制定权限授予了最高人民法院。随后，最高人民法院在《关于审理企业破产案件指定管理人的规定》（以下简称《指定管理人解释》）进一步作出了详细规定，并构建起了"随机为主，兼顾竞争与推荐"为准绳的制度框架，即原则上"人民法院一般应当按照管理人名册所列名单采取轮候、抽签、摇号等随机方式公开指定管理人"，[①]但"对于商业银行、证券公司、保险公司等金融机构或者在全国范围有重大影响、法律关系复杂、债务人财产分散的企业破产案件"，人民法院可以公告并"邀请编入各地人民法院管理人名册中的社会中介机构参与竞争，从参与竞争的社会中介机构中指定管理人"，[②]或者是通过"在金融监督管理机构推荐的已编入管理人名册的社会中介机构中指定管理人的方式"，选任"经过行政清理、清算的商业银行、证券公司、保险公司等金融机构的破产案件"的管理人。[③] 这种制度框架体现出最高人民法院以公平为先的立法思路，即通过"轮候、抽签、摇号"等具有随机性、概率性的选任方法，力求排除破产管理人选任中的人为主观因素，保证选任方式的绝对公平，并防范地方人民法院在破产管理人选任中可能存在的任人唯亲、关系导向、职权滥用和渎职腐败等风险。

然而，绝对的公平意味着一定程度上的不公平，亦意味着效率价值在破产制度中的缺席。对于前者来说，完全依靠概率学的随机选拔方式实际上忽视了破产管理人规模和能力的差异化和不同破产项目的体量和复杂程度，并将破产管理人预设为与假想完全相同，不具个体性与特殊性的抽象个体。这使制度文本与现实实践间产生了某种程度上的撕裂，很可能导致"专业管理

---

① 参见最高人民法院《指定管理人解释》第20条。

② 参见最高人民法院《指定管理人解释》第21条。

③ 参见最高人民法院《指定管理人解释》第22条。

人”匹配“简易破产项目”、“一般管理人”反而匹配“复杂破产项目”等情况,明显违背了选贤任能、能者居上的实质公平理念,也可能会较大地阻碍破产管理人提高专业能力的主动性与积极性。对于后者来说,这种制度安排可能带来破产管理人资源配置的错位和低效,显然不符合市场经济的基本诉求。如规模较大、业务能力较强的管理人负责简单、小额的破产项目,造成优质管理人资源的浪费;而规模较小、业务能力较差的管理人负责复杂、大额的破产项目,造成破产项目管理效益的低下。

公平与效率源于人类社会实践,亦成为破产法律制度变迁的根本动力和塑造的基本价值依据。① 从古罗马时期产生,公平就是破产法律制度的首要价值,而随着市场经济的产生与发展,效率又作为市场的内生需求逐步浸入其中,转化为破产制度的核心价值之一。立法者追求破产制度建设中的公平与效率,实质上就是在追求一种最有效率、最有序、最公平保护债权人的制度安排。② 面对当前我国破产管理人选任中形式公平有余、实质公平不足且效率亦有所减损的现状,地方各级人民法院积极开展了相应的制度创新,以缓解由此产生的制度规则与实践操作间的撕裂和矛盾,其中,最典型且有效的即是破产管理人分级管理制度。

所谓破产管理人分级管理制度,即人民法院根据编入名册中的破产管理人的执业能力、从业经验、社会信誉等标准,将其划分为2~3个等级,并针对不同复杂度和规模的破产项目,在相应级别的管理人名单中通过轮候、抽签摇号等方式选定最终管理人的制度。分级管理制度是地方人民法院在不违背上位法律规定的前提下进行的地方性制度创新实验,并在实践中取得了较好效果。其创新价值与意义在于:第一,破产管理人分级管理的制度创新并未违背上位法律的规定,因而维护了破产管理人选任制度体系的形式完整性和逻辑一致性。《指定管理人解释》第20条要求,人民法院“按照管理人名册所列名单”,采取“轮候、抽签、摇号”等随机方式指定管理人。而分级管理制度采用了将名册中管理人区分级别的方式,分别在名册“对应级别的管理人

① 参见张晨颖:《破产制度价值研究》,载《北京大学学报(哲学社会科学版)》2003年第6期。

② 参见李曙光:《破产法的宪法性及市场经济价值》,载《北京大学学报(哲学社会科学版)》2019年第1期。

名单"中,采用上述随机方式选任管理人,因而与《指定管理人解释》第 20 条的规定并不产生冲突,保证了制度创新与原有制度体系的衔接和调和。第二,破产管理人分级管理制度创建了破产管理人的级别类型,进而为破产管理人改进业务工作、提高业务能力提供了制度激励。破产管理人分级管理制度将破产管理人划分为了 2 ~3 个级别,破产管理人通过积累破产经营、扩大组织规模、提高业务能力等方式,可以提高自己在破产管理人名册中的级别,进而有机会获得更高级别的破产项目并获得更大的社会影响力。换言之,破产管理人级别划分成为一种对于管理人业务能力的官方资格认证,其代表一种荣誉和获得更高级业务的机会,因而能为破产管理人提供更多的内在激励,促使其不断提高自我,而破产管理人专业能力的持续增强最终将有益于整个破产市场的兴盛和破产效率的提高,并最终形成良性循环。第三,破产管理人分级管理制度有助于实现破产管理人选任中实质公平和效率的回归。各地的分级管理制度通常会在管理人分级的基础上,根据复杂度和管理难度等要素,将破产案件分为重大复杂案件、普通破产案件和简易破产案件等类型,并对更高级别的案件设定更高的管理人级别要求,这就保证了"项目难易程度"与"管理人专业水平"的优质匹配。不仅促进了管理人资源的优化配置,防止破产项目因管理人能力不足而进展困难,同时也符合社会对于"能者上、平者让"的实质公平认识。此外,由于分级管理制度并未完全摒弃抽签等随机的选拔方法,因而其原有的实现形式公平、防范权力恣意的功能仍然存在,形式公平与实质公平在分级管理制度中达到了一种合适的平衡。

二、制度梳理:破产管理人分级管理的各地实践

我国破产管理人的"分级管理"起源于深圳市中级人民法院(以下简称深圳中院),①随后,无锡市中级人民法院(以下简称无锡中院)②、巴音郭楞蒙古

① 2013 年 5 月 23 日,深圳中院《关于印发〈深圳市中级人民法院破产案件管理人分级管理办法〉的通知》(深中法发〔2013〕3 号)最早对破产案件管理人的分级管理进行了细化性的规定。

② 2016 年 8 月 17 日,无锡中院院长办公会议讨论通过《无锡法院破产管理人分级管理和选任办法》,对管理人的分级、分级标准、选任以及破产案件的分类标准作了细化性的固定。

自治州中级人民法院(以下简称巴音郭楞蒙古自治州中院)①、天津市高级人民法院(以下简称天津高院)②相继出台了相关的破产管理人分级管理办法,对破产管理人分级管理作了地方性的细化规定。近些年来,我国各地越来越多的高级人民法院、中级人民法院都分别出台了破产管理人分级管理办法,在文件制定主体上,主要以中级人民法院居多(详见表1)。从分级管理的文件内容来看,各地法院在分级原则、破产案件分类、管理人指定方式、分级考核方式,以及分级评审的组织、标准、程序等作了细化性规定。

表1　我国各地破产管理人分级管理制度统计

序号	发布主体	文件名称	发布日期
1	深圳中院	关于印发《深圳市中级人民法院破产案件管理人分级管理办法》的通知	2013年5月23日
2	天津高院	关于印发《天津市高级人民法院破产管理人分级管理办法》的通知	2019年12月30日
3	福建省厦门市中级人民法院(以下简称厦门中院)	关于企业破产案件管理人名册更新及分级管理的公告	2020年4月7日
4	无锡中院	无锡法院破产管理人分级管理和选任办法	2016年8月17日
5	巴音郭楞蒙古自治州中院	巴音郭楞蒙古自治州中级人民法院企业破产案件管理人分级管理办法(试行)	2018年10月18日
6	齐齐哈尔市中级人民法院(以下简称齐齐哈尔中院)	关于破产管理人分级管理和考核办法的规定(试行)	2020年12月16日

① 2018年10月18日,巴音郭楞蒙古自治州中院第31次审委会讨论通过《巴音郭楞蒙古自治州中级人民法院企业破产案件管理人分级管理办法(试行)》,对破产管理人的分类、指定方式、破产案件分类以及管理人的评定标准等作了规定。

② 2019年12月30日,天津高院关于印发《天津市高级人民法院破产管理人分级管理办法》的通知(津高法发〔2019〕31号),对破产管理人分级原则、任职资格、案件分类、评审组织、评审标准、评审程序等作了详细规定。

续表

序号	发布主体	文件名称	发布日期
7	四川省自贡市中级人民法院(以下简称自贡中院)	关于破产案件管理人分级管理、考评的工作办法(试行)	2019年11月8日
8	威海市中级人民法院(以下简称威海中院)	威海市中级人民法院破产案件管理人分级管理办法(试行)	2019年6月20日
9	岳阳市中级人民法院(以下简称岳阳中院)	岳阳法院破产管理人分级管理和选任办法	2018年3月23日
10	漳州市中级人民法院(以下简称漳州中院)	关于对破产案件管理人实行分级评价的管理机制(试行)	2020年4月
11	镇江市中级人民法院(以下简称镇江中院)	镇江市中级人民法院企业破产案件管理人分级管理和选任办法(试行)	2018年11月10日
12	山东省高级人民法院(以下简称山东高院)	企业破产案件管理人管理办法(试行)	2017年1月
13	重庆市高级人民法院(以下简称重庆高院)	重庆市高级人民法院企业破产案件社会中介机构管理人名册编制办法	2016年10月18日
14	成都市中级人民法院(以下简称成都中院)	成都市中级人民法院破产案件管理人考核评价办法(试行)	2019年2月13日
15	青海省高级人民法院(以下简称青海高院)	关于企业破产管理人管理办法(试行)	2020年7月
16	河南省高级人民法院(以下简称河南高院)	规范企业破产案件管理人工作意见	2020年9月25日
17	佛山市中级人民法院(以下简称佛山中院)	破产管理人质效管理暂行办法(试行)	2017年5月

注:通过北大法宝法律数据库以“分级管理”为关键词进行检索,仅有深圳中院、天津高院以及厦门中院有相关的分级管理办法规定,详见序号1~3;序号1~17数据源于网页以及各地法院官网,其中,文件名称中直接规定“分级管理”的数据为序号4~11,山东高院、青海高院等在“破产管理人管理办法”中对分级管理作了规定,详见序号12~17。统计数据日期截至2020年11月22日。

(一)破产管理人分级原则

在破产管理人分级原则上,大多地区划分为三级,部分地区划分为二级。例如,深圳中院《破产案件管理人分级管理办法》第2条直接规定,“管理人名册中的社会中介机构分为一、二、三级管理人,各级管理人依照本办法晋级、降级或者淘汰”。此外,无锡中院、巴音郭楞蒙古自治州中院、齐齐哈尔中院、自贡中院、威海中院、岳阳中院、漳州中院、镇江中院、山东高院、成都中院、青海高院均将管理人名册中的社会中介机构分为一级、二级、三级管理人。部分地区则将管理人分为一级、二级,如天津高院、厦门中院以及河南高院等。

在分级案件的任职资格方面,目前试点各地均比较统一。一级管理人可以担任所有类别破产案件的管理人,二级管理人可以担任第二、第三类破产案件的管理人,三级管理人只能担任第三类破产案件、小额破产案件或简易破产案件的管理人。个别地区对管理人执业地域作了限制性规定,例如,河南高院出台的《规范企业破产案件管理人工作意见》第7条便对管理人执业范围进行了规定。①

(二)破产案件分类标准

分级管理制度将“管理人选任”与“破产案件类型”作匹配,形成良性互动、分级对应的阶梯式指向关系,这既实现了“管理人能力”与“破产案件复杂度”的适配,保证了破产案件的效率与效益,又有助于促进破产管理人选任中的实质公平,进而激发破产管理人提高破产管理能力、优化破产管理业务的成长动力。在我国分级管理的各地实践中,大多地区以管理人分级原则为基准,根据企业类型、社会影响、财产价值、债权人人数和难易程度等,将企业破产案件分为重大复杂破产案件(第一类案件)、普通破产案件(第二类案件)、简易破产案件(小额破产案件或无财产破产案件)3类。部分地区分为重大复

① 河南省高级人民法院《规范企业破产案件管理人工作意见》第7条规定,一级管理人可以办理所有类型的破产案件;二级管理人可以办理除重大复杂破产案件以外的其他破产案件,二级管理人原则上在所在地中级人民法院辖区内执业。

杂破产案件、普通破产案件2类。①

在3类案件的分类标准上，大多将商业银行、证券公司、保险公司等金融机构破产案件，上市公司破产案件等列为第一类案件，即重大复杂破产案件。将财产价值总额较小，以及破产原因和事实清楚、债权债务关系明确、债权人人数较少或债务总额较小、无产可破等案件列为第三类案件，即小额破产案件。但各地因经济发展水平、破产案件数量等不同，因而分类标准并不统一，具体详见表2、表3。

表2　重大复杂破产案件(第一类案件/一类案件)分类标准统计

序号	制定主体	重大复杂破产案件(第一类案件/一类案件)分类标准				
1	深圳中院	(1)商业银行、证券公司、保险公司等金融机构破产案件	(2)上市公司破产案件	(3)本辖区、本省或者全国范围内有较大社会影响的破产案件	(4)债务人财产价值总额1亿元(含本数)以上的破产案件	(5)法院认为属于重大复杂的其他破产案件
2	无锡中院	(1)商业银行、证券公司、保险公司等金融机构破产案件	(2)上市公司破产案件	(3)本市、本省或全国范围内有重大影响且案情复杂的破产案件	—	—
3	巴音郭楞蒙古自治州中院	(1)商业银行、证券公司、保险公司等金融机构案件	(2)上市公司、大型企业案件	(3)债务人财产价值总额1亿元(含本数)以上的案件	(4)本辖区、本省或者全国范围内有较大社会影响的案件	(5)法院认为属于重大复杂的其他案件

① 例如，《无锡法院破产管理人分级管理和选任办法》第5条便将破产案件分为重大破产案件和普通破产案件两类。

续表

序号	制定主体	重大复杂破产案件(第一类案件/一类案件)分类标准				
4	齐齐哈尔中院	(1)商业银行、证券公司、保险公司等金融机构破产案件	(2)上市公司破产案件	(3)债务人财产数额经破产预审计标的额在1亿元以上(含本数)的破产案件[1]	(4)本辖区、本省或者全国范围内有较大社会影响的破产案件	(5)法院认为属于重大疑难复杂的案件
5	自贡中院	(1)商业银行、证券公司、保险公司等金融机构破产案件	(2)上市公司破产案件	(3)债务人财产数额经破产预审计标的额在1亿元以上(含本数)的破产案件[2]	(4)本辖区、本省或者全国范围内有较大社会影响的破产案件	(5)法院认为属于重大疑难复杂的案件
6	威海中院	(1)商业银行、证券公司、保险公司等金融机构破产案件	(2)上市公司破产案件	(3)本省或者全国范围内有较大社会影响且案情复杂的破产案件	(4)债务人资产总额达到3亿元(含本数)以上的破产案件	(5)债务人负债总额3亿元(含本数)以上且资产总额2亿元(含本数)以上,并且债权人人数(不包括职工债权人数)众多、法律关系复杂、重大的其他破产案件
7	岳阳中院	(1)商业银行、证券公司、保险公司等金融机构破产案件	(2)上市公司破产案件	(3)本市、本省或全国范围内有重大影响且案情复杂的破产案件	—	—

续表

<table>
<tr><th>序号</th><th>制定主体</th><th colspan="5">重大复杂破产案件(第一类案件/一类案件)分类标准</th></tr>
<tr><td>8</td><td>镇江中院</td><td>(1)商业银行、证券公司、保险公司等金融机构破产案件</td><td>(2)上市公司破产案件</td><td>(3)本市(包括所辖市、区)、本省或者全国范围内有重大影响且案情复杂的破产案件</td><td>(4)债务人注册资本超过1亿元的破产案件</td><td>(5)受理法院认为存在重大复杂情形的其他破产案件</td></tr>
<tr><td>9</td><td>河南高院</td><td colspan="5">(1)商业银行、证券公司、保险公司、公司制新型金融组织等金融机构破产案件;(2)大型国有企业、上市公司及其控股企业破产案件;(3)破产重整的案件;(4)债务人账面资产总额在3亿元以上(含本数)的破产案件;(5)牵涉职工债权数额大,职工债权人人数众多,存在不稳定因素的破产案件;(6)在全国或全省范围内有重大影响的破产案件;(7)受理法院认为属于重大复杂的其他破产案件</td></tr>
<tr><td>10</td><td>天津高院</td><td colspan="5">(1)金融机构等金融类企业破产案件;(2)上市公司破产案件;(3)关联企业破产案件;(4)在全国或者全市范围内有较大影响的破产案件;(5)债务人财产价值1亿元以上的破产案件;(6)普通债权人人数100人以上的破产案件;(7)重整案件;(8)其他重大复杂的破产案件</td></tr>
</table>

〔1〕齐齐哈尔中院《关于破产管理人分级管理和考核办法的规定(试行)》第5条规定:“人民法院受理破产案件时,债务人未提供预审计财务报告的,以债务人账面资产作为标的额确定案件类别。”

〔2〕自贡中院《关于破产案件管理人分级管理、考评的工作办法(2021修正)》第6条规定:“人民法院受理破产案件时,债务人未提供预审计财务报告的,案件分类由合议庭根据实际情况确定。”

表3　普通破产案件、小额破产案件分类标准统计

序号	制定主体	普通破产案件(第二类案件/二类案件)分类标准	小额破产案件(第三类案件、简易破产案件、无财产破产案件)分类标准
1	深圳中院	债务人财产价值总额在100万元(含本数)以上、1亿元以下的破产案件	债务人财产价值总额在100万元以下的破产案件

续表

序号	制定主体	普通破产案件 (第二类案件/二类案件) 分类标准	小额破产案件(第三类案件、简易破产案件、无财产破产案件) 分类标准
2	无锡中院	除重大破产案件外的破产案件	—
3	巴音郭楞蒙古自治州中院	债务人财产价值总额在 500 万元(含本数)以上、1 亿元以下的案件	债务人财产价值总额在 500 万元以下的案件
4	齐齐哈尔中院	债务人财产数额经破产预审计标的额在 2000 万元以上(含本数)、不满 1 亿元的破产案件[1]	债务人财产数额经破产预审计标的额在 2000 万元以下的破产案件
5	自贡中院	债务人财产数额经破产预审计标的额在 2000 万元以上(含本数)、不满 1 亿元的破产案件[2]	债务人财产数额经破产预审计标的额在 2000 万元以下的破产案件
6	威海中院	债务人资产总额不满 3 亿元、一类案件及三类案件之外的破产案件	债务人资产总额不满 3000 万元,债权债务关系较简单、清楚,债务人财务账册齐全,涉及未决诉讼数量少的破产案件
7	岳阳中院	除重大破产案件外的破产案件	—
8	镇江中院	其他	(1)破产原因和事实清楚;(2)债权债务关系明确;(3)破产财产价值较小;(4)债权人人数较少或债务总额较小;(5)无产可破;(6)受理法院认为存在简易情形的其他破产案件

〔1〕齐齐哈尔中院《关于破产管理人分级管理和考核办法的规定(试行)》第 5 条规定:“人民法院受理破产案件时,债务人未提供预审计财务报告的,以债务人账面资产作为标的额确定案件类别。”

〔2〕自贡中院《关于破产案件管理人分级管理、考评的工作办法(2021 修正)》第 6 条规定:“人民法院受理破产案件时,债务人未提供预审计财务报告的,案件分类由合议庭根据实际情况确定”。

(三)破产管理人选任方式

在管理人选任方式上,我国各地根据地方实践因地制宜,制订了不同的选任方式,主要为随机选任以及竞争选任2种。部分地区采取的是抽签、摇珠等较随机的方式,例如,深圳中院《破产案件管理人分级管理办法》第4条规定:"本院受理企业破产案件后,依照本办法规定的案件类别分别在一、二、三级管理人名册中指定管理人,原则上均采取摇号等随机指定方式。重大复杂破产案件在一级管理人名册中摇号;普通破产案件在二级管理人名册中摇号;小额破产案件原则上在三级管理人名册中摇号,但本院可以根据实际需要对小额破产案件进行分流。"部分地区采取了"自愿报名+摇号选任"相结合的模式,例如,《无锡法院破产管理人分级管理和选任办法》第6条①、第7条②、第8条对管理人的一般选任、竞争选任以及竞争选任的具体操作等均作了详细规定。在重大复杂破产案件的管理人选任方式上,大多采取了竞争选任的方式,但亦有法院采取了原则上摇号的执行方式。③

---

① 《无锡法院破产管理人分级管理和选任办法》第6条规定:"无锡法院受理的破产案件,一般从无锡法院管理人名册中指定管理人。破产案件审判庭确定破产案件类别后,报送司法鉴定管理部门,按照以下方式指定管理人:(一)对重大破产案件,由一、二级管理人在两日内自愿报名,有一级管理人报名的,从报名的一级管理人中摇号指定,报名的一级管理人仅一家的,直接指定该管理人;无一级管理人报名的,从报名的二级管理人中摇号指定,报名的二级管理人仅一家的,直接指定该管理人;无一、二级管理人报名的,从全体一、二级管理人中摇号指定。(二)对普通破产案件,由管理人在两日内自愿报名,有一、二级管理人报名的,从报名的一、二级管理人中摇号指定,报名的一、二级管理人仅一家的,直接指定该管理人;无一、二级管理人报名的,从报名的三级管理人中摇号指定;无管理人报名的,从全体三级管理人中摇号指定。(三)一、二级管理人每年承接案件数不得超过全体管理人上一年度承接破产案件和公司强制清算案件的平均数。关联案件指定同一管理人的,按一件计。管理人承接的案件超过两年未审结的,自超过两年时起,每年计入承接案件数。管理人承接案件数超过上限的,立即暂停当年承接案件资格并在年度考核中直接降级(此项降级不占用常规降级名额但相应增加升级名额);对超过上限承接案件数,在次年承接案件数中抵扣。全体管理人上一年度承接破产案件和公司强制清算案件的平均数,由中院司法鉴定处在每年1月发布。司法鉴定管理部门进行摇号操作时,应通知相关候选机构,必要时邀请纪检监察部门派员到场监督。候选机构经通知不到场的,不影响摇号操作。"

② 《无锡法院破产管理人分级管理和选任办法》第7条规定:"对按本办法第五条确定的重大破产案件,确有必要时,可以采取竞争选任的方式,邀请编入本市、本省或全国各地法院管理人名册中的社会中介机构参与竞争,择优指定管理人。各法院采取竞争选任方式指定管理人的破产案件数量不得超过该法院上一年度受理破产案件数量的10%,且不得多于2件。"

③ 例如,《镇江市中级人民法院企业破产案件管理人分级管理和选任办法(试行)》第10条规定:"重大复杂破产案件,原则上在一级管理人中摇号指定。"

(四)破产管理人分级考核制度

破产管理人的评级主要由各地高级人民法院、中级人民法院破产管理人评审委员会组织进行,部分地区针对不同案件设置了评审小组,由破产案件审判、司法鉴定部门派员等成员组成。在考核标准方面,主要考量因素有机构规模、执业业绩、执业能力、专业水准、工作绩效、勤勉程度、执业责任保险等,但各地考核标准并不统一。此外,各地高级人民法院、中级人民法院制定的文件办法中均设置了不同的晋级、降级和淘汰制度,以实现破产管理人的升、降级机制。在个案考核和年度考核方面,齐齐哈尔中院和自贡中院设置了较详细的量化评分标准。

三、问题检视:各地分级管理制度不足的归纳分析

(一)文件制定主体不一

如上述统计数据显示,我国现行的破产管理人分级管理办法制定主体主要为各地高级人民法院以及中级人民法院,且以中级人民法院居多,呈现制定主体分散且层级不统一的态势。这就产生了两个问题:一是与上位法的冲突问题。《指定管理人解释》第 2 条第 1 款规定:“高级人民法院应当根据本辖区律师事务所、会计师事务所、破产清算事务所等社会中介机构及专职从业人员数量和企业破产案件数量,确定由本院或者所辖中级人民法院编制管理人名册。”该条表明,管理人名册编制的决策权由高级人民法院行使,中级人民法院仅享有实施权,不享有决策权。因此,由中级人民法院制定并发布文件的模式构建分级管理制度,恐存在越权嫌疑,亦有悖于中级人民法院执行者的角色定位。二是跨地域选任管理人的文件冲突问题。由于各地分级管理办法制定的主体层级存在差异,在遭遇跨地域选任管理人时,恐会面临规则适用不明的困境。例如,某地中级人民法院因破产案件涉及外省的多数债权人,因而需要指定外省的破产管理人负责该案件,但若该地中级人民法院和该外省高级人民法院均发布分级管理文件时,该中级人民法院应选择适用哪一份文件的规定?若适用本地中级人民法院的文件规则,外省高级人民法院和破产管理人可能因高级人民法院文件权威性较强而颇有微词,但若适

用外地高级人民法院的文件规则，则中级人民法院可能因不熟悉而难以开展管理工作，这不可避免地会产生文件之间的矛盾和纠纷。此外，当外地高级人民法院的管理人级别标准与本地中级人民法院的管理人级别标准不一致时，应如何指定外地管理人才能兼顾公平与效率，亦成为一项复杂的问题。

（二）破产案件两级划分冗余

在破产管理人的分级原则上，我国大多地区分类为 3 级，但亦有部分地区分为 2 级，这与各地经济发展水平以及破产案件数量密不可分。在目前将破产管理人划分为两级的办法中，也主要将破产案件分为重大复杂案件和普通破产案件两类。但《指定管理人解释》第 21 条第 1 款已明确规定，“对于商业银行、证券公司、保险公司等金融机构或者在全国范围有重大影响、法律关系复杂、债务人财产分散的企业破产案件”，人民法院可以公告并“邀请编入各地人民法院管理人名册中的社会中介机构参与竞争，从参与竞争的社会中介机构中指定管理人”。在该解释的背景下，虽未明确规定分级制度，但其最终效果与两级划分的效果较近似。在这种情况下，再将破产案件划分为两级予以管理的制度设置恐存在“画蛇添足”之嫌，容易落入“重复立法”的陷阱之中，不仅难以达到分级管理的制度预期，反而徒增法院的管理成本。

（三）破产案件分类标准迥异

在我国分级管理的各地实践中，大多地区将企业破产案件分为重大复杂破产案件、普通破产案件以及小额破产案件，但在具体的案件分类标准上并不统一。

首先，在重大复杂破产案件认定方面。其一，在类型认定上，大多地区将商业银行、证券公司、保险公司等金融机构破产案件、上市公司破产案件归入重大复杂案件。有少部分地区还将关联企业合并破产以及破产重整案件，也归类为重大复杂类型，但大多地区对此并无明确规定。其二，在金额认定上，部分地区将“低于债务人财产价值总额 1 亿元（含本数）以上的破产案件”归类为重大复杂破产案件，但亦有地区规定“债务人账面资产总额在 3 亿元以上(含本数)的破产案件"[①]认定为重大复杂案件,且就目前规定来看,金额大小与地区经济状况并无明显挂钩。其三,在财产金额的认定基准上也并无统一标准。就目前统计数据来看,有以下标准:"财产价值总额""财产数额经破产预审计标的额""资产总额""负债总额与资产总额结合""注册资本""账面资产总额"。这种认定基准的不统一,会导致破产案件分类标准的不统一。

其次,在普通破产案件认定方面,各地的差异化更是十分明显。例如,深圳中院将"债务人财产价值总额在100万元(含本数)以上、1亿元以下的破产案件"列为普通破产案件;无锡中院则将"除重大破产案件外的破产案件"均列为普通破产案件;自贡中院将"债务人财产数额经破产预审计标的额在2000万元以上(含本数)、不满1亿元的破产案件"列为普通破产案件;而威海中院则将"债务人资产总额不满3亿元、一类案件及三类案件之外的破产案件"均列为普通破产案件。这种差异化十分明显的分类标准,在跨地域管理人指定时则可能存在很大的资源错配问题。

最后,在小额破产案件认定方面,除认定金额的各地差异化明显外,较明显的问题则是大多地区直接以金额大小来划分小额破产案件。以债务人财产价值总额进行划分就当前实践而言无可厚非,但有些破产企业财产价值总额虽小,甚至不足100万元,但其债权债务比较复杂,且可能涉及大量职工以及大量债权人,粗略地以财产价值总额将其划分为小额破产案件,缺乏更深层次的利益衡量,无疑为后续破产程序的推进增加了难度。

(四)管理人选任方式脱离实际

《指定管理人解释》构建了"随机为主,兼顾竞争与推荐"的制度框架,这种制度框架为管理人选任中的公平起到了保驾护航的作用。但这种绝对的公平也意味着一定程度上的不公平,亦会导致效率价值在破产制度中的缺席。首先,在完全"轮候、抽签、摇号"等极具随机性、概率性的选任方法下,管理人、债权人并无选择权。破产管理人作为链接各方利益主体的关系枢纽,在整个破产程序推进中担任重要角色。但完全随机性的选任方式,完全排除了破产管理人的选择权,不仅管理人不能自主考量该破产案件是否与管理人

---

① 参见河南省高级人民法院《规范企业破产案件管理人工作意见》第7条。

业务范围相吻合,且在管理人业务已经饱和的情况下,“过多”的破产案件会使管理人分身乏术。例如,某些律师事务所不仅有破产案件的业务,还有大量诉讼以及非诉的业务,当其案件已经较“饱和”的状态下,继续指定其作为管理人处理每周因“摇号摇中”而接踵而至的大量破产业务,难免会分身乏术。其次,完全依靠概率学的随机选拔方式,实际上忽视了破产管理人规模和能力的差异化,以及不同破产项目的体量和复杂度,并将破产管理人预设为与假想中完全相同,不具个体性与特殊性的抽象个体,这将造成制度文本与现实实践间产生某种程度上的撕裂。

(五)管理人分级考核机制不足

在管理人分级考核制度方面,部分地区规定了细化的量化评分标准,但总体而言,缺乏统一的考核标准。在现行制度中,有部分地区将办公场所大小以及办公场所是否为租赁和自有列为量化评分标准,但这种标准或许只能表明破产管理人的资本含量,属于间接关联因素,而并不能直接关联和表明破产管理人的实际业务能力。通俗而言,是否办公室够大,破产管理能力就一定更强?归根结底,破产管理能力更多是与破产管理人员的资质、经验、态度、能力以及破产管理团队领导者的领导、规划和组织能力有关,这些因素才是反映破产管理人是否能胜任更复杂案件的关键指标。过多关注场地面积等“形象因素”,反而可能导致分级管理筛选的目标落空。此外,在晋级、降级和淘汰制度方面,管理人申诉和救济机制的缺乏亦是一个重要问题。申诉和救济机制作为现代法制的核心制度之一,对于保障破产管理人权利,规制法院的权力恣意,防范权力异化和渎职腐败,以及提升司法的公信力和权威性等方面具有重要作用。

四、路径优化:破产管理人分级管理制度的完善方案

(一)由各地高级人民法院统一制定分级管理办法

如上文所述,分散且制定主体层级不一的分级管理制度导致了两种冲突,即中级人民法院制定分级管理文件并不符合《指定管理人解释》第 2 条的规定,以及跨地域指定管理人时的文件冲突。这两种问题的症结在于当前分

级管理制度制定权限的松散与不规范。换言之,作为一种地方法院的制度创新,由于缺乏上位法的统一规范和引导,因而各地均根据自己的实际需要及地方法院的主观判断而决定是否制定并发布分级管理文件。这种松散和不规范蕴含了地方创新引导制度探索,地方试点引领制度变革的先行先试意味,既符合我国制度改革的传统习惯,亦有助于激发基层活力和创造力,充分挖掘我国制度革新的民间智慧和内在潜力;但是,亦可能导致制度构造的"各自为政"和"协调性缺失"。

经实践检验,破产管理人分级管理制度的确具有较强的进步价值和革新意义。在该制度经实践反馈而逐渐具备可操作性的当下,应充分总结地方经验,对分级管理制度的制定权限进行统一规范,促进地方分级管理制度与《指定管理人解释》的理性对接,并实现各地分级管理制度的统合协调,成为当前破产法制改革的重要抓手之一。具体来说,首先,应匹配《指定管理人解释》第2条的规定,将分级管理制度文件的制定权限明确限定为地方高级人民法院,由其统一制定和发布本辖区范围内的制度规则。同时,应确立地方中级人民法院作为分级管理制度具体实施者的地位,尽可能实现规则制定与规则实施的权力分立。其次,为解决跨地域破产管理人指定时的规则冲突问题,应由最高人民法院建立相应的协调机制,主导协调各地高级人民法院分级管理制度的制定工作,尽可能保证各地规范的统筹协调和有机衔接。同时,最高人民法院可出台相应的跨地域破产管理人指定规则适用办法,重点解决跨地域破产管理人指定中的规则冲突问题,畅通跨地域破产管理人指定的制度渠道。

(二)统一破产案件划分层级

如前所述,对于我国破产管理人以及破产案件的层级划分,各地并不统一,有些地区划分为2级,有些地区划分为3级。当划分为2级时,一方面,因层级太过单一而不能体现出破产案件分级的重要意义;另一方面,其并未将实践中存在的重大复杂案件、普通案件以及简易破产案件区分开来,也可能会导致破产案件难易程度与管理人资质的不相适应。此外,当出现跨地域案件时,2级与3级的不匹配冲突体现则更加明显,在实践中不得不采取联合指定管理人的方式予以解决。因此,应当以省级为单位,将破产案件以及破产管理人层级划分为3级,这既有利于跨地域案件的协调,同时也有利于实现破产案件更专业的分流,从而大幅提升破产程序推进的效率。

(三)完善破产案件分类标准

首先,对于重大破产案件、普通破产案件、简易破产案件的认定,可以采取"列举式+概括式"方式予以确定,除认定金额外,还应当综合破产原因和事实、债权债务关系、可能涉及的债权人人数以及债务总额等进行考量。再授权各地区根据地区经济发展水平、破产案件数量予以确定具体标准。其次,应当统一财产金额的认定基准。到底是以债务人"财产价值总额""财产数额经破产预审计标的额""资产总额""负债总额与资产总额结合""注册资本"为标准,还是以"账面资产总额"为标准予以认定,还需要由地方法院经过实证调研、综合权衡之后,明确一个统一的标准。

(四)完善破产管理人选任方式

首先,应当给予破产管理人选择权,即总体上采取"自愿报名+随机指定"的原则。在此原则之下,管理人可以根据自身案件的饱和度、案件所涉领域的熟悉度,以及团队人员执业能力等进行综合判断之后,再选择是否报名。基于此,管理人对所承接的破产案件能够有充分的了解和安排,一方面,有利于管理人对整个破产案件进程的把控和了解;另一方面,也有利于整个破产案件的有序推进。其次,在部分破产案件中应当赋予债权人以选择权。债权人作为整个破产案件的直接利益相关者,无论是涉及债务人财产的处分,还是引进新的投资人,均与债权人利益息息相关,而同时,这些行为也离不开破产管理人的实施和推进,因此应当赋予债权人选择破产管理人的权利。最后,涉及重大疑难复杂或专业性较强的破产案件,法院可以预先设置一定的资格条件,由符合条件的管理人自愿报名,经法院初步考核认为符合条件的,再采用随机的方式指定管理人。

(五)规范管理人考评机制

在管理人分级考核制度方面,量化评分固然重要,但考核标准才是制度的核心所在。科学合理的考核标准既能保证考核结果的公平公正,同时又促使破产程序的有效推进,即所选出相应等级的管理人有资质和能力胜任所匹配的破产案件。此外,还应当建立和完善破产管理人申诉和救济机制,即法院在确定考核结果后,应将考核结果予以公示,破产管理人若对该结果不服,可向该人民法院提出复核申请,人民法院应予以复核,并将复核结果及评价标准、评价程序等向管理人予以说明和解释。若破产管理人仍存在异议,可向上一级人民法院提请复议。

五、结　　语

破产管理人分级管理制度是地方人民法院在不违背上位法规定的前提下进行的地方性制度创新探索,具有较强的进步价值和革新意义,并在实践中取得了较好效果。但其作为一种地方法院的制度创新,由于缺乏上位法的统一规范和引导,因而在实施过程中难免存在“各自为政”和“协调性缺失”的问题,造成制度文本与司法实践的割裂。当下,国际国内竞争日趋激烈,市场进出日益频繁,理应以更加积极、能动的态度,深度挖掘分级管理制度这项有益的地方创新经验,并将其予以深化和完善。这对于保障市场主体的公平有序退出,保证市场进出秩序的和谐稳定,无疑具有十分重要的理论价值和深远的现实意义。

我国个人破产建构的价值取向与制度反思

陶　然*

摘要:《深圳经济特区个人破产条例》的出台意味着我国个人破产制度的"破冰"。我国个人破产制度在宏观上承载解决"执行难"、优化"执转破"、完善市场主体退出制度的价值取向,在微观上承载实现债权人与债务人利益平衡的价值取向。个人破产制度的应然价值取向是实现"重生"与"惩罚"的平衡,但《深圳经济特区个人破产条例》构建的个人破产制度却难以与之契合,呈现价值取向失衡的局面。首先,其个人破产免责制度中存在免责考察期限设置过短、人格破产制度过于宽松、免责模式设置不清等问题,忽略了对债务人"惩罚"功能的彰显;其次,个人破产重整程序的缺陷导致重整制度的价值发生异化,使债务人陷入"重生"之困;最后,行政权力的介入有可能导致行政权与司法权发生摩擦,打破了个人破产制度架构的平衡基础。

关键词:个人破产;免责制度;破产重整程序;行政权力

一、研究缘起:我国个人破产制度之破冰与价值取向

《企业破产法》的适用主体无法囊括为企业生产经营担保的自然人、个体工商户等非法人经营性组织以及消费性借贷自然人,然而这部分主体占被执行人主体的近40%。这导致执行程序无法解决这部分主体的无财产执行不

* 苏州大学王健法学院2021级民商法学博士研究生。

能案件,“执转破”的运行效果不理想,不能完全实现执行程序中所有市场主体出清。[①] 2019年4月,最高人民法院发布《关于贯彻实施〈关于深化人民法院司法体制综合配套改革的意见——人民法院第五个五年改革纲要(2019—2023)〉的分工方案》提出,“研究推动建立个人破产制度及相关配套机制,着力解决针对个人的执行不能案件”。2019年6月,国家发改委、最高人民法院等13部委联合发布《加快完善市场主体退出制度改革方案》,提出了“分步推进建立自然人破产制度”的要求。2020年5月,中共中央、国务院《关于新时代加快完善社会主义市场经济体制的意见》提出,为完善社会主义市场经济法律制度、强化法治保障,需要推动个人破产立法。2020年8月26日,《深圳经济特区个人破产条例》经深圳市第六届人民代表大会常务委员会第四十四次会议正式通过,我国个人破产立法正式“破冰”,个人破产制度的架构也基本建构完成。

《深圳经济特区个人破产条例》所建构的个人破产制度蕴含司法与经济价值取向:(1)摆脱“执行难”的司法实践困境;(2)优化“执转破”程序,实现执行程序、企业破产程序与个人破产程序的顺畅衔接;(3)深化社会主义市场经济体制改革,完善市场退出制度,优化营商环境。我国的司法实践与经济环境塑造了个人破产制度的宏观价值取向,该条例的诞生是对建构个人破产制度宏观价值取向的具象化回应。无论是学界还是官方,都已充分论证了个人破产制度对实现这些宏观价值取向的必要性。从微观层面来说,《深圳经济特区个人破产条例》所建构的个人破产制度还承载“合理调整债务人、债权人以及其他利害关系人的权利义务关系,促进诚信债务人经济再生”的价值取向。

探讨我国个人破产制度内在的应然价值取向有重要意义,对未来立法起到重要的指导作用;探析《深圳经济特区个人破产条例》所安排的个人破产制度是否能够与之契合,可以反思现行制度构建所存在的不足。

① 参见陈唤忠:《“执转破”常态化实施路径优化研究》,载《法律适用》2020年第3期。

二、个人破产之价值取向："重生"与"惩罚"的衡平

(一)"重生"：个人破产的理想

个人破产制度的价值取向之一是实现债务人的"重生"，这一"重生"价值是制度构建的理想。"重生"价值的本质是充分调动个人参与市场竞争的动力，保护并助力实现个人的"企业家精神"，重塑法律道德观念和法律文化观念，摒弃绝对的债权人本位和绝对的惩罚本位理念，对动荡市场经济中诚实而不幸的债务人施以人性关怀。

个人抵抗投资风险的能力与市场的高风险呈现错位情况。相比法人内部存在完善的市场风险防控机制，个人作为孤立的市场主体，难以捕捉充分的市场信息并建立完善的自我风险风控机制。市场中的个人还存在盲目投机的可能。人们在市场投资中存在"乐观偏见"(optimistic bias)，容易低估市场风险、高估未来投资成功的可能性。[①] 此外，一些处于创业阶段的企业家很难完全按照公司法的要求建立完善的公司治理结构，尤其在财务上，很难明确将个人财务和公司财务予以分开，在个人举债维持公司运营的同时，却无法获得公司法上有限责任的保护；公司可以通过破产程序退出市场，但企业家本人却会因此负债累累，不堪重负。[②] 无论是市场的变动，还是人性的弱点，个人对市场风险的抵抗能力显得不堪一击。而个人破产制度的"重生"价值可以降低人们对市场风险的畏惧，充分鼓励个人投资，保证社会不会因市场退出机制的不完善而造成社会整体福利的损失。

参考古今中外的法律史，"失信"或是"欠债不还"都是债务人一辈子的道德污点；除要承担约定的财产责任外，还有配套的法律制度要求其承担人身责任。债务人接受人身罚意味着其人格降等，甚至意味着被迫承受人身损害。随着个人破产制度被广泛建立，各国立法开始免除破产债务人的人身处罚，这意味着个人破产在道德上贬抑债务人的功能日益削弱。[③] 因此，"重生"

① 参见许德风：《破产法论：解释与功能比较的视角》，北京大学出版社2015年版，第516页。

② 参见彭飞：《陈夏红：企业家为何宁愿跑路也不愿申请破产》，载《法人》2018年第3期。

③ 参见许德风：《破产法论：解释与功能比较的视角》，北京大学出版社2015年版，第518页。

意味着充分尊重债务人的人格尊严。中国一直以来“欠债还钱”“父债子偿”的传统文化观念仍然影响国人的法律道德,这种传统观念意味着一人涉足市场,全家一起承担市场风险。这种债权人本位的思想给债务人及其家庭带来了无法摆脱的失败感和痛苦。个人破产制度是债务人寻求经济重生的法律制度框架;它可以帮助债务人重拾继续生存的信心从而避免其可能带来的社会成本,甚至重新促使其返回市场投资。① 这种“重生”价值取向体现的是制度构建者对动荡市场经济中不幸债务人的理解与体谅,意味着制度构建理念不再以惩罚为本位,而以人性关怀为终极理想。②

(二)“惩罚”:个人破产的逻辑起点

我国建构个人破产制度时,应当以“惩罚”作为制度建构的逻辑起点,而非“重生”。个人破产制度以促进“重生”为逻辑起点的典型是美国,这种价值理念的最终抉择是社会变迁和经济环境变化的混合产物,我国在构建制度时不可直接套用。美国个人破产制度系调整经济的杠杆,而中国个人破产制度的主要功能并非宏观调控。我国经济的驱动力一向不是负债;我国的个人破产制度主要目的是救济“诚实而不幸”的债务人,从而完善我国的市场主体退出机制。带有“重生”色彩的个人破产制度被学者过于美化了,刻意不讨论破产的惩罚性内容,将人格减等的内涵边缘化,破产自身便空心了。③

“惩罚”才是我国个人破产制度的逻辑起点,强调“惩罚”才更符合我国个人破产制度的构建需要。因为构建个人破产制度的基础之一是破解“执行难”的问题,只有债务人深知破产将会带来的负面影响,才会谨慎对待个人破产制度,这才能让个人破产制度不沦为债务人逃债的合法借口,才可以有效避免债权人因“执行难”而寻求私力救济,更有甚者诱发行政违法甚至是刑事犯罪。因此,以“惩罚”作为个人破产制度的逻辑起点可以有效减少私力救济代偿公力救济而提高的社会成本。此外,以“惩罚”作为逻辑起点建构的个人

---

① 参见殷慧芬:《个人破产立法的现实基础和基本理念》,载《法律适用》2019年第11期。

② 参见孙宏友:《论英国破产法制度发展及其对我国个人破产立法的启示》,载《河北法学》2010年3期。

③ 参见欧元捷:《论个人破产建构的中国逻辑——以破产与免债的界分为起点》,载《山东社会科学》2020年第3期。

破产制度不会太过宽松，也不会过于偏向债务人保护，如此对民间借贷市场的负面影响不会过大。宽松的个人破产制度意味着风险转移至信贷供给一方，即在企业家破产的情形下，银行等信贷供给方只能获得更低的清偿比率；故此，他们自然也只能以事先要求获得更高的利率或者限制信贷供给的配额作为应对方式。无论是上述何种情形都必然将会提升企业家创业活动的融资壁垒，对本身高度依赖资本的创业活动造成阻碍。①

（三）平衡：个人破产的应然价值

个人破产制度构建的应然价值取向是实现“惩罚”与“重生”之间的平衡，本质是充分平衡债权人与债务人之间的利益关系。在动荡的市场经济中，每个市场主体都面临不可预测的商业风险，破产是市场经济中不可避免的现象。区别于债权人本位的民事执行制度，在个人破产制度下债权人和债务人的利益同等重要，故应该追寻债权人相互之间、债权人和债务人之间利益的均衡，逐渐演变出一种在债权人利益和债务人利益之间寻求均衡的个人破产结构。② 在这种平衡理念下催生的个人破产制度不会在无形中提高债务人的信贷成本，约束债务人企业家精神的发挥，也不会诱发较高的道德风险，使制度成为逃债的合法借口。在平衡理念下构建的个人破产制度可以通过调整债权人和债务人之间的利益关系，实现帕累托最优的效果。③

偏向性建构的个人破产制度会导致许多社会问题：“重生”本位的债务人偏向性制度建构会提升债务人进入市场的成本，加大债务人获取资金的难度，不利于营商环境的营造。“惩罚”本位的债权人偏向性制度建构会导致个人破产制度与民事执行制度在本质上并无差别，使债务人长期被“囚禁”在债务枷锁之中。债务人及其家庭在沉重债务的影响下，若长期依靠政府救济而存活，将会成为社会的重大负担，庞大的债务者阶层的存在会引起社会和政

---

① See Karen Gross, Failure and Forgiveness: Rebalancing the Bankruptcy System, Yale University Press, 1999, p.1. 转引自蔡嘉炜：《个人破产立法与民营企业发展：价值与限度》，载《中国政法大学学报》2019年第4期。

② 参见张晨颖：《破产免责制度中的平衡理念》，载《浙江大学学报（人文社会科学版）》2006年第2期。

③ 参见张晨颖：《破产免责制度中的平衡理念》，载《浙江大学学报（人文社会科学版）》2006年第2期。

治的不安定。[①] 基于"破产损失分担学说",个人破产制度可以让债权人和债务人共担破产损失,[②]尽力降低消极债权债务关系所带来的社会成本;通过平衡债权人与债务人之间的利益关系、转嫁部分市场风险的方式,实现维护社会稳定的目的。

三、我国个人破产的价值失衡与制度反思

(一)"惩罚"之轻:个人破产的债务人偏向性构造

1. 免责考察期畸短

《深圳经济特区个人破产条例》第7章第3节的主要内容是对免责考察期的规定。免责考察期在德国法中被称为"良好行为期"(good behavior period),[③]目的是促使债务人在未来一定时间内努力工作并尽自己所能偿还一定比例的债务,以此作为换取免除债务的筹码。这种考察期的设置有助于提升债权人的受偿比例,提升债务人的破产成本,防止制度被滥用。

德国将免责考察期规定为6年,[④]葡萄牙《企业破产及重整法典》将免责考察期规定为5年。在英国的个人破产程序中,若债务人在破产令作出之前的15年之内曾经是被免责的破产人,破产开始5年后,破产人才能提出申请终结破产令,只有法院发出命令才能结束其破产状态。[⑤] 我国香港特别行政区将免责考察期规定由7年减为4年,这也致使申请自动破产的案件数量在破产条例修改后的18个月内持续上升且增幅明显。业内人士认为,是缩减破

---

① 参见张晨颖:《破产免责制度中的平衡理念》,载《浙江大学学报(人文社会科学版)》2006年第2期。

② 参见张军:《论个人信用与自然人破产立法制度的构建》,载《武汉大学学报(哲学社会科学版)》2009年第4期。

③ 参见[德]莱茵哈德·波克:《德国破产法导论》,王艳柯译,北京大学出版社2014年版,第199页。

④ 参见[德]莱茵哈德·波克:《德国破产法导论》,王艳柯译,北京大学出版社2014年版,第199页。

⑤ 参见[英]费奥娜·托米:《英国公司和个人破产法》,汤维建、刘静译,北京大学出版社2010年版,第163页。

产考察期后，有人滥用个人破产制度的结果。[①]《深圳经济特区个人破产条例》将免责考察期规定为3年。有学者认为，《深圳经济特区个人破产条例》所规定的3年免责考察期仍然过长，应当将免责考察期缩短至1年，以促进债务人“重生”，尽快重新进入市场以发挥“企业家精神”。[②]

我国个人破产制度设置较短的免责考察期是否合适，值得反思。首先，强调“无产可破”案件占案件总量的多数，意义并不大，以此为理由打破立法的价值取向平衡也欠妥。“无产可破”案件的繁简分流应该通过司法制度的设计来解决，不可简单通过缩短免责考察期和降低破产成本来草率应付。其次，对个人破产制度的“惩罚”功能嗤之以鼻，而将其“惩罚”功能转嫁于刑法框架之内，并不可取。民商法与刑法的立法目的不同，责任构成之宽严条件也不一，以刑法规范破产违法行为，看似足够具有惩戒性，但构成要件却更严格，很可能反向降低了破产成本。

合理的免责考察期制度可以为债务人灌输良好的偿债观念和财务风险管控理念，有助于降低其未来再度陷入财务困境的可能性；而我国个人破产制度中免责考察期限的设计偏短，可能导致免责考察期制度偏离其道德与教育目的。美国式的“快速债务免除”并不能为我国广泛认同，过短的免责考察期设置会极大地冲击我国传统的“偿债文化”，导致个人破产制度的认可度降低，如此短的债务考察期设置更会激化这种抵触心理。

过短的免责考察期设置是一种债务人偏向性制度设计，是一种对“重生”价值的偏好，是一种对“惩罚”价值的忽视。

2. 人格破产制度失之宽松

个人破产制度本身应具备一定的惩戒性，而人格破产制度便是个人破产制度中“惩罚”价值的体现。人格破产制度源于法国法，是指债务人受破产宣告后被限制或丧失某些公民权利和职业权利；这些权利可以是私法上的，也可以是公法上的。[③] 人格破产制度是一种个人破产的预防制度，它使自然人

---

① 参见刘静：《个人破产制度研究：以中国的制度构建为中心》，中国检察出版社2010年版，第69页。

② 参见金春：《个人破产立法与企业经营者保证责任问题研究》，载《南大法学》2020年第2期。

③ 参见洪玉：《略论建立我国个人破产制度的若干法律问题》，载《华东政法学院学报》2003年第5期。

认识到过度消费、盲目投资变成负产者的后果是失去必要的权利和资格,从而促使其主动还债、审慎行事。[①] 英国在建构个人破产程序时,也为债务人设置了人身资格限制。[②]

首先,就人格破产制度的存续期间而言,《深圳经济特区个人破产条例》所规定的存续期间较短,第23条规定的限制高消费决定的有效期间并不确定,决定解除限制高消费的日期可以先于免债之日,从体系解释上来说,应该不会晚于免债之日;《深圳经济特区个人破产条例》第95条与第100条、第21条以及第86条所规定的出境限制、报告义务、任职限制的存续期间一般最长不会超过3年(若债务人违反自身的法定义务,最长也不会超过5年),远比其他国家或地区规定的存续时间短。[③] 其次,从人格破产制度的内容范围来看,《深圳经济特区个人破产条例》的规定比较狭窄。从第23条的文义解释来看,法院有权选择是否作出限制高消费的决定,限制高消费的决定并非人格破产制度的绝对内容。第86条所规定的任职限制所涉职务种类也少于其他国家和地区的个人破产制度的规定,未将公职人员和其他专业人员(律师、会计师等)列入其中。

在个人破产制度的建构中引入人格破产制度,是为了给个人设置可预见的破产成本,有效遏制债务人为逃债而滥用破产程序。但是,《深圳经济特区个人破产条例》所构造的人格破产制手段措施较轻、持续期间较短且并不完善,整体制度设计过于偏向债务人;这会使个人破产成本较低,有忽略个人破产制度的“惩罚”价值之嫌。

3. 免责模式设置不清

根据破产程序终结后债务人是否当然免责这一区别,可以将破产免责制度分为当然免责制度和许可免责制度。在当然免责制度下,破产程序终结后,债务人所负债务随程序的结束而当然地被免除。在许可免责制度下,债

① 参见李帅:《论我国个人破产制度的立法进路——以对个人破产“条件不成熟论”的批判而展开》,载《商业研究》2016年第3期。

② 参见[英]费奥娜·托米:《英国公司和个人破产法》,汤维建、刘静译,北京大学出版社2010年版,第163页。

③ 日本法规定,破产人复权期限为10年;我国香港特别行政区规定,之前未破产的人经4年可复权,而之前曾破产的人须经5年才可复权。

务人所负债务并不因破产程序的终结而当然免除,还需经过法院的裁决才能决定是否免责。[①] 当然,免责制度以美国法为代表,即法律规定一个破产免责异议期间,如在该期间内破产债权人或者破产管理人没有提出不许可免责的事由,就应当允许自动当然免责,无须再经过申请、许可的手续。[②] 日本等大陆法系国家则采用许可免责制度。日本法院在免责审理中,既可以要求破产管理人及破产债权人提供判断资料,也可以依职权进行调查,然后据此裁定是否许可免责。[③]

有学者认为,当然免责制度与许可免责制度的根本区别是对债务人的监督义务是由法院承担,还是由债权人对之监督。[④] 但就实际情况而言,法院和债权人均会对债务人进行监督,只是在不同制度下两者功能的主次存在区别。当然免责制度与许可免责制度的根本区别是在判断债务人可否免责的程序当中,法院处于积极地位,还是消极地位。《深圳经济特区个人破产条例》第 101 条第 2 款规定,"人民法院根据债务人申请和管理人报告,裁定是否免除债务人未清偿债务……"。如果按照文义解释,该条排除了法院依职权调查的情形,法院所作出的裁定仅仅基于债务人的申请和管理人的报告。该条甚至否定了债权人直接向法院主张个人债务人存在不许可免责事由的可能。显然,该条内容体现了法院的消极地位,否定了债务人免责判断程序中债权人的救济权利,仅是提供了裁定作出后申请复议的权利。因此,有学者甚至认为,这是一种更激进的当然免责主义。[⑤]

但事实上,许可免责制度更契合我国的实际情况。因为,在许可免责制度下,债务人在破产程序终结后仍然要承受一定的偿债压力,这样可以提高破产成本,避免债务人利用制度恶意逃债,也可以实现破产法的"惩罚"功能,而不偏颇性地强调"重生"价值。[⑥] 就免责程序设置的抉择而言,《深圳经济特

---

① 参见李晓燕、鹿思原:《论我国个人破产制度的构建》,载《山西大学学报(哲学社会科学版)》2020 年第 2 期。

② 参见李永军:《论破产法上的免责制度》,载《政法论坛》2000 年第 1 期。

③ 参见刘颖:《日本的个人破产免责制度及其借镜》,载《经贸法律评论》2020 年第 5 期。

④ 参见李永军:《论破产法上的免责制度》,载《政法论坛》2000 年第 1 期。

⑤ 参见刘颖:《日本的个人破产免责制度及其借镜》,载《经贸法律评论》2020 年第 5 期。

⑥ 参见王云鹏、王鹏:《创建我国自然人破产制度的若干问题刍议》,载《河南社会科学》2005 年第 5 期。

区个人破产条例》所规定的程序具体可归为哪类并不明确。在未来司法实践中,法院应当以许可免责制度为基础,对《深圳经济特区个人破产条例》进行解读并进行工作安排,充分发挥法院对债务人的监督功能;避免我国免责程序的构造成为债务人偏向性构造,而忽视免责程序中所含的“惩罚”价值,导致立法价值取向的失衡。

(二)“重生”之困:个人重整程序之异化

《深圳经济特区个人破产条例》第8章规定了个人重整程序,选取了清算与重整程序并轨的立法模式。有学者基于诉讼成本与诉讼受益的考量,反对在个人破产制度中构建重整程序,建议采取单轨制的立法模式。[①] 然而,单轨制下的个人破产制度仅包含清算程序,这种模式会导致债务人个人的劳动力价值和未来可预期收入被严重低估,导致债权人的受偿比例较低。长此以往,这种模式会导致清算型个人破产制度的异化,即挫败债权人对个人破产制度的认同感,债权人更倾向诉诸民事诉讼与执行制度以追求个别清偿。

双轨制的立法模式可以避免出现债权人在个人破产程序与民事执行程序抉择上的异化,有助于充分发挥个人破产制度的实效。我国传统的偿债观念是“有债必偿”,而现代破产制度的基本理念之一是“破产免责”;重整程序所体现的“能够清偿则应当清偿”的理念可以实现从“有债必偿”到“破产免责”的平稳过渡,通过债务人积极明朗的清偿计划,实现对其缺乏足够的清偿能力但仍然在尽力清偿的证明,从而实现个人破产制度的理念和规则相对柔和地切入现实中复杂尖锐的负债问题。[②] 重整程序将债务人置于中心地位,并不仅仅着眼化解债权债务的矛盾关系,还为债权人和债务人设置了一致的经济目标,让他们之间建立了利益与共的关系。清算程序是一种单纯的利益分配机制,易造成债权人的利益与债务人的利益的互相排斥;而重整程序是一个多方协商机制,在重整计划的制订过程中,债权人和债务人均有发言权。在承认债务人已有产权地位的前提下,同意债务人自行管理财产并赋予债权

---

① 参见汤建维:《关于建立我国的个人破产程序制度的构想(下)》,载《政法论坛》1995年第4期。

② 参见刘静:《个人更生类型程序的中国化路径》,载《经贸法律评论》2020年第5期。

人以财产支配者的法律地位。[①] 重整制度下的债权人与债务人可以基于“双重产权”制度所构建的“利益与共”机制，充分发挥债务人的人力资本，甚至可以在程序进行中发挥债务人的“企业家精神”，实现债务人现有财产与预期收入的最大化，从而充分体现个人破产制度的“重生”价值，平衡双方之间的利益关系。

根据债务人是否可以自由选择清算程序或重整程序，双轨制的立法模式还分为两类：一类是自由选择模式；另一类是选择受限模式。从文义解释上来说，《深圳经济特区个人破产条例》所采用的自由选择模式；因为其并没有规定重整程序系清算程序的前置程序，也没有规定符合某些条件的主体只能选择重整程序而不可选择清算程序。选取同样立法模式的还有日本；而日本当时的立法背景是泡沫经济所带来的不良债权债务关系堆叠，如何促进经济复苏是立法首要解决的问题。[②] 相比之下，《深圳经济特区个人破产条例》出台的背景是“执行难”问题亟待解决，重点关注个人为生产经营活动担保而产生的负债；至于消解泡沫经济的负面影响，并不是《深圳经济特区个人破产条例》出台的最大推动力。因此，《深圳经济特区个人破产条例》选取自由选择模式是否合适实则存疑。这种自由选择模式大概率会导致债务人重整程序抉择之异化，清算程序受到债务人的更多青睐，导致《深圳经济特区个人破产条例》异化为“债务人导向型”个人破产制度。

《深圳经济特区个人破产条例》的制度设计还呈现清算成本低而重整成本高的情况。首先，根据《深圳经济特区个人破产条例》第 8 条与第 106 条的规定，债务人申请重整程序所需要材料多于清算程序，需要额外提供重整可行性报告或者重整计划草案；同时这两份材料的编制成本并不低，若债务人所涉债权债务关系复杂，可能还需要聘请专业人士进行编制。其次，根据《深圳经济特区个人破产条例》第 113 条的规定，重整计划草案的提交人是债务人或管理人；而根据其第 90 条的规定，财产分配方案的提交人是管理人。鉴于该条例第 113 条将“债务人”置于“管理人”之前，可以认为重整计划草案的

---

① 参见王卫国：《论重整制度》，载《法学研究》1996 年第 1 期。

② 参见郭东阳：《个人破产中的程序选择模式问题研究》，载《河南大学学报（社会科学版）》2020 年第 2 期。

主要提交人是债务人。这又无形增加了债务人的重整成本。最后,《深圳经济特区个人破产条例》第 90 条规定,“债权人会议通过破产财产分配方案后,由管理人将该方案提请人民法院裁定认可”,但具体对债权人会议以何种投票方式通过清算方案并未详细规定;而第 119 条具体规定了债权人会议对重整计划的表决程序,包括债权人分组、投票比例等内容。重整计划的通过程序似乎远比清算计划更复杂,所需要的时间、金钱与人力成本也更高。从成本与收益的角度来说,债务人自行选择重整程序的动因很小。

《深圳经济特区个人破产条例》也缺乏强制或激励债务人选用重整程序的制度设计。《深圳经济特区个人破产条例》第 106 条仅是规定有未来可预期收入的债务人可以向人民法院申请重整,并未具体明确“有未来可预期收入”的判断标准为何。此外,《深圳经济特区个人破产条例》也未表明债务人进入重整程序后在豁免财产的范围、豁免财产的最高额限制以及人格破产制度设计上有任何优待的可能,甚至还剥夺了债权人申请债务人重整的权利。

综上所述,《深圳经济特区个人破产条例》所建构的个人重整程序成为清算程序的“绿叶”,反向促使债务人倾向性选择清算程序,大概率导致清算程序的滥用与重整程序的异化。债务人陷入了“重生”之困,但这种“困”会在极大程度上影响债权人的受偿比例,而使个人破产制度的“惩罚”价值极大被削弱,制度价值取向失衡。

(三)“平衡”之扰:行政介入之反思

《深圳经济特区个人破产条例》第 11 章第 1 节规定了有关“破产事务管理部门”的内容,回应了我国个人破产制度建构中对行政介入的呼吁。根据《深圳经济特区个人破产条例》第 6 条的规定,破产事务管理部门的性质是由市人民政府确定的工作部门或者机构,基本职能是行使个人破产事务的行政管理职能。破产事务管理部门行政职能的针对主体是债务人与管理人,核心在于管理与监督债务人以确保破产程序顺利进行。

首先,我国破产事务管理部门的设置并未经历长期的探讨与利益博弈,即被引入了现行制度架构当中,并且隶属于政府管理,司法机关或司法行政机关对机构的设置并未发生作用。

其次,我国的个人破产行政介入渗透各个程序当中,不仅限于清算程序,甚至在和解程序中发挥主导作用，且其与法院共享多项职能，极有可能产生行政权力与司法权力的博弈。我国破产事务管理部门的定位明显不清晰，《深圳经济特区个人破产条例》对其职能的规定看似全面却缺乏侧重。我国破产事务管理部门重点职能为何，利益代表属性为何，《深圳经济特区个人破产条例》并未明晰。破产事务管理部门是否能够抑制行政权的主动性与扩张性，绝不干扰司法权的行使，会极大影响行政权介入个人破产制度的正当性。否则会使制度建构的“惩罚”与“重生”价值的不明确，最终导致制度建构的价值失衡。

我国破产事务管理部门的“空降”会打破现有破产制度的平衡架构。首先，我国破产事务管理部门介入破产程序的目的考量与法院不同。破产事务管理部门隶属于地方政府，而地方政府注重追求经济发展等目标和维稳的社会政策，这与法院在办理破产中注重公平、公正地解决债权债务清偿殊为不同。这会在极大程度上架空个人破产制度的平衡理念。其次，我国破产事务管理部门介入破产程序会极大程度上弱化管理人的职能，抑制债权人的话语权。这会导致《深圳经济特区个人破产条例》建构的个人破产制度异化为“债务人偏向性”模式。管理人的性质一直为学界所热议，无论是“代理说”“职务说”“破产财团代表说”“信托说”，管理人都在一定程度上需要维护债权人的利益。[①]《深圳经济特区个人破产条例》第18条规定了管理人的选任方式：债权人有自由选任管理人的权利，但法院也有一票否决权，破产事务管理部门也有最后的决定权。这种选任方式类似一种审查制度，债权人选任管理人的自由被极大地干预。这种管理人选任制度存在不足，会导致管理人定位模糊。管理人受到两方公权力——司法权与行政权的压制，这会降低债权人对其的监督地位。管理人为满足两方公权力的期待都可谓捉襟见肘，必然会忽视债权人的利益保护，这同样也会架空个人破产制度的平衡理念。

即便个人破产的行政介入存在显而易见的问题，却仍然有学者对个人破产行政介入持“积极说”，主要理由如下：(1)政府的公共产品提供功能；

---

① 参见汤维建：《论破产管理人》，载《法商研究（中南政法学院学报）》1994年第5期；张在范：《论破产管理人的法律地位》，载《北方论丛》2005年第1期；康晓磊、仲川：《对破产管理人法律地位的思考》，载《法学论坛》2007年第6期。

(2)债权人整体非理性;(3)市场调整的失灵状态;(4)法院介入破产管理的问题。[①] 首先,我国破产事务管理部门维护公共利益的属性不强,《深圳经济特区个人破产条例》对其职能的规定更偏向维护私益的考量。因此,我国破产事务管理部门手中的行政权力难以被判定为中立的,其目的的合理性存疑。[②] 其次,无论是个人破产制度,还是企业破产制度,其制度构建都是基于博弈论来解决债权人的非理性问题。这完全可以通过制度的再优化来解决,新设行政机构并非解决此问题最经济的方式。再次,根据《深圳经济特区个人破产条例》的规定,我国破产事务管理部门的职责并未容纳接管或协助解决"无产可破"与"无价值可破"的案件,因此其并不具有调整市场失灵的职能。最后,就管理人的选任,质疑法院与管理人之间存有不正当利益关系,以此作为支持行政介入的理由实为考虑欠妥。管理人的自由选任已被倡导多年,在最大限度上排除司法权的干预是管理人选任方式改革的最大目标,但行政介入意味着管理人的选任可能会受到行政权的干预。

由此,我国在建构个人破产制度时要审慎对待行政介入,要对行政介入制度不断反思,减少行政权与司法权的摩擦,防止公权力在破产程序中挤对私权利,以维持整个制度架构的平衡。

四、结　　语

我国个人破产制度的应然价值取向在于立足"惩罚"这一逻辑起点,努力实现"重生"这一理想,在制度的构建与运行中不断在这两者之间调整和循环往复,以实现这两种价值的平衡。目前,《深圳经济特区个人破产条例》所构建的个人破产制度呈现价值取向失衡的局面,难以与其应然价值取向相契合,忽视了对债务人的"惩罚"价值,缺乏合理的制度设计以实现"重生"价值,同时,贸然设计行政介入制度是否会损害制度的价值平衡,都是值得我们深刻反思的。作为一种制度的法治不能依靠"变法"或移植来建立,而必须从中

---

① 参见贺丹:《论个人破产中的行政介入》,载《经贸法律评论》2020年第5期。

② 参见孙笑侠:《论法律与社会利益——对市场经济中公平问题的另一种思考》,载《中国法学》1995年第4期。

国的本土资源中演化创造出来。唯有这样,法律制度在变迁的同时才能获得人们的接受和认可。[①] 因此,对个人破产制度合理性的论证、设计以及优化都要基于我国的本土资源,不可想当然地植入域外经验。个人破产制度之“破冰”意味着未来相关的司法实践经验会增多,这为未来研究如何优化我国的个人破产制度提供了更多实证研究的基础。

① 参见苏力:《变法,法治建设及其本土资源》,载《中外法学》1995 年第 5 期。

论我国自由财产制度的构建

王　垚*

摘要：随着《深圳经济特区个人破产条例》的颁布和施行，我国首次在立法上引入个人破产制度。在个人破产的情形下，出于对个人债务人基本人权的尊重和鼓励个人债务人经济再生的需要，法律应当允许个人债务人的财产在一定范围内免受破产分配，这就是自由财产制度。《深圳经济特区个人破产条例》在立法层面上作了一些自由财产制度的原则性规定，但缺乏可操作性，在实践中易造成裁判尺度的不一，因此很有必要对自由财产制度进行细致探讨。我国在自由财产的构建上，应采取膨胀主义，以概括式和列举式相结合的方式确定自由财产的范围，允许法官在个案中行使自由裁量权以扩大自由财产的范围。在程序设置上，由债务人提出自由财产申请，限制其对自由财产的处分权，保护债务人的自由财产不受侵害。

关键词：个人破产；自由财产；自由财产的范围；自由财产的程序设置

从新中国成立至今，我国共颁行两部企业破产法，即原《企业破产法（试行）》和《企业破产法》，都未在立法层面引入个人破产制度。但围绕个人应否具有破产能力，我国学者展开了持久且激烈的讨论，在原《企业破产法（试行）》阶段就有不少学者开始呼吁建立个人破产制度。[①] 2020 年 8 月 26 日《深圳经济特区个人破产条例》的通过，使个人破产立法再度成为社会各界广泛关注的焦点。有学者指出，个人破产中个人债务人通常会享有两种权利：

---

* 北京市大兴区人民法院法官助理，法学硕士。

① 参见张善斌主编：《破产法研究综述》，武汉大学出版社 2018 年版，第 54 页。

一是保护自己的某些财产不被债权人强制执行;二是重新开始,即通过破产程序免除旧债,使将来的收入和财产不再受债权人的剥夺。[①] 在个人破产中体现为两大制度,分别是自由财产制度和破产免责制度,后者在前者的保障下得以发展和完善,两者共同促进个人债务人的经济重生。因此,自由财产制度的建立对个人破产立法具有十分重要的意义。

一、构建个人破产制度中自由财产制度的法理基础

(一)自由财产的概述

区分债务人财产中的可供清偿的财产和不受破产分配的财产是破产法的核心和关键。我国《企业破产法》第30条规定:"破产申请受理时属于债务人的全部财产,以及破产申请受理后至破产程序终结前债务人取得的财产,为债务人财产。"我们国家针对破产财产采用"债务人财产"的称谓,英美法系国家大多表述为"破产财产",大陆法系多采用"破产财团"。[②] 因为"债务人财产""破产财产""破产财团"属法律术语的选择问题,与破产财产的性质无涉,[③]因此本文采用"破产财产"。破产财产有两大类:一是破产申请受理时债务人所有和经营管理的全部财产;二是破产申请后至破产程序终结前债务人取得的财产。在执行过程中,为保障个人债务人的基本生活需要,一部分自然人债务人的财产是可以不受执行的。豁免执行的财产与破产财产之间是此消彼长的关系。破产程序作为一般的执行程序也应受此原则的限制,因此在个人破产中要对个人债务人的财产的一部分予以保留。[④] 在个人破产中,不属于破产财产,免受破产分配的财产或由债务人自由支配的财产就是自由财产,又称豁免财产。

在比较法上,自由财产主要有3类:第一类是禁止扣押的财产;第二类是破产清算程序开始后新取得的财产;第三类是债权人或管理人从破产财产中

① 参见许德风:《破产法论:解释与功能比较的视角》,北京大学出版社2015年版,第515页。
② 参见齐树洁主编:《破产法研究》,厦门大学出版社2004年版,第345页。
③ 参见汤维建:《破产程序与破产立法研究》,人民法院出版社2001年版,第255~256页。
④ 参见王新欣:《破产法》(第4版),中国人民大学出版社2019年版,第130页。

放弃的财产。[①] 也有学者认为,被执行破产程序是因为需要清偿债务人与债权人之间的债权债务关系。如果债务人被赋予了更多可支配的财产权利,则相对债权人利益而言显失公平,[②]因此这部分财产不属于债务人的自由财产。但在实务中,该部分财产不能使债权人的受偿利益增加,应将这部分财产归入自由财产。这不仅符合实际情况,而且在法律上对可能出现的新的财产的归属,应当有一个明确而合理的规定。值得注意的是,《深圳经济特区个人破产条例》第88条就对此种财产作出了规定。其明确指出,经债权人会议的表决通过,放弃处置的财产应归还给债务人。

(二)构建自由财产制度的意义

自由财产制度为债务人及其所供养亲属提供了基本的生存保障,是人权保障在个人破产法中的具体化和法律确认。《世界银行自然人破产问题处理报告》中指出:"自由财产的理念是,当债务人获得免责、退出破产并获得全新的开始时,他们首先应该有足够的财产以满足自己和家人在破产后的最低生活需求,必要时包括最低的业务需求。"[③]这一表述表明,自由财产制度的设立不仅可以保障破产人及其所供养亲属一定时期内的基本生活需求,而且能够维持破产人继续生产经营的基本手段和条件。因此,在破产法中确立自由财产制度,体现了蕴含于破产程序中文明价值的提高。[④]

个人破产制度构建理念已经从先前注重债权人保护转向注重债务人的经济重生。个人破产制度在进行人权保障时,不仅要考虑债务人的生存权利,还要考虑债务人的发展权。发展权是在生存权基础上派生出来的一项权利:如果没有生存权,发展权将会成为空中楼阁;如果没有发展权,生存权也

---

① 参见邹海林:《破产法:程序理念与制度结构解析》,中国社会科学出版社2016年版,第278页。

② 参见胡玲:《债务人生存权益视角下的我国个人破产立法研究》,中国法制出版社2014年版,第73页。

③ 自然人破产处理工作小组起草:《世界银行自然人破产问题处理报告》,殷慧芬、张达译,中国政法大学出版社2016年版,第93页。

④ 参见汤维建:《关于建立我国的个人破产程序制度的构想(下)》,载《政法论坛》1995年第4期。

会难以持守。在当代，发展权已经和生存权一样，是一项不可剥夺的基本人权。[①] 因此，自由财产不仅应当满足债务人的基本生活需要，还应当为债务人的个人发展提供相应的职业工具，为债务人事业的“全新开始”奠定基本的物质基础，促进债务人发展权利的实现。[②] 也有学者虽支持此种理念，但认为如何在公平保障债权人和债务人权益的前提下付诸实施，需要进一步界定和讨论。[③] 生存权是保障基本人权的前提，发展权是在生存权基础上派生出来的权利，两者相辅相成。在制度设计时，在宏观层面应同时考虑；在微观层面，确定自由财产范围时，应在比较法实践基础上充分考虑我国经济社会发展的情况和实际国情，并进行具体问题具体分析。

自由财产制度的设立不仅对个人具有重要意义，对社会也具有重要意义。实际上，债务人在个人破产制度中获得的大部分收益都会在社会上产生外溢效果。[④] 在“大众创业、万众创新”的时代背景下，自由财产制度的设立可以优化营商环境、促进市场经济发展、维护社会稳定。

二、我国自由财产制度的现状与问题

（一）我国自由财产制度的发展现状

2019 年 6 月 11 日最高人民法院发布《关于深化执行改革健全解决执行难长效机制的意见——人民法院执行工作纲要（2019—2023）》（法发〔2019〕16 号）提出，“开展与个人破产制度功能相当的试点工作，为建立个人破产制度打下实践基础”。2020 年 5 月 11 日中共中央国务院发布《关于新时代加快完善社会主义市场经济体制的意见》提出“推动个人破产立法”。2020 年 8 月 26 日深圳市第六届人民代表大会常务委员会第四十四次会议正式通过《深圳经济特区个人破产条例》，并已于 2021 年 3 月正式实施。这一举措表明我国个人破产立法建设迈出了重要的一步。同时，在司法实践中，浙江省台州、温

① 参见胡利玲：《论个人破产中豁免财产范围的确定》，载《经贸法律评论》2019 年第 4 期。

② 参见徐阳光、陈科林：《论个人破产立法中的自由财产制度》，载《东方论坛》2020 年第 3 期。

③ 参见王欣新：《用市场经济的理念评价和指引个人破产法立法》，载《法律适用》2019 年第 11 期。

④ 参见自然人破产处理工作小组起草：《世界银行自然人破产问题处理报告》，殷慧芬、张达译，中国政法大学出版社 2016 年版，第 33～34 页。

州地区,江苏省苏州地区,山东省淄博地区、东营地区以及四川省泸州地区的部分法院已经开始有规划地进行个人债务整理、清理的司法实践探索,并出台了相应的规范性文件,具有指导意义。

自由财产制度是依附个人破产制度而存在的。然而我国破产法尚未承认个人破产制度,但在民事执行中有涉及执行豁免的法条——《民事诉讼法》第250条和第251条。该两条都规定,保障被执行人及家属日常基本生活需要的财产,不受强制执行。同时,在最高人民法院发布的司法解释中也有涉及执行豁免的相关规定,分别是最高人民法院《关于人民法院民事执行中查封、扣押、冻结财产的规定》第3条、第4条和第5条。第3条和第4条比较详细地列举了豁免执行的财产,例如,被执行人及其所供养家属必需的生活费用、生活物品、生活居住房屋,为完成义务教育所需的物品,基于身体缺陷所必需的辅助器具和医疗用品,未公开的发明或未发表的著作,被执行债务人获得的荣誉勋章和物品,依据国际条约规定不得查封、扣押、冻结的财物。此外,最高人民法院也作出一些通知,在内容上针对可豁免执行的财产作了比较具体的规定。

在《深圳经济特区个人破产条例》第三章"债务人财产"第二节"豁免财产"中专门规定了自由财产,分别是第36条到第39条。其中,第36条规定的是自由财产的定义和范围;第37条规定了债务人对自由财产的申报;第38条规定了管理人对自由财产的受理和债权人会议对豁免财产清单的通过;第39条规定了债务人对豁免财产的自由支配。其中,在第36条规定的豁免财产的范围上,采用的是债务人及其所供养亲属设定豁免的特定财产的类别和价值总和的方法。在财产构成上分为3类,即保障债务人及其所供养亲属基本生活的财产、有助于债务人继续发展的财产以及专属于债务人的财产或财产性权利。第36条第1款第7项采用兜底性条款的方式,允许法官在法律规定的范围内,在不违背公序良俗原则的基础上行使自由裁量权;该条第3款规定了确定债务人及其所供养家属必需的物品和费用以及职业发展所必需的物品和费用的具体上限标准,即由市中级人民法院另行制定。

在当前的司法实务中,已经有不少法院经过实践探索,出台了相关规范性文件,用于指导个人债务整理、清理案件的处理。此处,参考几个地区法院出台的规范性文件,2019年4月26日台州市中级人民法院印发的《关于印发〈执行程序转个人债务清理程序审理规程(暂行)〉的通知》(台中发〔2019〕73

号)第26条规定,不予采取冻结、查封、扣押措施的债务人财产,主要包括:债务人及其所扶养家属生活所必需品、生活费用,义务教育所必需的物品,用于身体缺陷和治疗当前疾病所必需的资金、辅助工具、医疗物品,专属于债务人人身权利的抚恤金、伤残扶助金以及勋章及其他荣誉表彰。其中,台州市中级人民法院明确规定了,债务人及其所扶养家属所必需的生活费用应参照当地最低生活保障标准。2019年8月13日,温州市中级人民法院《关于个人债务集中清理的实施意见(试行)》(温中发〔2019〕45号)中并未明确规定自由财产,但其规定了制定个人债务集中清理方案时,应包含"依法应当由债务清理申请人抚养、扶养、赡养的人以及维持其不高于本地最低工资标准所对应的生活水平而必需的费用"的内容。2019年10月21日苏州市吴江区人民法院发布《关于印发〈苏州市吴江区人民法院关于个人债务清理的若干规定(试行)〉的通知》中以仅规定财产种类的方式,明确指出"债务人的清理豁免财产"。高青县人民法院《关于企业破产中对有关个人债务一并集中清理的意见(试行)》规定:"个人债务清理方案应当包括而不限于以下内容……(四)申请人自留财产明细及年最低生活消费支出标准。"泸州市龙马潭区人民法院在其2020年5月29日发布的《个人破产和解实施办法(试行)》征求意见稿中规定:"债务人的基本生活需要根据其所在地区平均水平、再生产需求,结合其所在地区上一年城乡收入情况综合确定。"浙江省高级人民法院《个人债务集中清理(类个人破产)工作指引(试行)》根据《民事诉讼法》第250条的有关规定,重新定义了"生活必需品",其中纳入了债务人因职业发展所必需保留的物品和合理费用以及增加了兜底性条款。综上各地区法院关于规范个人债务集中清理机制工作的规范性文件来看,各地区都给予诚信债务人以基本经济生活保障,只是各地规定的形式不一。总共有两大类:第一类是明确规定个人债务人在债务清理时予以豁免的财产;第二类是不直接规定,但债务人可以进行财产申报,在个人债务清理报告中由管理人或债权人予以规定,或是直接参照《民事诉讼法》的相关规定。

(二)当前我国自由财产制度的设立问题

1.传统文化观念束缚

自古以来,我国民间的传统观念是"欠债还钱,天经地义"。在此背景下,

"鼓励创新,宽容失败"的价值理念很难被人们所理解和接受。这突出反映在个人破产制度的设立是否应充分考虑债务人的发展权,即债务人将来的重新起步问题,主要表现为是否保留债务人职业发展的必需费用和物品。在《民事诉讼法》中并没有规定关于债务人职业发展所需的物品和必需费用。在实务中法院也并未对此种财产加以规定。例如,台州市中级人民法院在规定不予采取冻结、查封、扣押措施的财产中就未规定因职业发展所需的物品和合理费用。诚然,保障个人债务人的发展权和促进个人债务人的重新起步中的"发展"与"起步"到底该如何界定,在自由财产保留中的合理底线是什么,这些都是需要考虑的问题。[①] 保护债务人的发展权应是有限制的保护,不能错误地认为自由财产制度是在鼓励失败,甚至奖励失败,这种错误认识极有可能造成大众形成过度消费的不良风气。

2. 法律规范内容抽象

我国立法传统是宜粗不宜细,从《民事诉讼法》第250条、第251条的规定可知,《深圳经济特区个人破产条例》也延续了这一传统。关于自由财产的内容仅是"个人债务人及其所扶养人生活、学习、医疗的必需品和合理费用,为职业发展所必需保留的物品和合理费用,专属于债务人的财产或财产性权利以及其他财产价值不大的物品",对"债务人及其所扶养人"并无明确规定。其中,"生活、学习、医疗的必需品和合理费用"以及"职业发展需要必须保留的物品和合理费用"亦未作具体解释,仅是一笔带过。各地法院为推进个人破产制度建设所颁布的指导性文件中,虽然大多数法院列举了具体的财产种类,或是参照适用最高人民法院《关于民事执行中查封、扣押、冻结财产的规定》第3条中列举的8种财产,但内容都比较抽象,在司法实务中可操作性不强。破产程序作为一般的执行程序,重在执行,在执行过程中因对自由财产的解读不同会产生不同的执行后果。同时,因各地的生活水平不同,对生活必需费用和物品的解读必然产生很大的差距。例如,在司法实践中,有的法院按照当地最低工资标准,有的法院按照最低生活保障标准,还有的按照年最低生活消费支出的标准。

---

① 参见王欣新:《用市场经济的理念评价和指引个人破产法立法》,载《法律适用》2019年第11期。

3. 法律规范不统一且冲突

基于我国目前还没有专门的个人破产法,关于自由财产的规定可以在《民事诉讼法》、最高人民法院的司法解释、最高人民法院印发的一系列通知和其他行政法律法规甚至是政策性文件中寻找。但这些法律规范的内容并不统一,亦存在与其他法律规范相冲突的情况。个人破产法直接关涉自然人、法人和非法人组织的基本权利和财产归属,其中,涉及债权人和债务人双方利益,债务人及其家属利益、第三人利益、社会公共利益、私权利和公权力等多方面利益冲突,必须依靠统一的法律来规范各主体权利内容和范围。我国个人破产立法工作以及企业破产法修订工作正在紧锣密鼓地展开。同时,2018 年 9 月,第十三届全国人民代表大会常务委员会已将民事强制执行法列入立法规划。我国的自由财产制度立法可以在这两部专门的执行法中统一起来。通过对缺失内容的不断讨论并加以弥补、完善草案,可以使未来的自由财产制度的内容更加全面、适用范围更加精准。

4. 缺乏自由财产的相关程序性规定

个人破产法是实现权利的执行程序;自由财产制度的建立不仅应包含自由财产范围的界定,也应该包括自由财产的处置。破产程序作为执行程序强调的是执行效率;对自由财产范围的明确划定,有利于法院作出对个人债务人财产划定的裁判。作为程序法,必须有程序来引导。当前《深圳经济特区个人破产条例》规定了由债务人向法院申报自由财产,再由管理人对债务人的自由财产进行审查和制作财产报告,上报给债权人会议进行表决或由法院进行裁定。同时,也规定了债务人可以自由支配自由财产,不上交给破产管理人分配和处置。但是,在当前自由财产的立法中,缺乏救济程序。在破产程序中,因错误执行导致债务人的自由财产被错误处置,在此情形下债务人的权益如何救济,这一点没有规定。

三、自由财产制度的比较法研究

联合国国际贸易法委员会在《破产法立法指南》中指出,如果破产法把自然人的某些财产排除在破产财产之外,这些排除的资产必须明确确定,不能规定得过于笼统。[①] 各国结合自身发展水平、历史文化传统等因素,会作出不同的立法选择。在一般情况下,大陆法系对自由财产的立法采概括式,英美法系各国则采用列举式。同时,各国对债务人权益保护的程度不同,对自由财产规定的宽严程度就不同。一般而言,对债务人越宽容,其为债务人保留的自由财产就越多,对债务人来说越慷慨。因此,按照对债务人的关怀和谅解程度不同,典型破产立法国家可以划分为3个阵营:慷慨阵营、保守阵营和中立阵营。[②]

(一)慷慨阵营——美国

慷慨阵营的代表国家是美国。美国破产法率先打破了债权人至上的理念。[③] 现行美国破产法下自由财产制度的目的是:(1)为债务人提供生存所需的财产;(2)保护债务人的尊严与文明身份;(3)赋予债务人未来经济康复和获取收入的能力;(4)保护债务人的家庭成员免受贫困所导致的不利后果;(5)将维持债务人及其家庭成员最低生活保障的责任由社会转嫁到破产债权人身上。[④] 美国破产法原则上采取固定主义,在债务人提出申请时就确定破产财产。美国破产法中自由财产的范围采用列举式的立法模式:不仅规定了可以豁免的财产的类别和价值上限,也规定了各类别中具体财产的种类和数额,甚至规定了可以直接豁免的任意价值的财产种类。自由财产在美国破产法中是以列表的形式存在的,规定允许保留债务人的家庭生活用品,债务人在家庭生活用品、健康辅助工具、谋生工具和机动车上的利益,以及获得赡养费、抚养费、人寿保险金、退伍军人福利以及受害人赔偿的权利等财产及财产性权益。同时,基于美国是联邦制国家,除国会经宪法授权制定的统一破产法典外,各州依然享有对自由财产的立法权。由此以美国破产法第522(b)(2)条为目的而豁免的财产可能超出各州明确称为"豁免财产"的范围,[⑤]因

---

① 参见联合国国际贸易法委员会《破产法立法指南》第一部分和第二部分,2004年6月25日,第74页。

② 参见胡利玲:《论个人破产中豁免财产范围的确定》,载《经贸法律评论》2019年第4期。

③ 参见付翠英编著:《破产法比较研究》,中国人民公安大学出版社2004年版,第41页。

④ 参见[美]大卫·G.爱泼斯坦等:《美国破产法》,韩长印等译,中国政法大学出版社2003年版,第290页。

⑤ 参见[美]道格拉斯·G.贝尔德:《美国破产法精要》(第6版),徐阳光、武诗敏译,法律出版社2020年版,第44页。

为无论其称谓为何,具有自由财产属性的财产都可以归为自由财产。同时,美国破产法中规定的属于自由财产范畴的财产债务人可以自由支配,包括用自由财产对个别债权人进行清偿。如果对该项财产有争议,只能通过诉讼方式予以解决。

(二)保守阵营——德国

保守阵营的代表国家是德国。该阵营对于债务人的权益不太看重,一般只是保障债务人的最低限度的基本生存,破产的利益天平向债权人一方倾斜。德国破产法的立法目标是使债权人利益实现最大化。① 德国《破产法》第35条规定:“破产财团包括在程序启动时属于债务人的全部财产以及债务人在程序进行期间所取得的全部财产。”该条规定意味着德国的破产财产范围采取的立法主义是膨胀主义。德国《破产法》第36条概括规定了自由财产的范围:(1)不受强制执行之物;(2)债务人日常家用器具,若显而易见其变价收益将与原值极不相称的。这种确定方式是仅仅概括式的规定,在价值或数量上也采用笼统的规定方式。同时,德国判例及通说认为,应将自由财产强制转移给破产管理人。自由财产是属于破产人所有的财产,不属于破产财产,但破产人应通过破产管理人予以取回。当因某项财产发生争议时,应以破产管理人为被告提起诉讼。② 这一点恰恰与美国破产法的规定相反。综上,德国个人破产法中的自由财产范围极为有限。

(三)中立阵营——日本

中立阵营介于慷慨阵营和保守阵营中间。根据日本《破产法》的规定,“在宣告时属于破产者的财产构成财团”,得出日本破产法采取固定主义。日本将自由财产定义为:“客观的范围、时间限制以外的破产者的财产,不构成破产财团,须是自由财产。”③日本破产法从构成类型上将自由财产概括为三类:第一类是破产清算程序开始后破产人新取得的财产;第二类是禁止查封

---

① 参见付翠英编著:《破产法比较研究》,中国人民公安大学出版社2004年版,第80页。

② 参见付翠英编著:《破产法比较研究》,中国人民公安大学出版社2004年版,第388页。

③ [日]石川明:《日本破产法》,何勤华、周桂秋译,中国法制出版社2000年版,第150页。

的财产;第三类是破产管理人从破产财团中放弃的财产。在第二类财产中,在原有的日本《民事执行法》规定的基础上,为了保障个人债务人及其家眷在破产后的生活资金,以特别法形式对禁止查封的财产范围的法定扩大和酌定扩大。[①] 日本破产法对自由财产的范围的规定还是相对有限的,仅仅是将自由财产的范围类型化后,在被允许的范围内进行扩大。另外,同为大陆法系国家且采取概括式的立法模式,德国个人破产中的可豁免财产即为德国《民事诉讼法》中的"不可扣押的标的物",而日本却规定了"法院依破产人的申请或者依职权,在听取破产管理人的意见之后,裁定允许扩展自由财产的范围"。[②] 由此可见,日本法上个人破产中的自由财产的范围比德国法更宽。

个人破产能够给人以重新开始(fresh start)的机会,是人们已逐渐达成的对个人破产制度合理性的共识。[③] 虽然随着经济的发展和观念的进步,社会大众如今对个人破产已经有了一些模糊认识,但鉴于传统观念的根深蒂固,人们对于"鼓励创新,宽容失败"的价值理念的接受只能是一个循序渐进的过程。因此,完全进入慷慨阵营或是保守阵营是不可取的,可以采取折中的方法,结合中国现阶段的实际情况和我国国情,构建具有中国特色的自由财产制度。

四、我国自由财产制度的构建模式

(一)科学划定自由财产的范围

1. 自由财产的时间范围

关于债务人新取得的财产是否属于自由财产,一般采用膨胀主义或固定主义,我国应采用膨胀主义。首先,膨胀主义更有利于债权人的债权实现,可以提高债权人对个人破产制度的接受程度。其次,膨胀主义可以更好地防止债务人策略性地挑选破产申请的时机,从而获得更多财产利益以躲避债务。

① 参见刘颖:《日本的个人破产免责制度及其借镜》,载《经贸法律评论》2020年第5期。

② 参见日本《破产法》第34条第4款第5项。

③ 参见许德风:《破产法论:解释与功能比较的视角》,北京大学出版社2015年版,第520页。

最后,我国破产立法上有形似膨胀主义的规范,例如,《企业破产法》第30条,虽不构成理论上存在争议的膨胀主义立法,[①]但基于法的稳定性,自由财产的时间范围也采取膨胀主义更适宜。实际上,各国无论采取哪一种模式,都会通过相应的其他配套制度加以矫正,从而在两者之间表现出一定的结果上的趋同。[②] 同时,无论采取膨胀主义还是固定主义,只是解决了破产财产范围的时限,没有解决位于时限范围内的破产人所有的财产是否均为破产财产的问题。[③] 破产立法目标与财产范围的界定,不能从膨胀主义和固定主义的优缺点中得到反映。[④]

2. 自由财产的客观范围

综观各国个人破产立法,关于自由财产的范围确定的立法模式分别是概括式和列举式。我国自由财产制度立法模式可采概括式和列举式相结合的方式。这样规定的理由在于:一方面,我国在立法上采取比较严谨的法律规范制度;另一方面,目前《民事诉讼法》以及《企业破产法》中的规定不能满足个人破产的需要。因此,我国自由财产制度的范围应采用概括式和列举式相结合的方式,一些重要财产或特殊财产的保留问题以列举方式规定之,具体构成上可以参照民事诉讼法、强制执行法等相关法律的规定加以确定。同时,鉴于我国幅员辽阔、各地经济发展水平不一,赋予法官一定的自由裁量权是可取之道。这种规定方式不仅有利于打破社会大众根深蒂固的传统观念,还有利于帮助债务人了解破产的后果,促进个人破产制度的发展。

我国《民事诉讼法》中不可执行的财产规定仅确保债务人不因强制执行而失去最低的生活保障,而我国个人破产的首要目的是促进个人债务人的经济再生。原则上,个人破产中自由财产的范围要比民事诉讼中不可执行财产的范围更广。因此,自由财产的一般构成应包含保障债务人及其所供养亲属基本生活的必需品和必要费用、债务人职业发展的必需品和必要费用以及专属于债务人的财产或财产性权利。在自由财产的一般构成上应注意如下几

---

① 参见邹海林:《破产法:程序理念与制度结构解析》,中国社会科学出版社2016年版,第257页。

② 参见胡利玲:《论个人破产中豁免财产的构成与限制》,载《东方论坛》2020年第3期。

③ 参见邹海林:《破产程序和破产法实体制度比较研究》,法律出版社1995年版,第253页。

④ 参见付翠英编著:《破产法比较研究》,中国人民公安大学出版社2004年版,第373页。

点:第一,"所扶养亲属"的概念应当参照《民法典》的相关规定。"基本生活用途"应主要包括衣、食、住、行、学习、医疗等必要事项。关于"基本生活的必需品",可以分为动产和不动产。动产价值应当不超过当地最低生活水平;不动产要谨慎区分债务人的住房是否是唯一用于其和家人的必需生活住房,同时考虑如果基于市场交易价值变动,住房价值显著攀升,当该住房实现破产债权的价值高于其保护的价值时,可以由破产管理人进行置换,以达到利益平衡。而"基本生活必要费用",可以参照当地经济状况,由法院酌情判断。第二,在"债务人职业发展的必需品和必要费用"的保留中,有学者认为,应当保留作为工薪职工的工作工具,仅在此范围内有浮动调整的余地。[①] 这种规范方式值得借鉴,但也应根据职业的不同,参照当地行业协会的一般规定综合考量保留的财产价值。第三,"专属于债务人的财产或财产权利",应将具有收藏、拍卖的公益性价值或经济价值的物品排除在外,但不可违背公序良俗原则和强制性规范的规定。另外,自由财产范围的价值限定,应以债务人生存的必要性以及财产的目的性为限制原则。同时,可以根据个人破产的立法指导思想和司法实践,在自由财产范围的概括和列举不能穷尽之处适时出台司法解释,以改变自由财产确定的空白处,避免立法空白给当事人带来的财产损失。

(二)自由财产制度的程序设置

自由财产程序的提出应以债务人提出为佳。债务人认为符合自由财产范畴的,向法院提出正式的书面申请的同时,应出具自身财产状况证明并签字,交由破产管理人进行审查和制作报告,向债权人会议报告并决议,如意见不一则交由法院裁判。如财产情况查明不符,债务人恶意申报,则需承担法律责任,法院可以令其承担法律上的不利后果。

关于自由财产的处置,《深圳经济特区个人破产条例》第39条规定,自由财产由债务人进行保管和处分。债务人可以对自由财产进行自由的处分,但是基于自由财产制度设置目的的特殊性,若债务人随意处置自由财产,所带

---

① 参见王欣新:《用市场经济的理念评价和指引个人破产法立法》,载《法律适用》2019年第11期。

来的不利后果不仅关涉债务人本人，还有其所扶养的家属、债权人和社会公众。因此，未来我国个人破产法应当对自由财产的处分“自由”作出适当限制，即原则上不允许债务人以自由财产任意清偿破产债权人的债权，但对于与自由财产制度目标一致的清偿行为，法院应当作为例外予以许可。①

权利是否受到保护，关键靠救济程序维护。当个人债务人的自由财产被错误地执行或债务人隐匿财产损害债权人的利益时，异议人有权向人民法院提起异议。异议的提起，时间方面应在破产受理开始以后至破产程序终结以前。人民法院审查执行当事人提起的异议和理由以后，如认为符合法定理由则裁定撤销或更正，如认为理由不成立，则驳回当事人的异议申请。

五、结　　语

明确我国个人破产制度的首要目的不仅要尊重个人债务人的基本人权，而且要促进个人债务人的经济再生。鉴于我国长久以来的社会观念以及传统立法观念和技术，自由财产立法时，必须考虑我国的实际国情和市场经济发展规律，契合市场需求，符合我国的社会文化。我国自由财产应包括豁免执行的财产以及债权人或管理人从破产财产中放弃的财产。自由财产客观范围的确定，应采取概括式和列举式相结合的方式，概括性地规定一些原则，列举性地规定一些重要财产的保留问题；同时，参照民事诉讼法、强制执行法等相关法律来加以确定。根据具体情况，允许法官在个案中行使自由裁量权以扩大自由财产的范围。在程序设置上，由债务人提出自由财产申请为佳，并限制债务人对自由财产的处分权，保护债务人的自由财产不受侵害。

---

① 参见罗琳：《论个人破产制度中自由财产处分“自由”的限制》，载《湖北社会科学》2020年第11期。

实务研究

农户土地经营权强制流转规制研究

——以涉农案件“执行不能”为切入点

许金鑫*

摘要：农村土地“三权”分置是一项重大的农地制度改革，“土地经营权”以法典化形式予以确定。涉农执行案件中，在农户被执行人土地承包权与土地经营权未分离的情况下，现阶段，土地经营权并未纳入法院强制执行的范畴，这也使许多涉农案件“执行不能”。执行法院可在保障农户被执行人及其扶养家属基本生活条件的情况下强制流转土地经营权。借助在全国范围内搭建的统一农地产权市场交易平台，推行网络询价机制，创新土地经营权挂拍模式，进行无差别流转，提高土地经营权收益，兑现申请执行人的胜诉权益。同时，建立当事人、案外人（农户其他成员）、利害关系人的执行异议制度，坚持强制流转前穷尽原则、流转中替代原则、流转后有限回购原则，充分保障当事人的合法权益。

关键词：土地经营权；涉农案件；执行不能；强制流转

最高人民法院提出“用两到三年基本解决执行难”的庄严承诺已经实现，但受制于目前尚未在全国建立农村产权登记系统，农户被执行人的土地承包经营权尚无法列入法院执行查控的范围，许多涉农案件穷尽执行措施依然无法查到财产，被纳入“执行不能”的范畴。“截至 2017 年年底，全国家庭承包

---

* 福建省厦门市同安区人民法院大同人民法庭庭长，法律硕士。

耕地流转面积5.12亿亩,同比增长6.9%,流转面积占家庭承包耕地面积的37%”,[①]如此大量的农村土地流转面积,其中是否有未清偿债务的农户被执行人的土地?该类财产是否已被法院控制?流转收益是否用来抵偿债务?这些均是执行实务中必须面对的问题。在农户被执行人名下土地承包权与经营权未分离的情形下能否被强制流转却至今无人论及,强制执行实务中也几无案例可寻。由于土地经营权可通过流转的方式获得相应的经济收益,在确保农户承包权稳定的情况下,探索土地经营权的强制流转应该成为未来执行实务的重点。

笔者通过实证研究方法,以中国裁判文书网及淘宝网司法拍卖平台中土地经营权拍卖为样本,分析当下土地经营权执行实务难题,从强制执行程序中“穷尽执行措施”的角度出发,以涉农执行案件“执行不能”为切入点,论证强制流转农户被执行人土地经营权的可行性,探寻土地经营权适用网络询价机制,通过搭建全国范围内统一的农地产权市场交易平台,将强制流转出的土地经营权与其他流转方式的土地经营权在交易平台上进行无差别流转,促进农村土地适度规模化经营,提升土地经营权的交易价值,兑现申请执行人的合法权益,为解决涉农执行案件提供新助力。同时,考虑到农村土地承载的保障性作用,在支付同等对价的情况下有限允许被执行人回购其被拍卖的土地经营权。

一、土地经营权流转的法理基础

(一)土地经营权流转的演变:从政策到法律

改革开放后,中国广大农村普遍实施了农村土地家庭联产承包责任制,农地流转也逐渐在产权明晰的基础上经历了由最初的“禁止流转”到“允许流转”和“支持流转”,再到“鼓励流转”和“规范流转”的政策变迁过程[②](见表1)。

---

① 李光荣、王力主编:《中国农村土地市场发展报告(2018—2019)》,社会科学文献出版社2019年版,第240~241页。

② 参见林德荣:《农户承包土地经营权规模流转机制与政策研究》,科学出版社2018年版,第36页。

表 1　土地经营权政策变迁过程

时间	地点及事件	具体政策及影响
20 世纪末期	土地承包经营权流转较活跃的浙江、江苏、安徽等地	在实践探索中提出“明确所有权、稳定承包权、放活经营权”,这些实践探索得到党中央的确认
2013 年 7 月	习近平总书记在湖北考察讲话	明确指出,要好好研究土地所有权、承包权、经营权三者之间的关系
2014 年	《关于全面深化农村改革加快推进农业现代化的若干意见》	初步提出了农村土地集体所有权、承包权和经营权“三权”分置的雏形
2016 年	《关于完善农村土地所有权承包权经营权分置办法的意见》	进一步确认,实行所有权、承包权、经营权分置并行
2019 年	《关于保持土地承包关系稳定并长久不变的意见》	强调促进在实行承包关系“长久不变”的基础上,放活经营权,发展多种形式适度规模经营,推进中国特色农业现代化

土地经营权经过人民群众不断地探索与实践,逐步从民间探索迈向政策引领,极大地激活了土地经营权流转市场,提高了农民收入,促进了农业生产适度规模化,适应了农村改革与发展的实践需要,提升了农业生产效率。随着“三权”分置政策的运行,土地经营权流转过程中产生大量的涉农纠纷与司法裁判困难等问题。为保障“三权”分置改革顺畅运行,关于“土地经营权”的立法脚步从未停歇(见表 2)。

表 2　土地经营权立法进程

时间	法律名称	具体规定及影响
2014 年修正并自 2015 年 5 月 1 日起生效实施	《行政诉讼法》	首开“农村土地经营权”入法之先河
2017 年修正并自 2018 年 7 月 1 日起生效实施	《农民专业合作社法》	第 13 条第 1 款再次明确土地经营权是一项实定法上的权利

续表

时间	法律名称	具体规定及影响
2018年修正并自2019年1月1日起生效实施	《农村土地承包法》	将农地"三权"分置以法律形式予以确认,并且明确赋予农户有自愿流转"土地经营权"的权利
2020年5月28日通过,2021年1月1日开始实施	《民法典》	再次对农户流转"土地经营权"的方式以法典化的形式予以确认,极大提升"土地经营权"的法律地位

土地经营权由政策落地到法律实施,全国各地进行了各种不同种类的运行模式,边探索、边实践、边总结,取得了诸多成效。土地经营权制度入典为我国发展现代农业、推动科学化生产、适度规模化经营提供强有力的法律支撑。

(二)土地经营权应定性为债权

农村土地改革是解决"三农"问题的重点,但土地经营权的性质定位学界一直争论不休。主要有以下几个方面:一是"物权说"。王利明认为,实行"三权"分置改革,从土地承包经营权中分离出农村土地经营权,必须在法律上确认土地经营权,并将其作为一种新型的用益物权加以规定。① 二是"债权说"。袁野认为,相对物权须受物权法定主义等原则之束缚,土地经营权之债权定位更契合当事人灵活自主的交易安排。② 三是"物权化债权说"。高圣平认为,从法理、农村土地制度改革渐进式发展趋势以及土地承包经营权债权性流转体系这3个维度考虑,宜将从土地承包经营权中派生出来的土地经营权定性为债权,但赋予其登记能力,给予其类似物权的保护。四是"二元权利说"。赖丽华认为,必须根据法理原则和现实需要采用物债并存的二元构造设计,并以登记作为区分土地经营权权利属性的标准。③ 这些不同观点并没有随着新修正的《农村土地承包法》的出台而消弭。土地经营权的性质争议不定,许多学者寄希望于《民法典》予以正面回应。但《民法典》仅以4个法律

① 参见王利明:《我国民法典重大疑难问题之研究》(第2版),法律出版社2016年版,第375页。

② 参见袁野:《土地经营权债权属性之再证成》,载《中国土地科学》2020年第7期。

③ 参见赖丽华:《基于"三权分置"的农村土地经营权二元法律制度构造》,载《西南民族大学学报(人文社科版)》2016年第11期。

条文对土地经营权的产生方式、设立及登记，土地经营权人的权能，非承包地土地经营权流转方式等进行规定，并未对土地经营权的性质予以定位。

“在派生出土地经营权之后，承包农户的土地承包经营权体现着承包地的社会保障功能；同时，土地经营权成为脱离身份属性的市场化权利，通过其自由流转解决承包地的抛荒、规模经营以及抵押融资等问题。”①此时，分离出的土地经营权并无社会保障功能，也无身份属性。《农村土地承包法》第49条将以其他方式取得的“土地承包经营权”重构为土地经营权，还原了其市场化属性。②《民法典》将以非家庭方式取得的经营农村土地的权利界定为土地经营权，这也与农户流转时独立出来的土地经营权与抵押权实现时所指向的土地经营权在性质上并无二致。“以出租、入股和其他方式设立债权性质的土地经营权，能够满足实践中不同期限不同内容的多种流转方式、多种经营方式的需要，比设立物权更加自由、多元。”③笔者认为，应将土地经营权定性为债权，并赋予其可登记的权利，使土地经营权具有物权化的效力，让土地经营权流转具有可查询、可公开等对外公示的效力，可在很大程度上促进土地经营权流转的规范化，也有利于维护土地经营权市场价值的提升，有效维护土地经营权人的合法权益。

二、土地经营权强制流转实务问题

新修正的《农村土地承包法》与《民法典》出台后，“土地经营权”作为可为农户提供新的财产性收入的一项权利，给“执行不能”的认定提出了挑战，土地经营权的执行效果如何对于人民法院处理涉农案件至关重要。

（一）涉农案件强制执行难

由于我国农村人口比例大，涉农执行案件在某些地区已经占到一半以上

---

① 宋志红：《中国农村土地制度改革研究：思路、难点、制度建设》，中国人民大学出版社2017年版，第8页。

② 参见高圣平：《土地承包经营权制度与民法典物权编编纂——评〈民法典物权编（草案二次审议稿）〉》，载《法商研究》2019年第6期。

③ 吴昭军：《土地经营权体系的内部冲突与调适》，载《中国土地科学》2020年第7期。

的比例,如福建省厦门市海沧区人民法院2010~2013年涉农执行案件占执行案件总数81.6%、[①]山东省平度市人民法院2014~2016年涉农执行案件占执行案件总数的70.3%、[②]福建省厦门市同安区人民法院2016年新收涉农执行案件占新收执行案件数52.2%。[③] 占比如此高的涉农执行案件,由于目前国家尚未建立农地产权登记系统,农户被执行人的土地承包经营权尚无法列入查控范围,导致许多涉农执行案件,被纳入"执行不能"案件的范畴中。"穷尽"执行措施不穷尽、入户调查有难度、被执行人规避执行手段多等现实窘境导致所报结的终本案件并未真正"穷尽"一切执行措施,仅仅依靠法院的依职权"穷尽"与被执行人的"自我配合"来认定"执行不能"尚存在较大争议。由于法院无法全面掌握农户被执行人的财产信息,导致涉农案件执行到位率不高,一些案件被迫终结执行程序,使涉农执行案件可能演变为涉诉信访案件,激化当事人之间的矛盾。

当下针对"执行不能"的案件,已经有法院推行个人破产制度,这更加需要法院采取更严格的标准认定"执行不能"。[④] 随着经济社会的发展,诸如支付宝、财付通、京东商城等新型网络财产,游戏币、网游号等网络虚拟财产均存在一定的价值,由于与传统财产处置的方式不一样,加上法律滞后性,许多新型财产一开始并未纳入被执行人财产范畴,均需要在达到一定认可度后才转变为法院可执行的财产线索。土地经营权作为一项新型的财产性权利,有其独特的市场价值与流转方式,不仅能给农民带来新的增长收入,还会给法院强制执行带来新的视野,给"执行不能"的认定提出了挑战,对于拥有农村承包地的农户被执行人,其拥有可通过流转就能实现经济收益的土地经营权,也就不能再视其为"执行不能"的被执行人,法院需要及时将其纳入强制

---

① 福建省厦门市海沧区人民法院课题组:《关于涉农案件执行情况的调研报告——基于农村城镇化进行的实证分析》,载齐树洁主编:《东南司法评论》2014年卷·总第7卷,厦门大学出版社2014年版,第136页。

② 参见王洪坚:《用足用活手段 强力锻造诚信——山东平度法院涉农案件执行工作记事》,载《人民法院报》2016年9月4日,第1版。

③ 参见安海涛:《"土办法"有时候更管用——福建厦门同安法院创新推进涉农案件执行工作纪实》,载《人民法院报》2017年5月23日,第4版。

④ 2020年8月26日深圳市第六届人民代表大会常务委员会第四十四次会议通过《深圳经济特区个人破产条例》,规定个人可进行破产申请。

执行的视线内。

(二)土地经营权强制执行实务现状

为了更好地了解土地经营权[①]的执行实务现状,笔者在中国裁判文书网以“案件类型:执行案件”“全文检索:土地承包经营权”“按关键词筛选:拍卖”为条件检索,截至2020年2月25日,共查询到164件案件,其中对“土地承包经营权”采取强制执行措施的9件、处置成功的7件(其中以物抵债6件、拍卖1件)(见图1)。

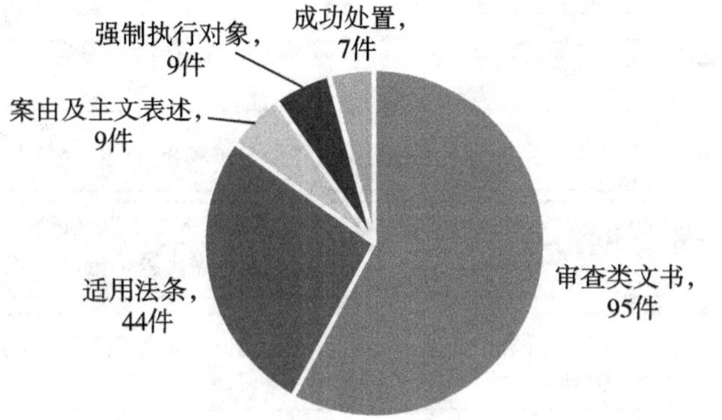

图1　中国裁判文书网文书件数

从中国裁判文书网所呈现的图1可以看出,目前非家庭承包方式的土地经营权由法院强制执行进入司法拍卖的数量少、成交率低、以物抵债的方式多。当然,可能由于有些土地经营权的拍卖由各省、各地区的土地交易平台进行线下交易,中国裁判文书网所体现的数据有所局限。为考虑文书上网的滞后性及相关法院上传文书的选择性,笔者又在淘宝网司法拍卖平台进行搜索,截至2020年2月21日涉及“土地承包经营权”挂网拍卖的242件,扣除中止、撤回的挂网信息,剩余有效拍卖信息206件。因为某个拍卖标的物可能经过一拍、二拍、变卖、以物抵债等流程,经过核查,共有118个标的物进行挂网

① 由于以家庭承包方式的土地承包经营权拍卖存在很多限制。因此,本部分司法实务部分的数据大部分为非家庭承包方式的土地经营权(新修正的《农村土地承包法》出台前为土地承包经营权)执行实务数据。同时,由于家庭承包方式流转出的土地经营权与非家庭承包方式的土地经营权在性质上并无二致(前文已阐述),故本部分以非家庭承包方式的土地承包经营权拍卖实务为例并无不妥。

拍卖。有评估报告的 83 件、双方协商议价的 4 件;独立对土地承包经营权进行评估的 65 件;无地上附属物的 10 件;拍卖成功的 29 件、以物抵债的 1 件;对于竞买资格有限制的仅有 2 件。笔者针对评估报告进行详细查看,发现目前针对土地承包经营权主要有 10 种评估方法(详见图 2)。

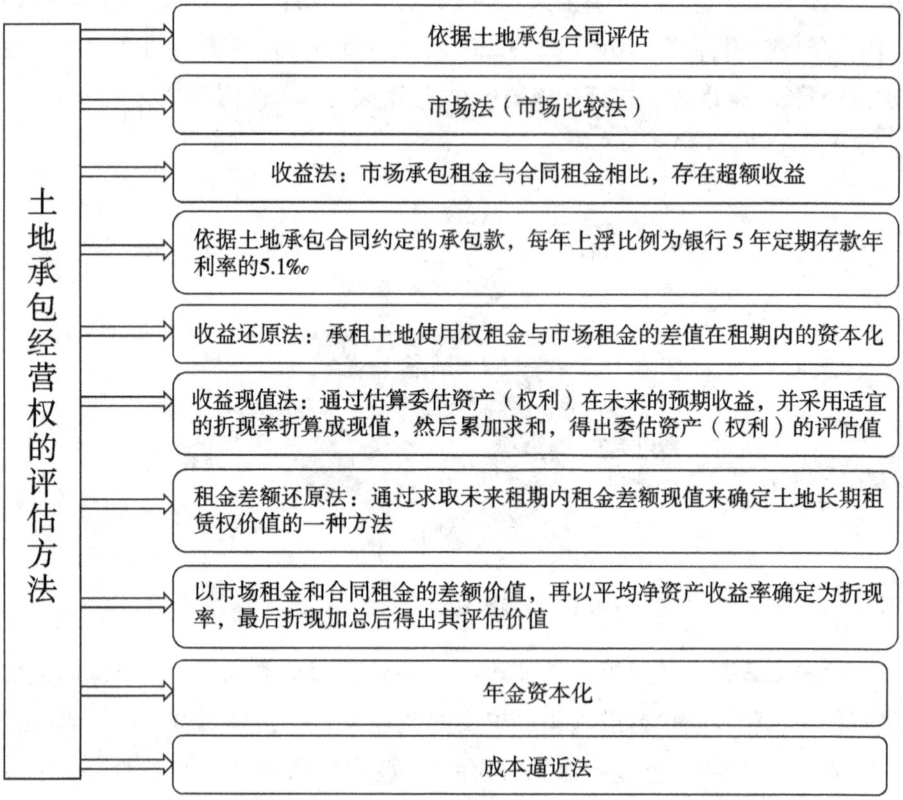

图 2　土地承包经营权的评估方法

从上述数据及图示可以看出,土地经营权目前的司法实务现状如下:一是纯粹土地经营权拍卖的标的物很少,一般都有地上附着物,无地上附着物的占比仅为 8.47%,单纯的土地经营权拍卖实务案例极少;二是大部分土地经营权拍卖均需要通过评估确定价值,当事人协商议价少,单独对土地经营权的评估也不够充分,仅占所有拍卖标的物的 55.08%;三是评估方法繁多不一,没有形成统一的评估标准,仅 118 个拍卖标的物就有 10 种不同的评估方法,不利于提升评估效率与确定评估标准;四是成功率不高,拍卖成功率仅为

25.42%,市场对于土地经营权的网络拍卖依然持谨慎态度,无法形成统一的司法拍卖规模示范效应,网络拍卖效果不显。

(三)土地经营权变现难——以设置抵押为例

在“三权”分置改革中,农业经营主体时常出于扩大农业生产经营需要,以土地经营权为主体作为抵押物向金融机构融资贷款。在国家推行的农村土地承包经营权抵押贷款试点中,贵州省遵义市凤冈县、浙江省嘉兴市南湖区、宁夏回族自治区吴忠市同心县、重庆市江津区4个试点在土地经营权设置抵押时,仅有宁夏回族自治区吴忠市同心县认可单独土地的价值,而其他地区土地仅仅作为一部分资产参与贷款抵押。① 在实现抵押权时,4个试点地区未能就土地经营权(土地承包经营权)直接采取拍卖、变卖的方式,而是需要多重条件才能实现抵押权(详见表3)。

表3　4个试点地区抵押权实现方式

试点地区	抵押物	抵押权实现方式	土地经营权处置
贵州省遵义市凤冈县	土地经营权不能单独成为可抵押品,包括农村土地上/下的附着物、厂房等	采取由政府成立的担保公司进行反抵押担保模式,当借款人无法还款时,由担保公司先行偿还,而后担保公司再委托第三方对抵押物进行拍卖	不能独立变卖、拍卖
浙江省嘉兴市南湖区	土地承包经营权与土地附着物共同资产进行抵押	抵押土地通过再流转或将资产委托给产权交易中心,由产权交易中心统一处置	不能直接变卖、拍卖
宁夏回族自治区吴忠市同心县	农户可选择除去留足生活保障土地后的土地入股加入土地承包经营权流转合作社,可采用“多户联保”方式贷款	第一代偿人为保险公司,第二代偿人为联保户,第三代偿人为合作社。抵押的土地可以选择自己耕种,也可以流转给其他农业经营主体,不局限于本合作社内、集体范围内流转	不能直接变卖、拍卖

① 参见安海燕:《农村土地承包经营权抵押贷款试点效果研究》,中国财经经济出版社2017年版,第55页。

续表

试点地区	抵押物	抵押权实现方式	土地经营权处置
重庆市江津区	多种模式共存型	在处置时应首先在本集体经济组织内符合购买条件的成员中进行转让,如本集体经济组织内无法转让的,可以对有关抵押物进行依法处置(农村土地承包经营权只能流转)	仅允许流转,不能拍卖、变卖

从表3可以看出,当债务人无力清偿债务时,土地经营权作为抵押物,抵押权人实现抵押权时并不能如房产一般快捷,无法通过担保物权实现特别程序提请法院评估、拍卖、变卖等方式直接受偿。因此,土地经营权在实务中存在变现难的问题。

目前,针对被执行人名下土地经营权的强制执行讨论的一般都是设置抵押权的土地经营权或者土地经营权入股后产生的债权到期,债务人无法清偿的情形。"农地经营权设定抵押或入股后产生的债权到期时,债务人无力清偿债务,须将通过拍卖、变卖、折价土地经营权等方式实现债权,但却无人受让土地经营权时,才存在设立农地经营权管理的必要。"①但对于农户被执行人名下尚未从土地承包经营权中分离出来的土地经营权,法院能否予以强制流转是当下执行实务必须面对的问题。

三、土地经营权强制流转的可行性证立

(一)土地经营权具有财产属性是强制流转的本质前提

《农村土地承包法》所确定的流转客体均为"土地经营权",这说明土地经营权的权利属性是财产属性。"作为债权的经营权可以实现权利人对农地占有、耕作并收益,且具有转让、担保、入股等丰富权能,是可以自由流通的市场化权利。"②据此,农民可以按照自己的意志,通过土地交易市场或者以一定的

① 杨仕兵:《论构建农地经营权的强制管理制度》,载《内蒙古农业大学学报(社会科学版)》2019年第3期。

② 石冠彬、魏沁怡、单平基等:《民法典(草案)物权编修改笔谈》,载《法治研究》2020年第1期。

方式行使土地上的权利，获取相应的收益，故土地经营权能够作为一种可流通的财产权成为交易对象活跃于农地流转市场。从土地承包经营权派生出土地经营权，分割了土地承包经营权的保障功能和财产功能，[①]土地经营权则具有无身份属性的财产功能。“从长远来看，剥离土地承包经营权的身份属性，促进其自由流转，应是市场经济背景下优化资源配置的必然选择。”[②]在派生出土地经营权之后，土地经营权就具有市场化的财产属性，可以通过一定的方式进行流转，获取相应的经济收益。“设立土地经营权的最终目的就是为了获得相应的收益，保障其有稳定的经营预期。因此，收益权是土地经营权中最核心的权利内容。”[③]正是由于土地经营权具有财产属性，农民才能真正从土地中解放出来，将手中因外出务工撂荒的或者多余空闲的土地进行流转，避免被一亩三分地所困，发展多种形式的农业经营，实现经济收入增长。再者，在土地经营权设定抵押权的场合，“土地经营权在本质上已挣脱了土地承包经营权之权利主体的身份制约，属于纯粹财产权，自可作为担保财产，在市场自由流通”。[④] 同时，也是因为土地经营权的财产属性，具有市场流通性，拥有强大的实践基础，才能使国家“三权”分置的政策具有如此大的生命力，并得以推行上升到基本法律以法典化的形式予以保护。

因此，土地经营权的财产属性是法院在强制执行程序中强制流转农户被执行人土地经营权的前提。法院强制流转的目的并不是取得农户被执行人的承包地，也不是为了土地经营权本身，将农户被执行人名下的土地承包经营权分离出土地经营权，并将其作为实现债权的强制执行措施对象予以挂网拍卖，以货币化的形式（流转价值收益体现在使用年限的拍卖款）来兑现申请执行人的合法权益。

---

① 参见宋志红：《农村土地“三权分置”改革：风险防范与法治保障》，载《经济研究参考》2015年第24期。

② 高圣平：《农村土地承包法修改后的承包地法权配置》，载《法学研究》2019年第5期。

③ 丁文：《论“三权分置”中的土地经营权》，载《清华法学》2018年第1期。

④ 彭诚信、畅冰蕾：《“三权分置”中土地经营权的立法论思考》，载《河南社会科学》2018年第8期。

(二)民事强制执行的特性赋予法院强制流转的权力

在我国,"人民法院一直是唯一有权执行民事案件的机关",[①]作为强制执行机关的法院行使的国家赋予的公权力,依照法定程序,运用国家强制力,通过采取强制性的执行措施迫使债务人履行义务,兑现债权人的合法权益。法院执行手段的强制性并非贯彻债权人的意志,也并不以被执行人的意志为转移。因此,法院在采取强制执行措施时,必须坚持穷尽原则,最大限度地实现执行依据所确定的债权。当农户被执行人的土地承包经营权已分离出土地经营权,法院可通过向土地经营权人扣留提取被执行人的流转价款用以清偿债务,这种执行手段的强制执行措施已无疑问,但若农户被执行人名下土地尚未分离出土地经营权的情形下,该如何处理?对此,我们可以从农户在自己的承包地上设置抵押后,以抵押权人如何实现抵押权来做参考。依据《农村土地承包法》第47条第1款的规定,农户可将"承包地的土地经营权向金融机构融资担保",该条第3款同时规定,"实现担保物权时,担保物权人有权就土地经营权优先受偿"。可以看出,农户并未将承包地的土地承包权与土地经营权予以分离,土地经营权也未向外流转。因此,"作为担保物的土地经营权实际上还未现实存在,承包方是用将来的土地经营权融资担保,到需要实现担保物权时,土地经营权才从土地承包经营权中分离出来,作为优先受偿的财产出现"。[②]

当农户作为被执行人,法院根据国家赋予的权力,取得对被执行人名下任何财产采取强制措施的权力。当被执行人其名下除承包地外无其他财产可供执行时,法院可参照农户承包地自设抵押权,当农户无力清偿时,抵押权人实现担保物权的方式则是强制流转出土地经营权,通过评估拍卖变卖的方式取得流转价款,用以清偿被执行人所欠债务。因此,基于强制执行特性,法院拥有强制执行的权力,将被执行人的农地强制分离出土地经营权,以一定的方式流转获得相应的收益,兑现申请执行人的合法权益。

---

① 田平安主编,李龙、马登科、刘志杰撰写:《民事诉讼法·执行程序篇》,厦门大学出版社2007年版,第27页。

② 杜涛主编:《中华人民共和国农村土地承包法解读》,中国法制出版社2019年版,第273页。

（三）公正与效率是土地经营权强制流转的理论基础

公正与效率是强制执行制度的两个价值目标，司法公正强调的是程序公正和结果公正，以执行权的行使为载体，把法定权利向实有权利转化，而效率强调的是速度和进程，要求实现债权应该及时、迅速。众多涉农纠纷执行案件的被执行人很可能拥有可流转的土地经营权，但不能基于流转非其"自愿"而拒绝法院的强制执行。当农户得知其已成为被执行人时，可能会作出漫不经心经营或弃耕荒芜或交由亲属代耕等行为以变相抵抗法院强制执行。如此造就被执行人自身"无财产可供执行"的假象则导致执行效率大打折扣。当农户成为被执行人，其名下的财产及其财产性收益均属于法院可强制执行的对象，并且不以被执行人的意志为转移，其名下的土地经营权的获益属性就具有清偿债务的属性。多数债务人未能主动履行法律文书所确定的还款义务，若仅依靠被执行人"自愿"流转以获得经济收益清偿债务并不现实，这也就无法实现债权人的合法权益，无法实现执行公正的效果。

因此，在强制执行制度中，从保护债权人合法利益的角度出发，需将农户被执行人名下的财产予以最大化处理，穷尽执行措施，"将土地经营权视为普通财产，按照破产财产处置，这是效率的内在要求。但是土地经营权的社会性价值又不能完全忽视，这就需要公平原则去把握处置的方式和尺度"。[①]"迟来的公正非公正"，此时就要求法院基于"效率优先，兼顾公正"原则，及时、迅速地将目光投向农户被执行人名下的土地承包经营权，将农户被执行人的土地经营权从土地承包经营权中强制流转分离，实现经济收益。

（四）强制流转并未丧失土地保障功能

要实现对被执行人的土地经营权强制流转最重要的是考虑流转是否会影响农民的土地社会保障功能，让农户不至于在支付对价后再次因举债而丧失生存保障。在当前的时代背景下，"农地的社会保障功能迅速弱化，大部分家庭都是靠外出务工生存，而不是依靠农地，即使是通过在农地里劳作来养

---

① 刘冰：《农村承包土地经营权的破产处置》，载《法学》2018 年第 4 期。

活自己,也跟所谓保障的'社会性'相距甚远"。[①] 近年来,随着我国城镇化进程的加快,农村外出务工人员日益增多,农民的收入也不仅仅只限于一亩三分地,而是通过保留承包权获得持续稳定的流转收益,通过从事其他非农经营取得其他就业收入,有些农民逐步转变为依靠工资生活的产业工人,农业已经不再是这些农户家庭收入的主要来源,其对土地的依赖程度大大降低,应将关注点较多地转移到土地财产价值的充分显化之上。[②]

法院强制执行程序中强制流转的只是强制分离出农户被执行人的土地经营权,作为实现债权的财产出现,对于其土地承包权并未剥夺,土地承包权由且只能由作为集体经济组织的农民享有,其与土地的承包关系不会被不可逆转地斩断,其对土地的承包权利依然或至少在观念上可以作为农民生活的基本保障。[③] 而且流转时农户的集体经济组织成员权并未丧失,依附土地的社会保障功能依然存在,受让人取得的是剩余承包期限内的土地经营权,待流转期限或承包期限届满,土地经营权又重回土地承包经营权,构成完整的农户土地承包经营权。

(五)强制流转有助于解决涉农案件执行难

在涉农纠纷中,许多纷争都是日常生活中的琐碎案件,具有数量多、标的金额小、案情简单、当事人很多是乡里乡亲等特点。有的农户被执行人手中拥有面积较大的农用地,又无法转让土地承包经营权变现,这也导致债权无法实现,容易造成债权人无法理解。对于涉农执行,全国多地法院也曾经下大力气予以解决,但由于现有制度及法律规定,对被执行人名下农地的执行一直处于无法处置的状态。随着工商企业等社会资本流入农村,农户的土地经营权价值也将飙升,甚至还可能成为被执行人转移财产的新方式。

最高人民法院在达成"基本解决执行难"目标后,提出彻底解决"执行难"的目标要求,法院必然会对被执行人的财产调查得更详尽,对于穷尽执行措施也提出了更高要求。因此,将农户被执行人的土地经营权强制流转纳入法

① 温世扬:《农地流转:困境与出路》,载《法商研究》2014年第2期。

② 参见陈小君:《我国农地制度改革实践的法治思考》,载《中州学刊》2019年第1期。

③ 参见蔡立东、姜楠:《承包权与经营权分置的法构造》,载《法学研究》2015年第3期。

院强制执行措施范围内,避免因被执行人有财产拒不履行的行为造成对法院司法权威的藐视,这也是法院穷尽执行措施的应有之义,更是解决涉农案件的重大突破,在保障被执行人及其扶养家属基本生活条件的前提下,法院通过强制流转农户被执行人的土地经营权,对农户被执行人穷尽执行措施,最大限度地保障申请执行人的合法权益,致力解决"执行难"。

四、土地经营权强制流转的模式

(一)完善实现土地经营权登记

法院强制流转农户被执行人的土地经营权需要建立在该项权利可查询、可登记、可处置的基础上,因此,法院强制流转需要政府架构承载这些功能的载体。法院认定执行案件"执行不能"最主要的就是依靠法院依职权调查被执行人的财产线索,如果无法通过相关权属机关查询到被执行人的名下财产,则案件可能会被认为是"执行不能"。因此,权属登记对法院执行工作来说,无疑是强大的助力。"意欲实现顺畅流转,必然要以该项权利的准确、清晰以及易被相对人知晓和信赖为前提。"①《民法典》确认对土地经营权的"母权"——土地承包经营权的登记,②也就是说,土地承包经营权随着农村承包地确权工作的完成,法院可通过相应的系统查询农户被执行人是否拥有土地承包经营权证,然后对其土地经营权是否符合强制流转的条件进行判断,从而决定对被执行人的土地经营权是否予以强制流转。

《民法典》对土地经营权流转期限的登记能力作了不同的规定,对于流转期限 5 年以上的土地经营权,规定可以向登记机构申请登记,5 年以下的却未赋予登记的权利,也未能对再次流转、登记的范围进行规定,这在一定程度上造成了"土地经营权体系的内部冲突",③也给法院在强制流转土地经营权过程中带来实务上的困扰。登记是为了强化土地经营权的公示效力与对抗效

---

① 单平基:《〈民法典物权编(草案)〉之土地承包经营权的评析和完善》,载《山东社会科学》2019 年第 2 期。

② 《民法典》第 333 条第 2 款规定:"登记机构应当向土地承包经营权人发放土地承包经营权证、林权证等证书,并登记造册,确认土地承包经营权。"

③ 参见吴昭军:《土地经营权体系的内部冲突与调适》,载《中国土地科学》2020 年第 7 期。

力,也是实现强制流转所带来的经济收益清偿债务的前提,更是为了保护当事人的合法权利。因此,笔者认为,对于法院强制流转的土地经营权,不因期限长短均应赋予受让人有登记的权利,受让人可持载有具体流转事项及变更登记的执行裁定书、协助执行通知书向该地块土地确权部门申请登记,成为新的土地经营权人,这既可以保障受让人行使土地经营权,又可以使农户被执行人在满足一定条件时回购土地经营权有迹可循,保护当事人的合法权益,维护正常的交易秩序。

(二)搭建全国统一农地产权市场交易平台

目前,农村土地流转交易市场体系尚不完善、交易规则亦不明晰、各机构交易流程不规范、土地流转信息渠道不畅通等问题困扰农村土地交易市场的规范运营。截至 2015 年年底,全国已有 1231 个县(市)、17,826 个乡镇建立了土地流转服务中心,覆盖了全国约 43% 的县级行政区划单位。[①] 因此,将土地流转中心连点成片,整合土地流转市场,搭建全国统一的农地产权交易平台,消除全国农地交易区域化限制,减少地区之间市场交易的差异,不断推进土地流转交易平台的完善,使该交易平台汇集土地经营权流转供求信息、法律咨询、流转交易、纠纷化解、合同签署等功能,借助服务运营商的配套服务,提升农村产权交易市场的运营水平,促进交易市场的完善。通过完善市场交易平台功能,引导农村土地有序流转,规范交易规则,提升管理服务水平。因此,统一的农地产权市场交易平台有利于提高法院拍卖、变卖的成交率,也有利于提高土地经营权的交易价值,同时也有利于农户被执行人提升清偿债务能力,早日清偿债务。

(三)运用网络询价制度提升农地评估效率

农村产权评估机制的建立十分重要,因为法院在强制执行程序中是否启动强制流转土地经营权取决于该土地经营权的价值。目前,关于产权评估机构业务范围更多的是针对城市土地使用权及房产的评估,由于评估员对农村

---

① 参见冯华:《农村土地流转不透明不规范问题仍存在集体流转须获农户书面委托》,载《农村 · 农业 · 农民(A 版)》2016 年第 8 期。

土地不了解及现场实地勘查积极性不够等问题,对于农村土地价值评估的差别巨大,评估效率不高,无法真正体现农地价值。因此,必须改变现有的评估模式。人民法院在处置财产前均需要对拟处置财产进行评估以确定参考价,随着信息化建设进程的加快,网络询价制度的运用越来越广泛。有法院统计,从网络询价到挂网拍卖最快 15 天,比平时普通的线下评估时间快 30 天左右,①极大地提升了评估效率。

"土地经营权即属法律明定的财产权,自可以货币计价。"②目前,农村土地市场交易平台上有大量真实的土地流转交易信息,包括价格信息,通过这些土地交易价格信息的大数据分析能根据每块土地的大小、位置以及其他综合信息计算出与市场价格最贴近的评估价。③ 执行法院可探索运用最高人民法院推广的网络询价制度,考虑土地的用途、区位和预期价值,对该土地经营权进行网络询价,将确定参考价工作从线下改为线上,极大地提高了人民法院确定土地经营权参考价工作的公开度,顺应了市场需求,使土地经营权处理价格的确认更加透明。

当然,特别应该指出的是,在对土地经营权进行评估时,只能计算剩余承包期限内(一个承包周期)的土地经营权价值,不能把可能延续的继续承包周期计算进去,造成了评估价格失真。如果农户被执行人在新的承包期依然取得了土地承包经营权,则法院必须对农户被执行人的土地经营权进行重新评估、处置。

(四)土地经营权无差别流转

现有的法院网络拍卖模式是目前法院处置被执行人财产的最优选择,但由于强制流转出的农户被执行人的土地面积小,网络平台挂网拍卖效果不显,因此需要法院创新挂拍模式。法院可与政府进行联动,建立土地产权信息共享,若发现被执行人拥有承包地,则法院可通过相应权属登记机构对农

---

① 参见福建高院:《告别第三方　省时又省钱!福州中院启动司法拍卖网络询价》,载微信公众号"福建高院"2018 年 7 月 29 日,https://mp. weixin. qq. com/s/OpN6Y5XiBLSdwsC5rDOTdw。

② 高圣平:《农村土地承包法修改后的承包地法权配置》,载《法学研究》2019 年第 5 期。

③ 参见李光荣、王力主编:《中国农村土地市场发展报告(2018—2019)》,社会科学文献出版社 2019 年版,第 277 页。

户被执行人的土地承包经营权办理登记冻结产权手续,防止其转移财产。在农户被执行人无法清偿债务时,法院对农户被执行人名下的土地经营权进行初步评估询价,将符合强制流转条件的土地承包经营权启动"强制流转",分离出土地经营权。借助搭建的统一农地产权市场交易平台,将强制流转出来的土地经营权在农地产权交易平台挂拍,交由统一的农地产权交易平台与自愿流转的土地经营权(包括四荒地等非家庭承包方式的土地经营权流转)进行无差别流转。平台接收流转农地,根据区域内的农地位置、土地肥力、适耕作物等特点整合资源、统一管理,消除区域内农地交易信息不畅,吸引更多的意向买受人,引入工商资本等有实力的农业生产公司,实现区域内适度规模化经营,保障土地经营权的流动性。通过府院联动模式,整合各相关方的资源,提升土地经营权的交易价值,形成试点示范效应,以点带面促进农地适度的规模化经营。

五、土地经营权强制流转的规制

为了保障农户被执行人及其扶养家属的最低生活条件与债权人合法权益的兑现之间的平衡,防范流转的农地非农化风险,需对执行程序中强制流转农村土地经营权进行规制。

(一)强制流转前的穷尽原则

当法院已穷尽其他执行措施,被执行人依然无法清偿债务时,申请执行人是否可以申请法院对农户被执行人采取强制流转土地经营权?部分地区农户被执行人手中土地较少,基本生活保障靠承包地来支撑,加上目前土地经营权的价值尚未凸显,若不顾价值多寡就强制流转也会产生新的问题,出现新的矛盾,已然超出执行的必要限度。因此,只有在该土地经营权评估价格高于被执行人及其扶养家属最低生活保障标准时,才可采取强制流转措施;若该土地经营权评估价值低于被执行人及其扶养家属最低生活保障标准时,则不予强制流转。在强制流转收益中,需要预留被执行人及其扶养家属最低生活保障的份额,最大限度地保障农户被执行人及其扶养家属的生存权(见图3)。

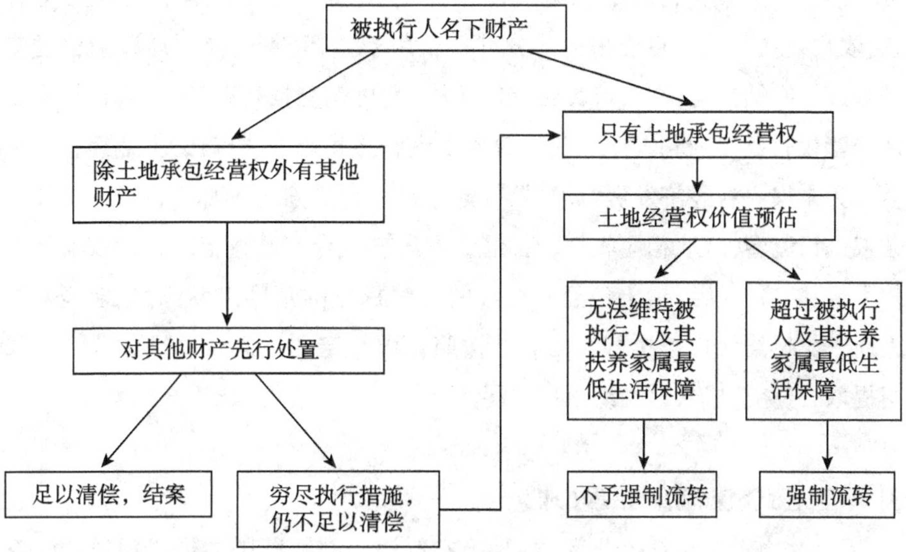

图 3　强制流转土地经营权限制

(二)强制流转中的替代制度

土地对于农民来说,其不仅是基本生活资料的来源更是骨子里面的精神依赖,农民十分惧怕失去土地。由于穷尽原则,农户被执行人拥有的土地经营权是其拥有的最后一项可处置的财产性权利(法院能够查询得到的财产线索),因此应当允许在强制流转过程中设立替代制度。因此,当法院启动强制流转农户被执行人土地经营权程序时,可允许农户被执行人采取相应的措施以避免强制流转程序的启动。一是提前清偿或者提供担保。农户出于惧怕土地在一段时间内不能由自己耕种,农户被执行人会尽可能提前清偿或通过找亲朋好友代偿等方式来清偿债务。若存在躲避执行的情形,也可促使被执行人将可能隐匿的财产交由法院处置,避免土地经营权被法院强制流转。同时,农户被执行人亦可通过寻找保证人、提供担保财产,与申请执行人达成执行和解,暂缓对其名下土地经营权的执行,同时向法院申请中止强制流转程序。二是土地征收补偿款代替。由于经济社会快速发展,政府出于公共利益的需要,对于部分农用地会进行征收征用,对于被征收征用的农用地,会给予一定的补偿费,主要包括土地补偿费、安置补偿费及地上附着物和青苗补偿费。一旦农户被执行人的农地被征收,基于其上的土地经营权也将不复存在,农户被执行人可将取得的部分补偿款用于偿还债务,尚不足以清偿的案件则进入终结执行程序,待日后有偿还能力,再恢复执行。三是扣留、提取土地经营权收益。随着农地“三权”分置由政策推动到法典确认,土地经营权将会成为未来农村经济发展“助推器”,越来越多的农户会选择将自己的土地经营权进行流转,获取相应收益。若遇到农户被执行人已将土地经营权流转给他人,法院应当从维护土地经营权人的合法权益的角度出发,对土地经营权人尚未支付给农户被执行人的收益按照合同约定的时间及履行方式进行扣留提取,避免造成农地交易市场的混乱。

(三)强制流转后的回购制度

目前,由于土地细碎化问题,我国农业尚未在大范围内形成规模化经营的效果,再加上农业生产本身具有的高成本、周期长、回报慢等特点,土地经营权流转的价格现阶段必然不高。因此,农户被执行人被强制流转的土地经营权的期限一般来说也较长。由于土地经营权经由法院强制流转,已经通过农地产权市场交易平台挂网拍卖,竞买人很可能出于长期经营的打算才出价竞拍,因此必然投入较大的精力与财力,也可能已经和旁边连接的土地连片经营,进行规模化经营,若是允许回购土地经营权,则有违诚实信用原则,也不利于保障农业生产的持续稳定。因此,原则上应不允许农户被执行人立即回购土地经营权。由于我国农民对于土地的情感不言而喻,农户被执行人可与土地经营权人协商解决,由农户被执行人给予土地经营权相应的补偿或者支付相应的对价予以回购,若土地经营权人不同意,则农户被执行人只能等到强制流转期限到期或者新的一轮土地承包经营权再次确认方能取回土地经营权。为了防范农地非农化风险,笔者建议,若是买受人在农户被执行人的土地上从事非农建设,则农户被执行有权通过支付剩余使用年限的对价回购土地经营权,此时无须土地经营权人的同意即可实施。

(四)强制流转当事人、利害关系人的权利保障

目前,由于土地承包经营权的承包主体是以“户”为主体的,因此在强制流转土地经营权过程中,需要考虑利害关系人的合法权益,给予其充分的权利保障。若是整个家庭承包农户作为被执行人,土地经营权强制流转则无须考虑成员间的关系,所需流转土地无须分割。若是以一人或者少于家庭成员的数量出现,则应进行分割处置。若其他成员不同意法院强制流转土地经营权,则应支付相应的对价;若其他成员同意法院强制流转土地经营权,则在处置过程中应该保障其他同户成员的优先购买权。

由于民事强制执行权这种天然的扩张性,如果没有对其进行制约或者没有相应的救济途径,则可能会造成法院执行行为的违法或者执行不当等不公正现象的出现。执行程序的主旨是最大限度地实现债权人权益,兼顾被执行人的公平救济。[①] 由于强制流转土地经营权也是强制执行行为的一种方式,当事人或者相关利害关系人认为法院强制流转行为违反法律规定的,则可向执行法院提出执行异议书面申请,执行法院应根据《民事诉讼法》第 232 条[②]的规定予以审查处理。

(五)防范非农化风险

为了保障农户被执行人及其扶养家属的最低生活条件与申请执行人合法权益兑现之间的平衡,应对在执行程序中强制流转农村土地经营权予以规制。随着经济社会的发展,工商资本引入农村土地交易市场,由于资本的逐利性,可能会导致农地"非农化"风险的出现。由于农村承包地依旧承载农民的社会保障功能,因此,必须加强对法院强制流转出的土地经营权的买受人的监管力度。一是由县级以上主管部门对工商企业的非农建设予以严格监督,对违法行为人予以行政制裁。[③] 二是农户被执行人监督。出于保护耕地的角度,被执行人对于自己的土地总是最为关心的,其更加关注自己的土地是否确实用于从事农业生产经营,若发现买受人将土地用于非农生产,则可

---

① 参见张元:《〈公司法〉资本制度修改对执行程序的影响》,载《法律适用》2014 年第 10 期。

② 《民事诉讼法》第 232 条规定:"当事人、利害关系人认为执行行为违反法律规定的,可以向负责执行的人民法院提出书面异议。当事人、利害关系人提出书面异议的,人民法院应当自收到书面异议之日起十五日内审查,理由成立的,裁定撤销或者改正;理由不成立的,裁定驳回。当事人、利害关系人对裁定不服的,可以自裁定送达之日起十日内向上一级人民法院申请复议。"

③ 参见杜涛主编:《中华人民共和国农村土地承包法解读》,中国法制出版社 2019 年版,第 362 页。

以向当地土地管理部门举报,纠正买受人的非农化经营;也可以通过设立回购制度,向买受人支付对价,回购该块土地的土地经营权,使土地经营权重新回归到农户被执行人的手中。

六、结　　语

“制度承载着法律的理想,制度安排不应束手于现有的法律制度,而是要按照对理想社会秩序图景的理解,提供导向生活理想的机制。”①目前,在农户被执行人土地承包经营权未分离的情况下,土地经营权强制流转的讨论更多的是理论研讨,实务操作受限于规模化经营要求以及登记制度尚未完善,暂无案例可寻,但并不意味着我们不能研究这种制度实现的可能性。在法院穷尽其他执行措施后申请执行人债权仍无法得到满足的情况下,启动有条件的土地经营权强制流转程序并加以规制,既考虑了农户被执行人的实际情况又最大限度地保护了申请执行人的合法权益,以期对涉农案件“执行难”的解决有所助益。

---

① 李建伟:《公司资本制度的新发展》,中国政法大学出版社2015年版,第328页。

执行移送破产程序的实证图景与路径规范

——以浙江法院“执转破”运行机制为样本

温岭市人民法院课题组*

摘要:执行移送破产制度既是司法实践的制度创新,也是司法实践的一大难题。自2015年正式设立“执转破”机制以来,“执转破”机制助力营商环境指标提升的重要价值凸显,但从全国范围来看,“执转破”的案件数量仍然不多,大量涉企案件依旧积压在执行阶段。以浙江法院近5年的实践情况为具体考察样本可以发现,“执转破”机制运行困境的难点主要在于市场主体及办案法官认知不全面、“执转破”征询工作不到位、选择性移送大量存在、信息资源共享不畅通、审判力量不足等。为解决上述困境,应当优化启动机制实现“执转破”从破产排斥到积极引流转变,完善衔接机制实现“执转破”从被动移送到常态化移送转变,落实保障机制实现“执转破”从弱势保障到长效机制转变。

关键词:营商环境;“执转破”;浙江法院;路径规范

伴随全球经济一体化,营商环境法治化、全球化已成为时代发展不可逆转的趋势。世界银行从2003年开始每年度发布《全球营商环境报告》,《营商环境报告》覆盖了11项重要主题指标,“办理破产”便是其中的一项评估指

---

* 课题组负责人:陈文通,浙江省温岭市人民法院原院长,法学硕士。课题组成员:洪澄江,浙江省温岭市人民法院原副院长,法学学士;夏群佩,浙江省温岭市人民法院专职审委会委员、审管办主任,法律硕士;赵玲燕,浙江省温岭市人民法院民一庭庭长,法律硕士;林娴,浙江省温岭市人民法院审管办副主任,法学学士。

标。根据世界银行2019年10月底发布的《营商环境报告(2020)》,中国营商环境全球排名跃升至31位,但“办理破产”指标位居全球第51,低于我国营商环境排名。破产制度系现代经济制度的重要组成部分,人民法院作为提升破产指标的牵头部门,加强破产司法能力,提升我国营商环境指数排名,已是人民法院当下面临的重要课题。基于此,本文抓住破产体系改革中“执转破”这一新生制度,总结浙江法院近些年“执转破”制度实施情况,以构建执行与破产携手并进的债权实现体系为最终目标,提出执行转破产机制的完善路径。

一、定位:“执转破”机制对营商环境指标提升的现实价值

世界银行认为,良好的破产制度应当具备帮助债权人实现资产价值最大化,允许有救助可能的企业进行重组并有效关闭失败的企业,能够提高市场的确定性,促进经济的稳定与增长等特征。[①] 长期以来,由于多方面原因,我国破产制度存在不足、制度闲置等问题客观存在,在破产制度改革的呼声下,执行移送破产机制应运而生,执行转破产的制度衔接对于营商环境指标的提升具有重大的现实意义。

(一)执破衔接是疏通破产入口的重要渠道

2007年《企业破产法》正式实施,确立了我国基本破产制度,2007~2015年,最高人民法院又先后通过多个司法解释文件,以完善破产法律体系。但《企业破产法》施行以来,全国破产案件受理数量并不理想,根据相关数据统计,2006~2015年将近10年的时间里,全国年平均吊销及注销企业79.17万家,而年平均破产案件不足3200件,破产比例不足吊销及注销企业总数的1%。[②] 破产制度闲置的最主要原因在于,以当事人申请为企业破产唯一启动模式。由于社会普遍不理解破产制度功能,将破产程序等同企业倒闭,导致

① 参见容红、高春乾、邹玉玲:《“办理破产”之国际比较——解析世行营商环境评估报告》,载《中国经济报告》2018年第9期。

② 参见张元华:《论执行移送破产程序的激励性引导与规制》,载《甘肃政法学院学报》2016年第6期。

债务人非常抵触破产程序的启动，而债权人受到自利动机的影响，对于门槛高、耗时长、影响其在先受偿的破产程序亦持保留态度，破产启动推进十分困难。基于现实情况，2015 年 2 月最高人民法院《关于适用〈中华人民共和国民事诉讼法〉的解释》（以下简称《民诉法解释》）正式确立了执行程序移送破产程序的基本制度，明确采取法院依职权释明、提醒、引导当事人提起“执转破”作为破产的另一启动方式，极大丰富了我国破产程序的启动通道，促进了破产法的实施及功能发挥。

（二）执破衔接是加快市场出清提高市场稳定性的必然选择

破产制度的过分闲置导致市场无法实现及时出清，影响有限资源的优化配置。而与每年极少的破产案件数相对的是，申请执行案件逐年增加且超过法院负荷。根据最高人民法院公布的《全国法院司法统计公报》的数据，2016～2018 年全国法院共受理执行案件 2042 万件，庞大的执行数字与 2016～2018 年每年几千件的破产案件形成巨大反差，意味着绝大部分资不抵债的“僵尸企业”沉溺在执行程序中。对于已经无力清偿债务的企业法人，执行程序无法实现破产程序的出清功能，难以解决企业“僵而不破”的问题，资不抵债的企业依然可能产生新的债务或者转移财产等，企业资金被不断稀释，既损害债权人利益，也对市场其他不特定主体带来了极大的交易风险和诚信危机，破坏了市场稳定性。只有将执行与破产程序相衔接，推动执行与破产程序互动共生，才能大量清理隐藏于执行中的“僵尸企业”，挽救尚有一线生机的企业东山再起，清退低端、低效不具救治价值企业的市场占有，从而释放市场资源，实现资源再生，保障市场经济良好运行。

（三）执破衔接是实现债权人利益最大化的必由之路

强制执行体系与破产法律体系共同构成现代市场经济下的债权实现体系。两个程序的主要区别在于执行程序是对个别债务有针对性的单一清偿，破产程序则是以债务人的全部财产对所有债务的概括性集中清偿，且这种清偿为一次性、终局性的。在执行程序中，在坚持债权平等原则下按照“先来先得”的规则获取债务人财产。但是，当企业法人资不抵债时，众多申请人势必抱着先下手为强的心态争抢有限的企业财产,导致后申请执行的债权人得不到清偿,从而有违公平原则以及债权的平等性。[①] 破产程序则保证了所有债权人皆可享有公平受偿之机会,避免了执行程序牺牲部分债权人利益的弊端。而且破产法确立了破产管理人制度、破产撤销权、追索缴纳股东出资、无效行为认定等有助于企业财产追收的制度,可以更好地实现债务人财产价值的最大化,从而保障全体债权人利益的最大化。因此,在执行程序中衔接破产程序,无疑是构建成熟高效的债权实现体系,充分保障债权人利益的必由之路。

二、考察:浙江法院推进"执转破"机制运行的基本情况

在优化营商环境的宏观经济战略推动下,最高人民法院力争通过执行转破产程序定向消除破产程序启动难的问题,以促进市场经济成熟发展。浙江拥有改革开放"先行地"的发展优势,区域经济繁荣、市场活跃,是探索执行移送破产程序的"风水宝地"。浙江法院一直以来也非常重视执行程序与破产程序衔接工作的探索实践,经过近8年的探索试点到全面铺开,执行转破产的程序运行已取得一定成效。

(一)"执转破"制度在浙江法院的缘起和发展

2007年《企业破产法》实施以来,浙江各地法院现实存在"大执行、小破产,强执行、弱破产,简执行、繁破产"的审判格局,[②]一方面,是执行积案滚雪球式增长;另一方面,是破产程序的不断空转,债权人的权益得不到保障,法院整体公信力受到损害。为解决"僵尸企业"执而不破的问题,浙江部分法院早在2012年便开始探索执行转破产的衔接工作。如2012年浙江省建德市人民法院组成课题组完成《执行程序与破产审判衔接的调研分析——以建德法院案件为样本》调研报告,在调研基础上,浙江省建德市人民法院于2013年

① 参见刘旭东:《执破衔接视阈下"执转破"要点透视及规范进路》,载《河北法学》2019年第4期。

② 参见章恒筑、王雄飞:《论完善执行程序与破产程序衔接协调机制的若干问题——基于浙江法院的实践展开》,载《法律适用》2017年第11期。

出台《关于执行程序和破产程序衔接的实施办法》,系《企业破产法》实施以来浙江法院首个专门针对执行程序和破产程序衔接问题出台的规范性文件。2014 年,浙江省杭州市余杭区人民法院、浙江省温州市中级人民法院、浙江省江山市人民法院被最高人民法院列为开展企业破产案件审理方式改革试点法院,试点任务就包括执行转破产的程序问题。3 家试点法院在试点探索的过程中,形成了丰富的工作经验,如浙江省温州市中级人民法院在前期试点经验基础上形成《关于执行移送破产程序的会议纪要》,系执行转破产程序探索实践的典型样本。

可以说,浙江法院对执行转破产的探索总体起步较早。在 2015 年最高人民法院颁布《民诉法解释》后,鉴于该解释第 513 条至第 516 条仅原则性规定了执行程序与破产程序的衔接制度,详细的程序转换规则付之阙如,浙江省高级人民法院便在总结过去实践经验的基础上,率先出台了《关于执行程序与破产程序衔接若干问题的纪要》,该纪要系省级层面最早出台的针对执行转破产程序的业务指导文件。[①] 到了 2017 年,最高人民法院出台《关于执行案件移送破产审查若干问题的指导意见》(以下简称《"执转破"指导意见》)后,浙江省高级人民法院为更深入推进执行转破产衔接工作,又出台了多个文件,如《关于深化执行与破产程序衔接推进破产清算案件简易审理若干问题的会议纪要(二)》《破产案件管理人指定工作规程》等,较好搭建了"执转破"的规则体系。

(二)"执转破"机制运行的浙江成效

2016 年以来,浙江法院将执行转破产衔接工作作为"一把手"工程,持之以恒、久久为功。经过近 5 年的实践,"执转破"案件数量逐年增加。为客观反映"执转破"衔接工作的成效,课题组对 2016 ~ 2020 年浙江法院的相关数据进行了整理。

1. "执转破"案件呈现直线型上升

2016 年浙江法院执行案件移送破产审查 452 件,2017 年执行案件移送破

① 参见章恒筑、王雄飞:《论完善执行程序与破产程序衔接协调机制的若干问题——基于浙江法院的实践展开》,载《法律适用》2017 年第 11 期。

产审查1055件,比2016年上升133.41%,2017年迎来执行移送破产的高峰,此后两年,案件上升幅度有所减弱,但整体仍呈明显上升趋势,到2019年,执行移送破产审查案件达到2266件,系2016年移送案件数的5倍,2020年执行移送审查案件更是达到3661件,同比上升61.56%(见图1)。

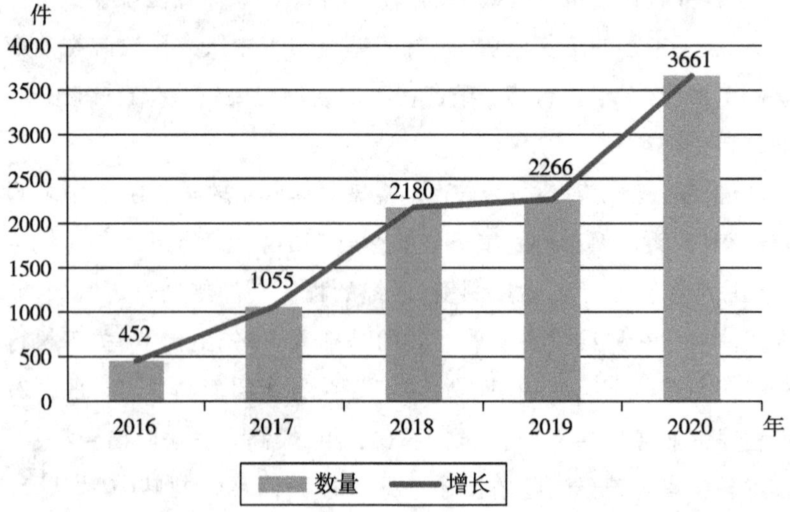

图1 2016~2020年浙江法院执行移送破产案件数量

2."执转破"程序成为启动破产程序的最主要口径

2016年浙江法院受理破产案件849件,其中,属于执行转破产受理的案件数为390件,占比45.9%,2017年以来,该比例不断提升,到2019年,通过执行移送破产立案1895件,而2019年度全年破产立案数为2373件,"执转破"案件数量占破产案件受理总数的近80%。到了2020年,浙江法院受理破产案件3428件,破产案件数居全国首位,其中,"执转破"为2898件,占比继续保持在80%以上。"执转破"程序已经成为浙江法院启动破产的最主要路径,也已成为市场出清的有力抓手(见图2)。

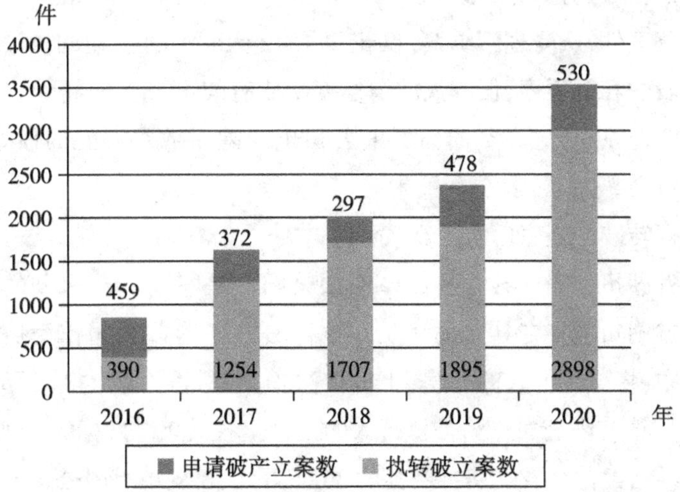

图2　2016～2020年浙江法院"执转破"立案数与申请破产立案数分布情况

3."执转破"程序化解执行积案效果显著

执行移送破产程序衔接工作推进以来,通过清退"僵尸企业"化解执行积案效果显著。2016年通过移送"执转破"程序化解执行积案6663件,2017年化解执行积案数量突破20,000件,截至2020年,5年累计化解执行积案109,146件,突破100,000件,充分体现"执转破"制度对"基本解决执行难"的重要贡献,系建立健全解决"执行难"长效机制,推动破产制度发挥市场拯救和清理功能的必然要求。

(三)执行转破产程序的典型案例

1.执行转破产程序后实现成功和解

浙江省温州市鹿城区的A鞋业有限公司是"执转破"机制的受益者之一。2012年9月至2013年4月,24名债权人向浙江省温州市鹿城区人民法院起诉要求A鞋业有限公司偿还借款,标的额合计1400余万元。在裁定受理破产申请前,已有多名债权人申请强制执行。法院评估A鞋业有限公司的厂房以及股东提供担保的房屋后,发现该企业已经资不抵债,遂动员债权人、债务人申请破产清算,引导其申请破产。之后,浙江省温州市鹿城区人民法院依法裁定受理"A鞋业有限公司破产清算案",在经办法官、破产管理人、债权人、债务人的一起努力下,最终以和解结案。该案是温州市第一起成功审结的破产和解案件,从受理到结案,仅花费了42天。通过前期的执破衔接程序到破产阶段的和解程序,债权人的清偿率从原有的4.53%提高到20.00%,债权人的利益得以充分保障,而债务人公司也免除了数百万元的债务,获得东山再起的机会。

2. 执行转破产程序后实现高效清算

浙江省湖州市安吉县的B皮革有限公司亦是"执转破"机制的受益者之一。浙江省湖州市安吉县人民法院在执行B皮革有限公司作为被执行人的系列案件中,将被执行人的厂房、土地依法拍卖,所得价款2484万元。然而,经审查B皮革有限公司作为被执行人的案件全省共29件,标的2200万元,作为被告的诉讼案件全省共94件,标的3327万元,B皮革有限公司已不能清偿到期债务且名下资产不足以清偿全部债务。浙江省湖州市安吉县人民法院通过向其中一些执行债权人及被执行人征询意见,得到其中一位申请执行人书面同意后,将案件移送破产审查。"B皮革有限公司执行转破产清算案"由执行程序转入破产程序,不仅迅速启动破产程序,还顺利化解53件以B皮革有限公司为被执行人的执行案件。该案也入选为最高人民法院关于依法审理破产案件推进供给侧结构性改革十大典型案例。

三、审视:"执转破"机制运行的实践问题

无论是浙江法院还是全国其他法院,执行转破产工作在最高人民法院《"执转破"指导意见》出台后的3年多时间里,取得了一定成效,但执行转破产工作总体上依然存在许多困难尚待解决。

(一)执行转破产程序的主观认知不全面

1. 公众认识有偏差

市场经济大浪淘沙,强者的胜出与弱者的淘汰是经济发展的必然要求。《企业破产法》实施了10余年,但社会公众对破产法律制度的功能作用仍然存在认知偏差。有的债权人对破产存在"刻板认识",认为破产程序门槛高、耗时长、费用高、清偿率低,与其费时、费力申请破产,不如申请抢先执行;有

的企业认为破产就是“失败出局”,也担心经营期间的不规范行为被“曝光”,宁愿选择高利借贷“饮鸩止渴”,也不愿启动破产程序清算债务甚至争取重生。[①]《民诉法解释》及《“执转破”指导意见》明确了“执转破”仍然坚持当事人申请主义,由于公众的偏差认知直接影响了申请“执转破”意愿的积极性。

2. 执行法官认知不充分

执行转破产的衔接工作中,执行程序在前期准备阶段至关重要。但多年来,法院始终面临巨大的执行负担,执行阶段堆积大量的终本案件,执行法官往往周旋于执行办案且自顾不暇,思想认识上准备不足,仍然保留执行破产各管一段,开展“执转破”工作只会增加额外的工作负担,有“为他人作嫁衣”的错误想法与畏难抵触心理。

(二)执行转破产程序的衔接机制不健全

1. 征询工作落实不到位

在恪守当事人申请主义启动模式下,“执转破”与当事人直接申请破产的差异之处在于,人民法院在执行程序中发现被执行人具备破产原因后,并非完全消极被动地等待当事人去申请,而是要发挥一定的主动性、能动性,积极推动“执转破”程序的开启。[②] 因此,最高人民法院《“执转破”指导意见》规定了“执行程序开始起”及“财产调查措施结束后”两个阶段的释明和征询,但在实务中,执行法官向当事人征询移送意见时,往往简单且流于形式,难以破除当事人形成的对执行程序的路径依赖而产生激励其作出破产路径选择的内生动力。课题组通过办案办公平台对“执转破”案卷抽样调查中也发现不少征询材料为相同内容的格式化材料,缺乏个案的针对性,没有尽到合理告知义务,影响了当事人作出理性选择。

2. 选择性移送大量存在

最高人民法院《“执转破”指导意见》明确了“执转破”的条件之一为:被执行人不能清偿到期债务,并且资产不足以清偿全部债务或者明显缺乏清偿

---

① 参见孙道林:《推进破产审判　优化营商环境》,载《群众》2019 年第 11 期。

② 参见王富博:《〈关于执行案件移送破产审查若干问题的指导意见〉的理解与适用》,载《人民司法(应用)》2017 年第 10 期。

能力。因此,在实务中存在两种破产原因:一是企业法人"无产可破";二是企业法人资不抵债,由于"无产可破"的案件工作量少,审理周期短,处置简单,执行与破产部门均青睐"无产可破"的案件,导致在实践中选择性移送大量存在,未能实现应转尽转、应立尽立。而且,执行转破产制度推动初期,为落实最高人民法院的工作要求,有法院对"执转破"设定了任务指标,几年下来,法院已经习惯于完成量化指标,指标任务达成后即使当年度符合"执转破"条件的案件也往往予以保留,这对"执转破"工作的进一步推进显然不利。

3.信息资源共享不畅通

在执行移送破产的过程中,涉及不同法院之间中止执行、财产归集和解除保全措施、申报债权、确认债权、案卷材料移交等诸多需要沟通衔接的问题。理想化状态是依托最高人民法院执行办案系统、执行查控系统、委托执行系统以及破产重整信息平台,自动提取相关案件信息,实现资源线上共享、在线移送。然而,由于信息化平台的开发公司各不相同,执行程序与破产程序的资源互相隔绝,当前仍未实现资源共享。[①] 比如,最高人民法院的总对总查控系统,目前还仅限于执行案件,并未对破产案件开放,导致破产与执行信息不对称,从而影响了"执转破"效率。

(三)执行转破产程序的保障机制不完善

1."执转破"审判力量不足

破产案件涉及"一揽子"的企业退出和挽救程序,利益格局错综复杂,不仅法律适用较疑难,而且面临大量与债权人谈判沟通、与政府职能部门事务协调等综合性工作,对破产审判法官的法律专业能力、沟通协调能力、宏观判断能力均具有较高要求。[②] 但目前全国绝大多数法院都没有设置独立的破产审判庭,大部分法院将破产案件作为商事案件由商事审判庭(一般为民二庭)的法官兼顾审理,审判机构和队伍不够专业,破产审判力量不足,如果较多"执转破"案件进入破产审判,现有的破产审判资源将不堪重负。

---

① 参见白田甜、景晓晶:《"执转破"衔接机制的优化原则与实践完善》,载《法律适用》2019年第3期。

② 参见杭州市中级人民法院课题组:《加强破产审判助力营商环境建设——以杭州破产审判实践为样本》,载《浙江法院调研》2019年第11期。

2.“执转破”考核管理制度不健全

在执行移送破产的办理过程中,执行法官除调查核实破产企业情况外,还要查询企业股东的资信状况,向当事人做好释明工作,同意移转的还要梳理汇总移送材料、沟通协商等,耗费时间精力必然影响执行案件的执结率、标的清偿率等指标。在破产案件办理中,破产案件涉案债权人众多,企业债权债务关系复杂,破产法官办案工作量和普通民商事案件的工作量也无法等同。但在执行转破产制度中,绝大部分法院缺乏“执转破”的办案量化及考核管理机制,直接影响法官的积极性。而且,对于“执转破”程序的考核管理因审执分析系统中未设置独立模块,相关数据的统计路径缺失,人为的统计难以保证数据的全面性和准确性,也增加较多负担,急需实务予以突破。

3.“执转破”监督机制单一

最高人民法院《“执转破”指导意见》规定,执行法院有权函请受移送法院的上一级法院对受移送法院拒绝接受移送材料或逾期未作出受理裁定的行为进行监督的;也就是说,“执转破”的监督方式目前只有内部监督一种,对于其他监督方式如检察院监督、社会监督并未设置。“执转破”案件涉及众多债权人和债务人的切身利益,也往往涉及法院内部部门之间的利益冲突、法院与政府部门间的利益冲突,也急需实务对监督方式进行完善。

四、进路:“执转破”机制运行畅通的路径规范

(一)优化启动机制:实现“执转破”从破产排斥到积极引流转变

一是深化破产制度宣传,提高债权人及债务人申请“执转破”的积极性。广泛运用法院微博、微信、信息公开网及社会各类媒介,大力宣传破产制度的功能价值、“执转破”的制度优势等。充分运用案例形式将“执转破”过程中形成的成效进行报道宣传,让具有类似情形的债权人、债务人认识“执转破”案件处理的真实效果,不断增强社会对“执转破”工作的认同感。

二是注重启动激励,激发债权人及债务人申请“执转破”的内在动力。对于申请执行人,必须严格把握执行过程中的清偿顺位,对于同意或率先提出破产申请的债权人予以一定的政策优惠,如在原清偿顺序基础上予以适当靠前等。对于债务人,既可以通过破产费用部分减免等方式正向激励,也可强

化债务人股东或高管申请“执转破”的义务,如故意拖延或拒绝“执转破”,应要求股东、高管对债权人损失承担相应的民事责任。[①]

三是强化内部培训,增强执行法官启动“执转破”制度的思想认知。执行部门负责“执转破”案件的筛选,是启动“执转破”的第一关卡。可充分利用执行工作例会、执破工作例会强调“执转破”的工作内涵和重点,经常性组织“执转破”工作疑难问题探讨及重点工作培训,不断增强执行法官应对“执转破”工作的主动性,克服对“执转破”准备工作的畏难心理。

(二)完善衔接机制:实现“执转破”从被动移送到常态化移送转变

首先,进一步明确“执转破”的征询内容。最高人民法院《“执转破”指导意见》并未规定详细的征询内容,避免实务中征询的形式化,应进一步明确释明内容。通常的释明内容应包括:(1)破产效益的释明,包含破产重整、和解制度对企业的挽救功能以及破产清算对诚信经营者的保护、破产程序在追索股东责任、撤销权行使等方面的功能;(2)申请破产方式的释明,除执行移送破产外,还可向企业住所地法院申请破产;(3)当事人不同意执行移送破产,也不同意直接申请破产的法律后果,包含执行措施的先后顺序、受偿顺位的调整、无法获得公平受偿的后果等;(4)对债权人,还应注重释明债务人的财产查询情况及债务总体情况。当然,在征询过程中,除通常的征询义务外,也要注意对不同案件的释明内容有所侧重。

其次,构建预审把关提速制度。为更好保障执行与破产的衔接,应设立由立案、破产、执行部门法官组成的执行移送破产程序案件预审小组。预审小组专人负责拟移送破产程序案件的预审工作,及时发现和补正移送材料等方面的不足,统一破产原因的认定与破产标准的把握,确保移送质量与专业化运作下的高效率。在预审中,预审小组应在执行部门提出预审的15日内作出预审意见,不同意移送的应说明理由和意见。预审小组内部意见不一致时,交由相关部门负责人商定。[②]

---

① 参见贺荣主编:《深化司法改革与行政审判实践研究:全国法院第28届学术讨论会获奖论文集》,人民法院出版社2017年版,第1005页。

② 参见张元华:《论执行移送破产程序的激励性引导与规制》,载《甘肃政法学院学报》2016年第6期。

最后，推动跨部门、跨层级、跨区域的“执转破”信息共享。目前，全国四级法院统一的执行办案平台和破产案件办理平台均已运行，应尽快打通两个平台的信息壁垒，将执行办案平台的财产查控系统嵌入破产案件办理平台，将破产案件办理平台的案件受理信息嵌入执行平台。执行转破产案件一旦受理，其信息可以马上反馈至执行办案平台中，执行法官能迅速知晓案件受理情况，进而解除已经采取的保全措施、中止或终结执行程序。破产案件审理法官也能够通过破产办理平台，依职权利用财产查控功能进行查询、冻结债务人企业的银行账户等。当然，在条件允许的情况下，建议不进行功能嵌入，直接运用信息化手段进行“执转破”案件信息管理模块开发，以实现“执转破”独立平台运行。

（三）落实保障机制：实现“执转破”从弱势保障到长效机制转变

首先，提升破产专业化水平。审判队伍的专业化涉及审判机构的专门化和审判人员的能力提升，目的是实现破产案件的集约化审理，统一裁判尺度，确保审判质量。提升破产专业化水平，一是要加快破产法庭建设，在深圳、北京、上海、温州等六城市破产法庭设立的基础上，及时总结经验加快推进其他城市的破产法庭建设，以进一步强化破产审判的专业性和体系完备性；二是要强化破产审判庭法官的学习频率，定期组织工作交流和学习会议；三是要不断完善破产审判合议庭人员的组成，“执转破”案件合议庭的组成人员可设置为两名商事审判庭法官及一名熟悉执行业务的执行法官，也有利于“执转破”后债务人财产的处置变现。

其次，完善“执转破”绩效考核制度。在完善执行法官考核方面，建议将“执转破”案件科学纳入执行法官的绩效考核中，通过“执转破”移送的案件，受理后应按照一定比例折算执行案件量，记入执行法官的绩效考核，还要将执行法官征询当事人意见、应当提交移送审查不提交等情况作为绩效考核的内容，从而推动“执转破”工作评价常态化。上级法院要继续贯彻落实最高人民法院《关于强制清算与破产案件单独绩效考核的通知》的要求，加强辖区内执行转破产工作的考核通报。此外，为完善“执转破”工作数据的全面、准确、客观，建议最高人民法院将“执转破”案件单独列入司法统计报表，实现对“执转破”工作运行态势的科学分析。

最后,建立多元化监督机制。目前,执行转破产制度仅仅依靠法院系统的内部监督,监督机制单一。执行转破产制度应当借鉴其他民事制度、执行制度的监督方式和各级法院的实践经验,引入检察监督和社会监督等外部监督形式作为法院内部单一监督机制的补充。当破产案件涉及虚假破产、"逃废债"时也需要检察权的介入,将执行转破产制度纳入检察院民事监督的范围。检察院收到异议申请时,应当及时向相关法院及部门了解案件情况,核实有关事实,并向法院出具检察建议书,保障执行转破产程序的合法性。

五、结　　语

习近平总书记深刻指出,"法治是最好的营商环境"。破产法律制度的建立健全不但直接影响世界银行对中国营商环境的评估,也间接引领进一步优化营商环境的方向,规范优化营商环境的决策部署。执行与破产携手并进的债权实现体系是完善我国破产制度的重要一环,深入推进"执转破"工作,不断完善"执转破"运行机制,逐步形成人民法院立、审、执、破良好运行的工作格局,对解决"执行难"最后一公里、清理"僵尸企业"、建立健全市场主体退出机制、维护健康有序的市场经济秩序具有无可替代的价值意义。

个案解读

破产重整中管理人制度存在的问题及其完善

——以“大唐科技破产重整案”为分析样本

杨定洁*

摘要:在破产案件中,破产管理人处于中枢地位,尤其是在破产重整案件中由管理人管理债务人财产及营业事务的情况下,重整成功与否甚至直接取决于管理人。但在现行《企业破产法》关于破产管理人的规定中,对管理人的选任、职责以及法律责任方面的规定都存在一定的不足,从而制约了破产管理人在破产重整中作用的发挥,甚至可能导致破产重整的失败。因此,完善破产管理人制度具有紧迫的现实必要性。基于此,以“大唐科技破产重整案”为分析样本,通过案例分析反思当前破产管理人制度存在的问题并提出相应的完善措施,具体包括:提高破产管理人选任的专业性、细化破产管理人的职责以及完善破产管理人的法律责任条款。

关键词:破产重整;破产管理人制度;大唐科技重整案

一、问题的提出

《企业破产法》规定了3种不同破产程序,各有侧重,而其中“重整制度的首要立法预期是拯救营运价值”,①是为了让濒临“死亡”的企业有机会“活过

* 北京市康达(重庆)律师事务所高级合伙人,法律硕士。

① 李曙光、王佐发:《中国〈破产法〉实施三年的实证分析——立法预期与司法实践的差距及其解决路径》,载《中国政法大学学报》2011年第2期。

来”。这不仅使债务人有机会从困境中走出来,继续创造社会价值;同时,待债务人经营能力恢复后能够继续清偿债务,也有机会保障全部债权人得到全面的清偿;而且,重整成功避免了破产企业员工失业成为社会不稳定、不和谐的因素,进而能够有效避免社会动荡,进而促进社会和谐。所以,破产重整制度对破产企业、破产企业债权人以及整个社会都有积极影响。但是,在破产重整过程中,债权人需要等待债务人恢复经营能力后才能得到清偿,故部分债权人尤其是享有担保的债权人在破产重整中需要作出较大的让步和牺牲。因此,在破产重整中如何平衡债务人、债权人以及社会公共利益成为破产重整能否顺利进行并取得成功的关键,因此,这就需要一个没有任何利害关系的专门机构来处理破产重整事务,即统称为管理人。虽然《企业破产法》对管理人的选任、职责、监督、义务以及法律责任等都作出了相应规定,但仍不能避免由于管理人的原因导致重整失败的情形。因此,笔者试图通过“大唐科技破产重整案”分析《企业破产法》中破产管理人制度存在的不足并浅谈该制度的完善方向。

重庆大唐科技股份有限公司(以下简称大唐科技),2009年12月25日成立,类型为股份有限公司,注册资金为5180万元,员工200余人。该企业是国家火炬计划重点高新技术企业,重庆市“十强”高新技术企业,拥有市级技术研发中心、“重庆市载重车智能监控工程技术研究中心”,拥有129项专利、30项软件著作权,参与起草了2项相关产品国家标准等众多成就,前期产品远销沙特阿拉伯、巴基斯坦、越南、老挝等20多个国家和地区,是一家前景广阔的高新技术企业。大唐科技成立前后,为取得土地使用权修建新工厂,支付出几千万元资金;为满足市场需要,不断投入大量成本进行新产品研发,培养研发团队;为满足生产经营需要,不得已对外举债。大唐科技及其股东以土地、厂房、股权等作为抵押/质押担保向金融机构、非金融机构以及个人等借款。截至大唐科技申请破产重整之日,大唐科技尚欠借款余额等共计7800多万元,已不能清偿到期债务。[①] 2018年6月13日,大唐科技向重庆市第一中级

① 2019年3月12日,重庆某资产评估公司作出资产评估报告:大唐系七公司资产总额28,000多万元(评估基准日:2018年8月31日),而大唐系七公司负债约3亿元,资产与负债的差额相对不大,重整成功的希望较大。

人民法院申请破产重整,重庆市第一中级人民法院于2018年8月2日依法作出(2018)渝01破申14号民事裁定书,裁定受理大唐科技破产重整申请,并交由重庆市北碚区人民法院审理。2018年8月27日,重庆市北碚区人民法院作出(2018)渝0109破5号之一决定书,随机指定重庆某清算公司担任大唐科技的管理人(以下简称大唐管理人)。同日,大唐管理人进场接管了大唐科技,此后,大唐管理人全权负责管理大唐科技的财产和营业等事务。2019年5月17日,重庆市北碚区人民法院作出(2018)渝0109破5号之三民事裁定书,裁定同意将大唐科技与其6家关联企业实施合并破产重整。在破产重整期间,在前期,大唐科技仍有销售收入和经营利润,但后期,大唐管理人停止大唐科技的经营活动,未积极对待战略投资计划,未认真履行管理人职责(制订《重庆大唐科技股份有限公司重整计划草案》),最终于2019年6月26日,大唐管理人公告了第二次债权人会议并未通过《重整计划草案》的表决结果。至此,大唐科技重整工作失败,即将走向破产清算。

二、大唐科技重整失败的原因分析

根据《企业破产法》第25条的规定,“管理人履行下列职责:(一)接管债务人的财产、印章和账簿、文书等资料;(二)调查债务人财产状况,制作财产状况报告;(三)决定债务人的内部管理事务;(四)决定债务人的日常开支和其他必要开支;(五)在第一次债权人会议召开之前,决定继续或者停止债务人的营业;(六)管理和处分债务人的财产;(七)代表债务人参加诉讼、仲裁或者其他法律程序;(八)提议召开债权人会议;(九)人民法院认为管理人应当履行的其他职责。本法对管理人的职责另有规定的,适用其规定”。同时,根据该法第27条的规定,“管理人应当勤勉尽责,忠实执行职务”。该忠实勤勉义务强调的是管理人应当具有善良管理人的注意,尽职尽责,尽自己最大努力完成本职工作,有所作为的同时也要有所不为。但是,在大唐科技破产重整工作中,大唐管理人除开展债权申报和审查、资产调查和委托评估等与破产清算相关的程序性工作外,并未开展实质性的破产重整工作,重整工作流于形式。虽然大唐管理人2019年1月5日到访方象知产研究院,在“企业破产与高科技资产处置"研讨会上就大唐科技破产中的技术资产处置问题进行了专题报告,[①]但从研讨内容看,大唐管理人由于自身没有高科技专业知识,无法真正去挖掘重整资源,也就无法作出切实可行的重整方案。原本具有极大重整价值的大唐科技从本可重整成功到逐步走向破产清算的境地,现对其失败的原因从以下几个方面进行分析。

(一)管理人专业能力不足

从"大唐科技破产重整案"可见,管理人团队不仅要对企业有专业管理能力,对于债委会的组成也要基于发展的眼光进行组建。

首先,大唐科技是一家科技型公司,大唐管理人缺乏与企业经营相匹配的专业管理团队且没有聘请了解此行业的专业人员参与破产管理,导致接手破产管理后大唐科技内部秩序混乱,实质上变相阻碍了破产重整的顺利进行。大唐科技系从事称重技术开发和解决方案的高新科技型公司,具有需求调查、产品研发、生产制造、产品销售、技术服务全流程业务活动,与传统生产型企业不同,经营管理决策较复杂,管理大唐科技除需要配备必要的法律、会计专业人员外,还需要配备专业的经营管理团队,但大唐管理人的管理团队明显不具备经营此类科技公司的管理能力,其也没有聘请行业内专业人员参与破产重整。从大唐科技给当地政府的工作汇报可知:大唐科技破产重整第一次债权人会议中决议通过了《关于聘请专业团队协助制定破产重整方案中经营方案的报告》,中国科学院投资的重庆某公司的总经理多次到访大唐科技,明确表达愿意投资并承担协助制订经营方案的工作,但该公司总经理联系大唐管理人工作人员并与之沟通相关情况时,该工作人员明确表达大唐管理人的意见是不愿意推动大唐科技重整,因此导致大唐科技未能与中国科学院投资的重庆某公司签订合作协议,实质上严重阻碍了大唐科技破产重整的顺利进行。

其次,大唐管理人将从事与大唐科技存在同业竞争关系的大唐科技离

---

① 参见方象知产研究院:《会后研讨|大唐科技破产管理人到访方象知产研究院》,载网易新闻2019年1月8日,https://c.m.163.com/news/a/E51020QC0518WGDK.html?spssid=af6c5a1693a523e8eebd8eef63a69b24&spsw=1&spss=other&isFromH5Share=article。

职员工列为债委会成员，有违其专业性和中立性。破产管理人作为专门从事破产管理的机构，理应知道《劳动合同法》中关于竞业禁止的相关规定及其背后的法理以及违反该规定可能造成的严重后果；同时，其作为中立的独立机构，应当忠实地维护债权人、债务人的合法权益以及社会公共利益，应当以超脱于有关当事人利益的身份管理破产事务。然而，2019 年 5 月 31 日，大唐管理人在“债委会成立建议方案”中将从事与大唐科技同业竞争的大唐科技离职员工列为债委会成员，虽然大唐科技管理团队强烈反对，明确提出若将此人列为债委会成员，难免其以此为契机中饱私囊，损害大唐科技及债权人合法权益，建议不能将此人列为债委会成员，但大唐管理人并未采纳大唐科技管理团队的建议。大唐管理人此举未站在一个专业的破产管理人的角度预判将此离职员工列为债委会成员可能带来的潜在风险，欠缺专业性，违背中立性，违反其忠实义务，因此，可能给大唐科技及其债权人等带来严重损害。事实也证明，凡是大唐科技管理团队想做的推动重整的事项此员工均投反对票。

（二）管理人未妥善管理债务人的开支问题

破产重整案件的管理人对于破产企业为了重整继续经营的支出应当灵活规划，以重整为目标，科学安排而非流程化机械断卡。

首先，大唐管理人未积极解决大唐科技的财务问题，武断地拒绝使用大唐科技账上 300 多万元资金，导致大唐科技难以维系正常运营。2019 年 6 月初，大唐管理人认为公司账上资金属于应收账款质押款而不批准使用，导致销售、技术服务人员出差费用不能被保障，售后服务配件无库存，销售合同无法交货，生产经营活动陷入困难。大唐管理人一直未同意使用公司账户资金用于经营活动，即使大唐科技账上 300 多万元资金属于质押款，但因流动资金是大唐科技正常运转的生命线，直接关系大唐科技能否重整成功，大唐管理人完全可以与债权人沟通协商，或者通过向债权人提供其他担保等方式释放部分流动资金，保障大唐科技的正常运转，从而为大唐科技重整争取更多的空间，然而大唐管理人并没有做出这样的努力。

其次，大唐管理人疏于履行财务管理义务，未控制运营成本，导致大唐科技的财务问题雪上加霜。自 2019 年 9 月 23 日大唐管理人宣布不让大唐科技法定代表人及大唐科技其他管理成员参与经营管理活动后,绝大部分销售人员及技术服务人员随意报销差旅费用,甚至存在相关人员从事与大唐科技同业竞争的私活的情况。大唐管理人先于2020年7月1日出台了《经销商管理制度》,取消了差旅费报销,又于2020年10月13日发布了《关于停止销售业务的通知》,明确停止了大唐科技公司的销售业务。虽然销售及技术服务人员绝大部分在家待命,但仍然全额领取工资,尤其是公司管理人员,在近一年几乎没有销售收入的情况下,仍然领取高额工资,导致公司资产持续减值,进一步损害了大唐科技及债权人的合法权益。大唐管理人对大唐科技财务疏于管理,未合理控制大唐科技的日常开支,不但与实现大唐科技财产价值最大化的工作目标背道而驰,反而进一步折损了大唐科技资产价值,无疑使大唐科技财务问题雪上加霜,重整的困难进一步加剧。

(三)管理人未妥善管理债务人的营业事务

1.大唐管理人未积极配合开展利润可观的销售活动

首先,大唐管理人为大唐科技签订设备销售合同设置障碍。2019年5月,大唐科技决定参与新疆取消省界收费站入口治超项目投标活动,大唐管理人以无经营资金为由拒绝参与投标。大唐科技多次向重庆市北碚区人民法院、重庆市北碚区经济和信息委员会及重庆市北碚区民营经济促进中心汇报后,大唐管理人才勉强同意投标。中标后,大唐管理人不签订合同,大唐科技不得已又向前述单位多次汇报,并由新疆区域销售经理曾某向北碚区人民法院递交回款承诺书后,大唐管理人才同意签订销售合同。其后,因交货期限非常紧张,大唐科技成立了项目组,按项目管理方式组织交付,但大唐管理人以项目组决定与部门横向流程冲突为由,不同意项目组下达的决议,导致项目交付困难重重(大唐科技的原项目管理是矩阵式管理,由项目经理负责管理,而非简单的横向管理)。

其次,大唐管理人拒绝确认共益债务导致大唐科技丧失产品市场。2019年8~9月,大唐科技为紧急交付新疆入口治超项目,部分供应商为大力支持大唐科技,采取先发货后付款的方式,但大唐管理人事后却拒绝按约定支付货款;2019年年初,大唐管理人已与新疆某公司签订了居间合作协议,但管理人事后拒不确认新疆取消省界收费站入口治超项目的相应居间费。大唐管理人的此种处理方式，使大唐科技严重违背诚信原则，从而导致大唐科技丢失新疆区域的优质市场，阻碍其破产重整成功的步伐。

2. 大唐管理人出台损害大唐科技及其债权人合法权益的代理制度

2020年7月1日，大唐管理人发布《经销商管理制度》《2020年配件及服务出厂价格表（第一批）》，该制度导致大唐科技销售人员及技术服务人员一方面领着较高的工资，另一方面以经销商身份与原大唐科技的客户签订合同赚取绝大部分利润，从而致使大唐科技的结算价极低且几乎无利润。以称重传感器（QS-A30t）为例，出台前述政策前销售价约为3000元/只，代理制度规定的出厂价仅为500元/只，该代理制度严重背离市场行情，照顾了少数人的利益，极大损害了大唐科技及其债权人的合法权益。

（四）管理人未妥善管理债务人的内部管理事务

重整企业，特别是科技企业，资质、专利的维护是必要性管理，原员工要继续使用的，管理人应当对其工作岗位进行必要性管理。

一方面，大唐管理人疏于管理内部档案导致大唐科技资产价值进一步贬损。自2018年8月27日大唐管理人入场后，因档案管理混乱，导致部分公司资质、产品资质及专利证书过期失效，缺乏研发服务器及技术文档管理，使大唐科技的技术价值进一步降低。另一方面，大唐管理人长期无人在岗，导致大唐科技重整期间的经营管理完全流于形式。作为大唐科技破产重整管理人，应当安排工作人员在大唐科技所在地办公，敦促大唐科技员工正常履职并积极就重整事项引入合作者和资金等，但大唐管理人实际上除每周一、周四偶尔有人在大唐科技办公外，其他时间几乎无人在岗，从而导致大唐科技在岗人员纪律散漫，绝大部分上班员工到办公区域打卡后就回家，考勤打卡沦为形式。

最终，因大唐管理人对于科技企业的不专业管理，导致大唐科技在重整期间管理秩序混乱，资产价值一再贬损；外在销售业务停滞，战略投资难以进入，破产重整工作因此缺乏必要条件而举步维艰，致使原本具有极大重整价值的大唐科技重整工作失败，即将走向破产清算。

三、破产重整失败之反思:管理人制度检讨及其完善

(一)破产管理人选任制度存在的问题及其完善

《企业破产法》第22条第1款规定,“管理人由人民法院指定”;该条第3款规定:“指定管理人和确定管理人报酬的办法,由最高人民法院规定。”最高人民法院《关于审理企业破产案件指定管理人的规定》(以下简称《指定管理人规定》)第15条第1款规定:“受理企业破产案件的人民法院指定管理人,一般应当从本地管理人名册中指定。”《指定管理人规定》第20条规定:“人民法院一般应当按照管理人员名册所列名单采取轮候、抽签、摇号等随机方式公开指定管理人。”所以,在一般情况下破产管理人都是法院在管理人名册中随机抽选的,虽然这种方式有简单、高效、便捷且可以避免“暗箱操作”等优势,但这种选任方式却存在两个很明显的问题。其一,被选中的管理人与破产企业可能并不匹配,尤其是在个案中。一是管理能力的不匹配,不同的破产企业所需要管理人具备的能力、专业领域不同,这将直接影响破产管理的效果;二是资源的不匹配,不同破产企业的破产价值不同,最终清偿能力也就存在很大的差异,管理人的报酬也就有所不同,而管理人能力的高低、管理工作繁简与报酬之间是否成比例,直接关系管理人的积极性,间接地也影响了破产管理的效果。其二,阻碍破产管理人行业的发展。一般而言,一个行业的发展动力主要源于内部主动追求进步的动力和外部竞争被动向前的动力,然而,这种一般案件管理人随机抽选机制只能在最开始管理人纳入管理人名册时产生内部的动力,而无法在纳入管理人名册后指定管理人过程中产生外部竞争动力,很容易形成行业“惰性”,不利于破产管理人行业的良性发展,不利于其适应市场需求。久而久之,不外乎是进入管理名册中的管理人被指定为某个案件的管理人后,用大同小异的流程化工作模式继续完成其他工作。

上述问题在破产重整中尤为明显,“因为重整程序不仅要解决债务人的债务减免、延期清偿问题,而且可能还要解决其股权调整、资产重组、业务重组、引入新投资人,改善经营管理以及职工安置等多方面的问题”,[①]而且在破

① 王欣新:《论破产管理人制度完善的若干问题》,载《法治研究》2010年第9期。

产重整中，管理人需要处理的事务更多的是帮助破产重整企业继续进行经营活动、保存并提升营运价值的“动态”事务。这就意味着管理人不仅要具备更高水平的法律专业知识、会计专业知识，还应具备相应的公司生产、经营以及管理的能力，甚至是对破产企业生产经营的领域有相当的了解，才能助力破产企业恢复生产经营。然而，随机选择管理人的方式似乎在处理这类情况时只能凭借破产企业的运气，若是恰好被选中的管理人具备该破产企业管理所需要的条件，则破产重整成功的胜算自然是大很多的；而管理人也是凭借运气来确定自身是否能分配到优质破产管理资源。

在“大唐科技破产重整案”中，大唐管理人也是通过法院随机抽选而产生的，大唐管理人接管公司后全权负责大唐科技的财产和营业事务。然而，大唐管理人自身专业能力不足，且在不具备专业的经营管理团队的情况下拒绝聘请专业人员参与破产重整，从而导致大唐管理人在处理大唐科技财务支出时前后矛盾，既完全否定大唐科技使用账上资金进行生产经营因而阻碍公司经营活动，同时又不合理控制大唐科技的日常支出而为在家待业员工全额发放工资；在处理投资活动时消极保守，消极对待战略投资问题；同时，作为专业的破产管理人，理应知道可能存在竞业禁止的情况下还积极将从事与大唐科技同业竞争的大唐科技离职员工列为债委会成员，理应知道在从合同磋商到合同履行都应当遵守诚实信用原则的情况下，仍在大唐科技中标后拒绝签订合同，经过多方努力，大唐管理人签订合同后又妨碍该合同的履行。种种行为难以体现作为专业管理人应具备的专业素质和专业能力，相反，反映的是大唐管理人其管理能力与大唐科技重整所需要的管理能力严重不匹配，无法达到大唐科技最初的重整目的，与重庆市第一中级人民法院最初定位的“大唐科技系国家火炬计划重点高新技术企业，产品市场前景广阔，且具有较大研发潜力，拥有多项专利、软件著作权，具有重整基础和重整价值，符合破产重整条件”的重整初衷背道而驰。

因此不难看出，随机选任的方式其实对破产管理企业和管理人双方都不是最佳选择，很难实现破产重整成功后债权人、债务人以及社会“共赢”的局面。故，完善管理人的选任方式，特别是破产重整程序，应引入公开招标等竞争机制，运用市场经济运作方式双向选择、优胜劣汰，让管理人有危机意识，即便是被纳入管理人名册之中也未必能够成为个案的破产管理人，特别是有希望破产重整成功的个案,只有不断地提升自身的专业素质和管理能力占据竞争优势的情况下,才有可能获得担任个案破产管理人的机会。[①] 但是,这样的选任方式在现有选任模式下势必会加大法院的负担,可考虑将债权人的意见纳入管理人的选任中,明确法院在指定管理人时应征求债权人意见,破产重整程序中征求债务人意见,以弥补法院处理诸多繁杂事务可能的考虑不周,使管理人的选任更加科学、民主。这既有利于提升管理人的专业化、多元化,促进破产管理人向职业化方向发展;又可以避免随机盲选导致的资源错位、甚至浪费;同时,也有利于提升破产重整的成功率,实现债权人、债务人以及社会"共赢",促进社会和谐。

(二)破产管理人职责规定存在的问题及其完善

《企业破产法》单列"管理人"专章并在第 25 条列举了管理人应履行的职责,在该法第 69 条[②]对管理人处分债务人财产等重要行为作出了限制。但从第 25 条的规定来看,管理人的职责是比较模糊的,如该条第 1 款第 3 项规定,管理人"决定债务人的内部管理事务",但是"内部事务"具体包括哪些并不明确;该条第 4 项规定,管理人"决定债务人的日常开支和其他必要开支",何为"日常开支",何为"其他必要开支"也不明确;该条第 1 款第 6 项规定,管理人"管理和处分债务人的财产",但"管理和处分"的边界并不明晰。职责的内涵和外延不清晰,则无法判别管理人是否全面履行了其职责,也无法在此基础上对管理人的管理行为进行监督、纠正。

在不同的破产程序中,管理人在履行这些职责时的尺度和范围应该有所不同,但立法没有对不同破产程序中管理人应履行的职责进行区分规定,仅仅在"管理人"专章中笼统地作出规定,这样的立法技巧有欠妥当。在破产清算中是尽最大努力保障债务人现有的清偿能力,所谓非必要的支出能不

---

① 参见陆晓燕:《破产管理人制度中司法控制与当事人自治之间的制衡——破产管理人选任制度价值探究》,载《人民司法》2015 年第 1 期。

② 《企业破产法》第 69 条规定:"管理人实施下列行为,应当及时报告债权人委员会:(一)涉及土地、房屋等不动产权益的转让;(二)探矿权、采矿权、知识产权等财产权的转让;(三)全部库存或者营业的转让;(四)借款;(五)设定财产担保;(六)债权和有价证券的转让;(七)履行债务人和对方当事人均未履行完毕的合同;(八)放弃权利;(九)担保物的取回;(十)对债权人利益有重大影响的其他财产处分行为。未设立债权人委员会的,管理人实施前款规定的行为应当及时报告人民法院。"

支出的就不要支出，不能使用、处分的财产不能使用、处分，管理人处理各项事务都应当严格把关；但是破产重整不同，重整企业要起死回生，不是将其所有活动经营都停滞下来，一味地等待别人的投资，而是应在保存其营运价值的基础上创造更高的营运价值，增加其重整成功的概率，即在其自身有能力进行一些保守而风险小的交易活动时，可以支持其进行相应经营活动，但从事这类经营活动没有必要的流动资金是不可能实现的，因此在尽量保证其财产不会减损的情况下为其经营活动提供必要的流动资金支持完全可以考虑，如在“大唐科技破产重整案”中动用300万元应收账款质押金去换取回收新疆项目利润400万元的业务完全可行。所以管理人处理相应事务时应该外松内紧，做到在源头严格把关，使用过程相对放松，保障债务人经营活动有一定的灵活性。然而，在大唐科技重整过程中，大唐管理人为了防止大唐科技资金流失，“一刀切”地禁止其使用流动资金、禁止其经营活动，虽然可以避免大唐科技现有资金的损失，也属于大唐管理人管理大唐科技财产、支出和内部事务的手段，但是大唐管理人没有积极与各方沟通，直接禁止使用流动资金，没有积极吸纳优秀经营管理人且没有听取大唐科技管理团队的意见而直接禁止经营活动，其“一刀切”的处理方式是否属于真正履行了管理职责？显然，从“大唐科技破产重整案”中很难得到肯定的答案，因为从《企业破产法》第25条的规定来看，大唐管理人确实做了法律规定的事情，只是其处理的方式是否合理以及是否会产生价值难以准确判断，是否属于真正的“履行职责”也很难得出肯定答案。至少，在“大唐科技破产重整案”中这种处理方式所带来的后果是严重阻碍了大唐科技重整成功的步伐，背离了破产重整制度的立法目的。

因此，《企业破产法》对管理人职责的相关规定有些粗略，既没有考虑不同破产程序中管理人所履行的职责应有差异，也没有细化管理人各项职责的内涵与外延。故笔者认为，应当针对不同的破产程序对管理人的职责进行细化，并明确管理人的各项职责的内涵与外延。这样才能指引管理人更好地履行职责，同时也有利于债权人会议以及法院对管理人履行职责情况是否符合善良管理人的要求进行更好的监督、纠正。

(三)破产管理人法律责任条款存在的问题及其完善

我国理论界普遍认为,破产管理人应承担的是"善良管理人注意义务";[①]《企业破产法》第27条也规定:"管理人应当勤勉尽责,忠实执行职务。"该法第130条规定:"管理人未依照本法规定勤勉尽责,忠实执行职务的,人民法院可以依法处以罚款;给债权人、债务人或者第三人造成损失的,依法承担赔偿责任。"从上述两条规定来看,其本意应是为管理人履行职责确定一个标准。但《企业破产法》对管理人义务及其法律责任的规定是比较模糊的,且义务不明确、责任不清晰。[②] 何为"勤勉""忠实"都不清晰,这便无法给管理人一个确定性的指引,管理人也就无法准确地预测自身行为所带来的法律后果,再加上如前文所述,管理人的职责本来就不够细化、具体,最终导致管理人在行使其管理人职责时,为避免法律责任,能不做的就不做,能少做就少做,避免多做多错。

在该案中,大唐管理人在300多万元资金是否用来维系大唐科技的正常运营的问题上,大唐管理人直接予以全面否定;在大唐科技是否参与新疆取消省界收费站入口治超项目问题上其最初是拒绝的,后来大唐科技向北碚区人民法院、重庆市北碚区经济和信息委员会及重庆市北碚区民营经济促进中心多次汇报也不能保证大唐管理人在该项目上的积极作为。大唐管理人的这系列行为都不难看出,其在处理管理事务时的保守态度,能够避免的都尽量避免,这既能防止其因处理不当而承担责任,同时又能让其在"忠实""勤勉"内涵外延不够清晰的情形下消极履职而无法被准确追责。但是,这样过于保守甚至是不作为的管理方式显然不利于保障并提高大唐科技的营运价值,俨然已与破产重整制度的立法预期相悖。

因此,有必要对管理人的义务和法律责任作出更加明确的规定。

第一,明确"勤勉""忠实"的内涵及外延。管理人故意或者重大过失造成债务人破产财产损失的,违反勤勉义务,一般过失不在其列,其中,故意包括

---

① 参见邹海林著、梁慧星主编:《破产程序和破产法实体制度比较研究》,法律出版社1995年版,第244页。

② 参见高志宏:《困境与出路:我国破产管理人制度的现实考察——以"东星航空破产案"为视角》,载《法治研究》2010年第8期。

积极作为的方式,也包括消极不作为的方式;管理人违反其职业规范未恪守其不作为义务,给债务人、债权人或者第三人造成损失的,属于违反忠实义务的情形,如在"大唐科技破产重整案"中,大唐管理人将从事与大唐科技同业竞争的大唐科技离职员工列为债委会成员给大唐科技及其债权人或第三人造成损失的行为就应属于此类情形。

第二,明确法律责任类型及标准,包括行政罚款及其在不同情形下的罚款额度范围、民事赔偿责任种类及范围以及构成刑事犯罪的条件。

考虑破产管理中的商业风险等因素很难预测,并且一味地强调管理人严格的法律责任会适得其反,并挫伤管理人的积极性,因此为提高管理人的主观能动性、积极性和工作效率,可借鉴北京市第一中级人民法院在处理"北京佰能光电技术有限公司破产清算案"①时的经验,引入破产管理人执业责任保险,扩大《企业破产法》第24条第4款规定的应当参加执业责任保险的适用范围,借助市场力量有效分散管理人正当执业风险,最大限度地保障债权人及相关主体的利益。以避免管理人在处理管理事务时采取畏首畏尾、消极武断的处理方式,真正发挥管理人在破产重整案件中的作用。②

四、结　　语

破产管理人在整个破产重整程序中处于中枢地位,但现行《企业破产法》对破产管理人的选任、职责以及其法律责任的规定存在的问题导致其并不能完全适应实践中破产重整案件的需要,甚至可能制约破产重整的成功。首先,为此引入竞争机制破除管理人随机选任而导致的管理人与破产企业之间不匹配的弊端,从而在侧面促进管理人提高自身管理人能力以适应市场竞争,并促进整个破产管理人行业的良性发展。其次,明确并细化不同破产程序中管理人的职责,能够给管理人以确定的指引,促使其更好地履行其职责;同时,也为债权人会议、法院等机构监督管理人履行职责提供明确的参照和

① 《北京破产法庭发布十大破产典型案例之八:北京佰能光电技术有限公司破产清算案》,载北大法宝网,https://pkulaw.com/pfnl/a6bdb3332ec0adc40c4bb4be1e59937dcd2ee867f78dde88bdfb.html,最后访问日期:2022年10月15日。

② 参见张艳丽:《破产管理人的法律责任》,载《法学杂志》2008年第4期。

依据,而不致使管理人的监督机制流于形式。最后,引入管理人执业责任保险以分散管理人正当执业的风险,让管理人轻装上阵施展其管理才能;同时,优化明确管理人的法律责任,让不当履职的管理人承担应有的法律责任。最终实现保护债权人和债务人的合法权益,维护社会主义市场经济秩序,促进社会和谐的价值目标。

《执行法与破产法论丛》稿约

《执行法与破产法论丛》是西南政法大学执行研究院创办的学术文集，主编为西南政法大学党委常委、副校长李燕教授与西南政法大学法学院副院长马登科教授。本论丛以"执行法与破产法"为主题，面向全国征稿。举凡执行法与破产法理论前沿问题、执行法与破产法实务疑难问题，无论原创论文抑或论文翻译，无论研究心得抑或案例评析，无论法条介绍抑或文献综述，只要言之有物、持之有故、合于规范，皆在本论丛用稿之列。

本论丛广泛征集优秀稿件，欢迎实务界与理论界人士投稿。请作者以电子邮件形式将文稿发送至以下电子邮箱：zxfpcf@ 163. com，编辑部主任：谷佳杰。联系电话：13637983713。本论丛**实行双向匿名审稿，将在作者投稿后一个月内通知是否采稿。**

兹就撰稿有关事项说明如下：

投稿须知：

1. 每篇论文的正文字数在 1 万字以上，一般不超过 2 万字。

2. 本论丛所有论文采论文格式，因此论文须具有摘要与关键词。摘要应全面概括论文的主要内容，明确反映作者的主要观点，不能仅笼统介绍论文的思路和结构,避免使用“本文主张”“笔者认为”等评价方式。关键词应为反映论文核心内容的专业术语,一般3~5个。

3.作者名字后上标*,对应脚注中注明作者所在单位、职称(职务)、学位、通信地址、联系电话。

4.论文或其主要内容未在任何其他公开出版物或互联网上发表,不存在任何违反学术规范情形,不存在知识产权争议。

5.同意《执行法与破产法论丛》编辑部在不改变论文基本观点和实质性内容的前提下,在出版前对论文进行技术性修改。

《执行法与破产法论丛》体例规范

1. 中文注释范例

(1)个人专著

张文显:《二十世纪西方法哲学思潮研究》,法律出版社 1996 年版,第 7、134～135 页。

(2)多位作者专著

吴越、龙涓等:《法人代表权限制的效力规则研究——基于案例统计和两大法系的比较法研究》,法律出版社 2019 年版,第 3 页。

(3)主编等其他著作方式作品

慕亚平主编:《WTO 中的"一国四席"》,法律出版社 2004 年版,第 160 页。

(4)中文译著

[美]哈里 · D. 格劳斯、大卫 · D. 梅耶:《美国家庭法精要》(第 5 版),陈苇等译,中国政法大学出版社 2010 年版,第 15～16 页。

(5)我国台湾地区出版著作

王泽鉴:《人格权法》,台北,三民书局 2012 年版,第 15 页。

(6)间接引用文献

参见刘振芳:《离岸金融市场》,上海财经大学出版社 1997 年版,第 108 页。

(7)转引文献

雷万来:《论司法官与司法官弹劾制度》,台北,瑞星图书股份有限公司 1993 年版,第 165 页。转引自高其才等:《司法公正观念源流》,人民法院出版社 2003 年版,第 342 ~ 343 页。

(8)多卷册(多版次)文献

《邓小平文选》(第 2 卷),人民出版社 1984 年版,第 25 页。

(9)期刊析出文献

闫召华:《概率原理在犯罪嫌疑人摸排中的应用》,载《中国人民公安大学学报(社会科学版)》2013 年第 5 期。

(10)文集析出文献

尹田:《法国合同责任的理论与实践》,载梁慧星主编:《民商法论丛》第 3 卷,法律出版社 1995 年版,第 151 ~ 152 页。

(11)报纸析出文献

庚向荣:《说理是司法裁判文书的生命》,载《法制日报》2013 年 2 月 19 日,第 7 版。

(12)学位论文

陈默:《抗战时期国军的战区——集团军体系研究》,北京大学 2012 年博士学位论文,第 134 页。

(13)会议论文著录格式一

马勇:《王爷纷争:观察义和团战争起源的一个视角》,“政治精英与近代中国”国际学术研究会会议论文,2012 年 4 月于杭州。

(14)会议论文著录格式二

姜明安:《新时代中国行政法学的转型与使命》,中国法学会行政法学研究会 2018 年年会论文。

(15)网络文献著录

汪波:《哈尔滨政法机关正对“宝马案”认真调查复查》,载人民网 2004 年 1 月 10 日,http//www. people. com. cn/GB/shehui/1062/2289764. html。

(16)微信公众号文章

刘松山:《失信惩戒立法的三大问题》,载微信公众号“中国法律评论” 2019 年 11 月 19 日,http://mp. weixin. qq. com/s/wA3Jj923WNctVATeSKIhCw。

(17)当代出版的古代文献

(西汉)司马迁:《史记·商君列传》,中华书局1959年版,第2229页。

(18)常用基本典籍

《清实录》卷二四五。(说明:常用基本典籍,只需标注文献名和卷册。卷册用汉字表示,并且不用加"百""十"等数词。)

(19)裁判文书

北京市海淀区人民法院(2018)京0108号民初142号民事判决书。

(20)案例

"田某诉北京科技大学案",北京市海淀区人民法院(1998)海行初字第142号行政判决书。

(21)最高人民法院、最高人民检察院指导性案例

"荣某某诉王某、永诚财产保险股份有限公司江阴支公司机动车交通事故责任纠纷案",最高人民法院指导案例24号(2014年)。

(22)《最高人民法院公报》案例

"陆某某诉南通市发展和改革委员会政府信息公开答复案",载《最高人民法院公报》2015年第11期。

2. 外文注释范例

(1)英文专著

Rufus H. Yerxa & Bruce Wilson, *Key Issues in WTO Dispute Settlement: the First Ten Years*, Cambridge University Press, 2005, p. 26 – 29.

(2)多位作者英文专著

Randolph Quirk et al., *A Comprehensive Grammar of the English Language*, New York, Longman Inc., 1985, p. 1140.

(3)英文著作间接引用

See James D. Cox & Thomas Lee Hazen, *Corporations*, 2nd edition, Aspen Publishers, 2003, p. 123 – 128.

(4)英文期刊析出文献

Stephen J. Choi & Adam C. Pritchard, *Behavioral Economics and the SEC*, Stanford Law Review, Vol. 56:1, p. 1 – 73(2003).

(5)德文专著

Claus Roxin, Strafrecht Allgemeiner Teil, band Ⅰ, 4. Aufl. 2006, §15 Rn. 19.

(6)德文期刊析出文献

Benjamin Vogel, Rechtsgüterschutz und Normgeltung, ZStW 129 (2017), S. 630,632.

(7)法文专著

Marc Chevallier, *L'État de droit*, Montchrestien, 4ᵉ éd., Paris, 2003, p. 16 – 29.

(8)法文期刊析出文献

Marc Poisson,《Le droit de la mer》, *RGDIP*, p. 15 – 47.

(9)日文专著

喜多了祐『外観優越の法理』(千倉書房,1977 年)215 頁。

(10)两位作者日文专著

我妻栄 = 有泉亨『民法総則物権法(法律法体系・コンメンタール篇)』(日本評論社,1950 年)31 頁。

(11)日文期刊析出文献

於保不二雄「付加物及び従物と抵当権」民商法雜誌 29 巻 5 号(1954 年)1 頁以下。